KB097248

The Book of Job: A Biography

욥기와 만나다

고통받는 모든 이를 위한 운명의 책

THE BOOK OF JOB: A BIOGRAPHY

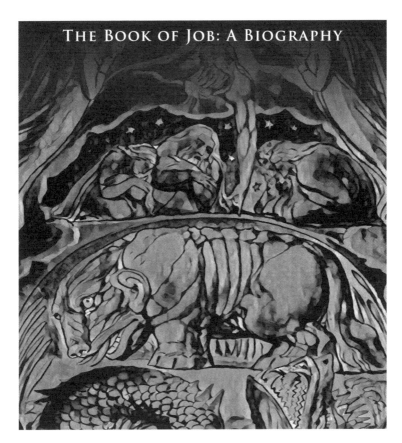

욥기와 만나다

고통받는 모든 이를 위한 운명의 책

마크 래리모어 지음 강성윤 옮김

비아
VIA

| 차례 |

일러두기

· 역자 주석의 경우 *표시를 해 두었습니다.

· 성서 표기와 인용은 원칙적으로 『공동번역개정판』(1999)을
따르되 원문과 지나치게 차이가 날 경우에는 대한성서공회
판 『새번역』(2001)을 따랐으며 한국어 성서가 모두 원문과
차이가 날 경우에는 옮긴이가 임의로 옮겼음을 밝힙니다.

· 단행본 서적은 『 』표기를, 논문이나 글은 「 」 음악 작품이나
미술 작품은 《 》표기를 사용했습니다.

서론

욥기는 동방의 낯선 곳에 사는 부유하고 고결한 한 남자에 관한 이야기다. 도입부에서 하느님은 핫사탄hassatan(이름 그대로 사탄satan)에게 욥이 얼마나 고결한지를 보라고 말한다. "반대자"adversary, 신성한 법정의 검사인 그는 기질 탓인지 직업 탓인지 진실로 경건한 인간의 존재 가능성에 회의적이다(이 사탄은 후대 성서 문헌들 및 관련 설화, 전설에 등장하는, 대문자 S로 시작하는 사탄Satan이 아니다. 머지않아 둘은 동일시되지만 말이다). 반대자는 욥이 경건한 이유가 하느님이 그에게 복을 주었기 때문이며 그의 소유를 거두어 가면 욥은 하느님의 면전에 저주를 퍼부을 것이라고 주장한다. 그러자 하느님은 이 고발자가 욥의 재산을 빼앗고 그의 자녀들을 죽이는 것을 허락한다. 하느님의 종인 욥이 이러한 고통을 겪고도 경건하게 "주신 분도 주님이시요, 가져가신 분도 주님이시니"라며 노래하자 하느님은 사탄이 그에게 끔찍한 질병을 내리는 것을 허락한다. 욥의 아내는 그에게 "하느님을 저주하고서 죽으"라고 충고하지만 그는 꿋꿋하게 신실함을 지킨다.

일종의 결심 공판처럼 보이는 장에서 욥의 세 친구 엘리바즈(엘리바스), 빌닷, 소바르(소발)가 찾아온다. 처음에 그들은 욥의 몰골을 보고 그가 욥인지 알아보지 못했다. 이들은 7일 동안 욥의 곁에 앉아 침묵을 지킨다. 마침내 욥이 말한다(이 지점부터 산문이 운문으로 바뀐다). 그는 저주한다. 다만 하느님이 아니라 자기 생일을 저주한다. 욥의 이 행동은 친구들을 자극하고 그들은 한 마디씩 말을 얹으며 욥이 고통을 겪는 이유를 설명하려 한다. 그들은 모두 부정한 행위를 하느님이 심판하시기에 고통을 겪는 것이라는 인과응보적 사고에 젖어 있다. 이러한 사고 아래 친구들은 욥에게 죄를 고백하라고, 심지어 욥이 의식하지 못하는 욥의 죄, 자녀들의 죄까지 고백하라고 조언한다. 욥은 자신이 이러한 벌을 받을 만한 심각한 죄를 지은 적이 없다고 확신하며 세 친구에게 대답한다.

그는 혼란스러워하다 이내 분노한다. 친구들이 자신의 결백을 믿어 주지 않자 괴로워하며 욥은 점점 더 하느님을 향해 말을 걸기 시작한다. 그는 하느님을 법정에 세우기를 원한다. 이제 법정 소송을 연상케 하는 여러 요소가 등장한다. 욥이 죽음을 맞이할지라도 그를 변호해 줄 (천상의) 변호인, 혹은 후견인인 고엘goʼel을 언급하는 것은 그 대표적인 예다. 욥은 때로는 분노하며, 때로는 슬퍼하며 자신의 결백을 주장하고 공정한 심리를 요구한다. 이제 이야기는 절정으로 치닫는다. 욥은 점차 자신의 상황이 이례적인 일이 아님을 알게 된다. 하느님이 만든 이 세상에서 무고한 이들은 언제나 고통받는다.

친구들의 조언과 욥의 답변으로 이루어진 세 차례의 담화(세 번째 친구는 두 번만 말한다)가 끝나고 인간은 지혜에 이를 수 없음을 노래하는 찬가가 나온 뒤 엘리후라는 이름의 젊은이가 새롭게 등장한다. 엘리후는 작금의 사태에 관한 자신의 설명을 제시한다. 종종 하느님은 의인을 시험하시지만 동시에 언제나 그들을 도울 방편을 마련해 두신다고 그는 말한다. 욥은 이 말에 대답하지 않는다(혹은 대답할 기회를 얻지 못한다).

폭풍이 몰아치는 가운데 이제 하느님이 직접 이야기한다. 두 번에 걸쳐 힘차게 자연이 얼마나 경이로운지, 또 두려운지를 이야기하며 하느님은 피조 세계의 구조를 잘 보라고, 베헤못과 레비아단(리워야단)과 같은 거대하고 무서운 생물들을 보라고 말한다. 욥의 삶, 인간이 보통 살아가면서 겪는 불의한 일과 관련된 질문들은 다루어지지 않는다.

하느님이 두 번 이야기할 때마다 욥은 한발 물러서는데, 두 번째 부분에서 욥은 좀처럼 번역하기 어려운 말을 한다. 일단 가장 널리 알려진 번역은 아래와 같다.

주님이 어떤 분이시라는 것을 지금까지는 제가 귀로만 들었습니다.
그러나 이제는 제가 제 눈으로 주님을 뵙습니다.
그러므로 저는 제 주장을 거두어들이고,

티끌과 잿더미 위에 앉아서 회개합니다.[1]

이제 하느님은 (엘리후를 제외한) 세 친구를 향해 욥처럼 올바르게 말하지 않았음을 질타한다(여기서 운문은 다시 산문으로 바뀐다). 그리고 번제물을 바치되 욥을 통해서 바치라는 명령을 내린다. 욥은 삶을 회복한다. 새로 태어난 자녀들과 이전보다 배가 더 많아진 재산을 얻은 그는 행복하게 천수를 누리고 세상을 떠난다.

욥기는 악의 문제에 관한 성서의 답변으로 이해되곤 한다. 많은 이는 이 책이 고통의 의미와 관련해 성서의 가장 심오한 통찰을 담고 있다고 생각했다. 어떤 이들은 이 책이 신조차 답할 수 없는 어려운 물음을 제기함으로써 유일신교가 도덕적으로 파산했음을 인정한다고 보았다. G.K.체스터턴G.K.Chesterton은 욥기에서는 하느님조차 무신론으로 마음이 기울어졌다고 생각했으며, C.G.융C.G.Jung은 하느님이 욥에게 도덕적으로 패배했으며 이를 만회하기 위해 인간이 되어 스스로 희생할 수밖에 없었다고 보았다. 다양한 사람이 이 한 권의 책에서 이토록 깊은 인상을 받았다는 점은 주목할 만하다. 수많은 독자가 이 책이 숭고한 힘을 지니고 있다고 한목소리로 칭송했다. 최근 한 비평가는 이러한 경향에 반대해 욥기가 일상에서 일어나는 불의를 종교적으로 신비화하는 이데올로기 저작이라고 이야기하기도 했

---

1 욥기 42장 5~6절. 이 마지막 절은 감격하는 욥부터 체념한 욥까지 아주 다른 번역들이 나올 수 있다. 별도의 표시가 없는 경우 인용된 성서 본문은 신개정표준판New Revised Standard Version을 따랐다. 교회 일치 운동에 몸담은 역자들이 만들어 낸 신개정표준판은 학자들이 선호하는 번역본이다.

다. 즉 욥기는 불의라는 문제를 종교적 문제로 그럴듯하게 포장해 우리가 이를 무시하게 만든다는 것이다.[2]

욥기에서 욥은 자신이 겪은 일이 잊힐까 염려한다.

아, 누가 있어 나의 말을 기록해 주었으면!
누가 있어 내가 하는 말을 듣고 비망록에 기록하여 주었으면!
누가 있어 철필과 납으로 영원히 돌에 새겨 주었으면! (욥기 19:23~24)

욥은 자신의 이야기가 책으로 남기를 원했고 모든 해석자는 그 책의 결정판을 만들려 노력했다. 그러나 욥기는 결정적 해석이라는 울타리에 갇히기를 거부한다. 정통 교리를 따르는 해석자는 욥기와 마주하고 어려움을 겪었다. 정통 교리는 욥의 발언을 받아들이기 힘들기 때문이다. 오히려 정전으로 인정받는 다른 성서 문헌과 가장 잘 들어맞는 욥기의 구절들은 욥의 친구들이 욥에게 건넨 말들이다. 그러나 욥기에서 하느님은 이 경건한 친구들을 질타한다. 하지만 하느님이 욥을 괴롭히는 것처럼 보인다는 이유로 욥기를 현대적으로 해석하는 것 또한 적절하지는 않다.

특정 본문을 어떻게 해석하든 그 해석은 본문을 일종의 책으로 만들어 낸다. 즉 본문에 동의하든 반대하든 모든 해석은 본문에 일정한 질서를 부여한다. 앞에서 언급한 욥의 말은 인류가 오랜 시간에 걸쳐

---

2 David J. A. Clines, 'Why Is There a Book of Job and What Does It Do to You If You Read It?', *The Book of Job* (Louvain: Peeters, 1994), 1~20.

끊임없이 욥기를 이해하려 애쓰도록 자극했다. 욥의 친구들은 결국 틀렸고 욥의 번제를 통해서야 다시 은총을 얻었다. 스스로 자신의 책을 남기고 싶다는 욥의 바람은 (그의 이야기에 대한 해석을 북돋우면서도) 누군가 그의 이야기를 완벽하게 이해했다고 주장하지 못하게 만든다. 욥기에서 욥은 자신의 언어마저 그 일에 적합하지 않다고 암시한다.

이 책은 욥기의 일대기다. 즉 이 책에서는 욥기를 해석하고 활용한 과정, 욥기를 두고 논쟁하고 옹호하고 재해석한 과정, 이 고르디아스의 매듭Gordian knot을 풀어내려 했던 여러 해석자의 시도를 검토할 것이다. 장들은 대략 연대순을 따르지만 각 장의 주요 관심사는 서로 다른 해석 원리들이 어떻게 발전했는지 살펴보는 것이다. 이 중 어떤 해석 방법은 오늘날 우리의 눈에 난해해 보일 수 있지만 모든 해석 방법은 각기 다른 방식으로 욥기 이해를 도울 가능성을 머금고 있다.

각 해석 방법은 욥기뿐 아니라 해석이라는 활동 자체에 담긴 가정들을 보여준다. 이러한 가정 중 일부는 자의적이거나 구식이거나 심지어는 변덕스러워 보인다. 그러나 이 모든 다양한 접근 방식을 검토하며 우리는 욥기에서 더 많은 것을 배울 수 있다. 무엇이든 배울 만한 점이 있다면 가리지 말아야 한다.

욥기는 분명 성서에 속한 어떤 책보다도 많은 수수께끼를 담고 있는 책이다. 이 책은 산문으로 시작해 산문으로 끝나지만, 욥과 친구들과 하느님의 연설은 운문으로 이루어져 있다. 이 책에는 수많은 고어hapax legomena, 즉 이 책 말고는 다른 어디에도 없는 단어들이 있다.

너무나 모호해 해석자들이 의미가 통하도록 철자를 바꿔야 했던 구절도 있다(가장 널리 알려진 13:15, 19:27, 42:6은 그 뜻이 매우 모호하다). 그럼에도 불구하고 이 도전적인 본문은 아주 오랫동안 변함없이 전승되었다. 마소라 학자들, 즉 기원후 7세기부터 11세기까지 히브리 성서 공인 본문을 만든 유대인 연구자들은 입수한 필사본들 사이에서 유의미한 차이를 거의 발견하지 못했다. 쿰란 사본(사해 두루마리)에서 발견된 욥기 타르굼은 마소라 본문과 거의 일치한다(그림 1).

유일하게 중요한 이문異文은 70인역Septuagint이라고 부르는 그리스어 성서에 있다. 이 욥기 번역은 욥과 친구들 사이에 오간 이야기 일부를 간소화했고 욥을 시험하는 가운데서 하느님의 입김이 작용했음을 보여주는 구절 일부를 부드러운 어조로 바꾸었다. 그러나 전체 내용이든 세부 사안이든 욥기가 지닌 수수께끼와 심오한 문제들은 본질적으로 변하지 않았다. 다만 70인역이 추가한 내용 중에는 흥미로운 점이 두 가지 있다. 먼저 정경(오늘날 유대교와 그리스도교에서 보는 욥

그림 1. 욥기의 아람어 타르굼은 쿰란에서 발견된 이른바 사해 두루마리에 포함되어 있었다. 이곳에서 발견된 다른 많은 본문과 마찬가지로 욥기 타르굼도 정전으로 인정된 마소라 본문과 상당 부분 일치한다. 이 사진의 단편은 욥기 41장 25절부터 42장 6절에 해당한다. 서부 셈어 연구소West Semitic Research, 브루스 주커만Bruce Zuckerman, 케네스 주커만Kenneth Zuckerman 촬영. 이스라엘 문화재청 소장.

기) 본문에서는 한마디만 하는 욥의 아내가 이 본문에서는 이렇게 이야기한다.

얼마나 더 오랫동안 고집부리며 "보시오, 나는 조금 더 버티겠소, 나는 구원의 희망을 기다리고 있소"라고 말할 건가요. 보세요, 당신의 유산은 이 땅에서 사라져 버렸어요. 아들들과 딸들, 나의 자궁의 진통과 산고이며 내가 헛되이 고생하며 키운 아이들이 말입니다. 게다가 당신은요? 당신은 지붕 없는 곳에서 밤을 지내며 벌레 끓는 쓰레기 더미에 앉아 있잖아요. 나는 걸인이자 하녀가 되어 버렸습니다. 이곳에서 저곳으로, 이 집에서 저 집으로, 해가 저물길 기다리며, 나를 괴롭히는 고통과 비탄으로부터 놓여나기를 바랍니다. 이제 주님께 무슨 말이라도 하고 죽으세요! (욥기 2:9~9e)[3]

또 하나는 욥이 "아브라함의 5대손"(욥기 42:17a~d)이라 밝히는 계보에 관한 기록이 추가되었다는 점이다.[4] 이 계보는 페시타Peshitta라고 알려진 시리아어판 성서에 바탕을 두고 있는데 당시에도 더 널리 읽히던 성서들은 욥을 이스라엘 백성의 이야기와 연결하지 않았음을 알 수 있다.

가장 오래된 성서 판본들은 대체로 내용이 일치하지만, 이 판본들

3　Claude E. Cox(Trans.), *A New Translation of the Septuagint* (New York and Oxford: Oxford University Press, 2007), 671.

4　*A New Translation of the Septuagint*, 696.

에서도 발견되는 수수께끼 같은 부분은 적어도 두 가지 이유로 형성된 것으로 보인다. 첫째, 서로 완전히 매끄럽게 들어맞지 않는 부분들은 처음부터 한 덩어리였던 것이 아니라 제각기 기록된 듯하다. 이러한 측면에서 엘리후의 연설과 '지혜 찬가'는 훗날 삽입된 것이라는 주장은 설득력이 있다. 틀을 이루는 산문, 운문 형식으로 이루어진 대화 사이의 부조화까지 고려하면 최종 본문이 형성되기까지 매우 다양한 자료들이 합쳐졌을 것이라고 추측할 수 있다. 5장에서는 이러한 가능성이 무엇을 함축하는지, 욥기가 여러 자료를 합쳐서 만든 기록이라는 점이 본문의 의미를 다양하게 이해하는 데 어떠한 영향을 미치는지 살펴볼 것이다.

둘째, 본문 일부는 유실되고 남은 본문들은 군데군데 서로 뒤섞인 것으로 보인다. 본문에서 친구들의 이야기에 대한 욥의 답변은 종종 이야기와 잘 맞아떨어지지 않는다. 앞뒤가 맞지 않는 주장을 할 때도 있다. 5장에서 살펴보겠지만 오늘날 널리 인정받고 있는 해석에 따르면 27장을 이루는 구절들은 재배열해야 한다. 최근 한 그리스도교 학자는 '지혜 찬가'를 엘리후의 연설 안에 넣은 바 있다.[5]

욥기라는 본문이 여러 자료가 뒤섞인 혼합물임을 알게 되면 욥기의 의미와 그 영향사를 이해하는 방식은 달라질 수밖에 없다. 물론 이러한 사실이 본문의 역사를 알지 못한 시대에 나온 욥기 해석들의 가치를 깎아내리지 않는다. (대다수 중세 유대교 학자들의 주석처럼) 엘리

---

5   David J. A. Clines, *Job 21-37* (Word Biblical Commentary, vol. 18A) (Nashville: Thomas Nelson, 2006), 889. 『욥기 - 중 - 18A』(솔로몬)

후의 연설을 욥기의 핵심으로 본 해석[6]이나 (최근에 나온 『아프리카 성서 주석』Africa Bible Commentary처럼) '지혜 찬가'를 중시하는 해석[7]은 역사 비평의 관점에서 보았을 때 엉뚱해 보일 수도 있고 부적절한 해석처럼 보일 수도 있다.

그러나 욥기를 이루는 요소들의 관계라는 문제는 단순한 부조화를 넘어선 매우 복잡한 문제다. 어떻게 생겨났든 간에 부조화는 그 자체로 욥기라는 본문의 일부가 되었다. 산문으로 이루어진 틀과 운문으로 이루어진 대화가 조화를 이루기 어렵기 때문에 독자는 둘 중 하나를 선택해야 한다는 견해가 널리 퍼져 있지만, 이 또한 하나의 해석이며 모든 해석이 그렇듯 본문을 단순화한 것이다.

오늘날 오역으로 드러난 것들에 대해서도 비슷한 논의를 할 수 있다. 가장 커다란 오역을 꼽아 보면 핫사탄을 '사탄'으로 번역했다는 점, 그리고 고엘을 '구원자'redeemer로 번역했다는 점을 들 수 있을 것이다. 하지만 근대 이전의 욥기 해석사를 살필 때 이러한 사실은 잠시 잊어야 한다. 오늘날 잣대를 과거에 들이대는 것이 시대착오이기 때문만은 아니다. 우리의 전통을 형성한 욥기는 예전의 바로 그 욥기다. 초기 독자들은 이미 이 책을 해석하는 데 상당한 난점이 있음을 충분히 알고 있었다. 이러한 까닭에 그들은 욥기를 완벽하게 이해하는 것은 불가능하다고 여겼다. 그러나 성서 전체와 쉽게 조화를 이루

6   Robert Eisen, *The Book of Job in Medieval Jewish Philosophy* (New York and Oxford: Oxford University Press, 2004)

7   Tewoldemedhin Habtu, 'Introduction to the Wisdom Literature', *Africa Bible Commentary* (Grand Rapids, MI: Zondervan, 2006), 569~570, 특히 569.

지 않는다고 해도 사람들은 욥기를 성서의 일부로 받아들인다. 그리고 유대교인과 그리스도교인은 오랫동안 이 맥락 아래 욥기를 이해해 왔다. 본문을 이해하기 위해 일부를 가지치기하는 것도 일종의 해석이다. 시간이 흐를수록 사람들은 욥기에 다양한 목소리가 있기 때문에 욥기라는 본문의 위력이 생겨난다는 사실을 이해하게 되었다. 욥기 안의 다양한 목소리는 서로 뒤얽히면서 효과를 낸다. 이러한 맥락에서 욥기는 일종의 다성 음악 작품, 솜씨 좋은 단일 저자의 저작으로 볼 수도 있다.[8]

앞서 이야기했듯 일부 논쟁적이고 모호한 부분을 제외하면 욥기 본문은 사본들 사이에 별 차이가 없다. 하지만 욥기의 기원이라는 문제로 들어가면 이야기는 달라진다. 근대 이전의 해석자들은 욥기의 저자가 누구인지 궁금해했다. 욥 본인인가? 아니면 모세? 근대 성서 문헌 연구의 아버지인 로버트 로스Robert Lowth는 욥기를 모세가 썼다고 확신했고 욥기에 쓰인 언어는 이 책이 성서 중 가장 오래된 책임을 입증한다고 생각했다.[9] 그러나 고문체는 그 자체로 하나의 문학 양식이고 아람어에 익숙한 히브리 저자가 욥기를 썼다고 가정하면 욥기에 있는 다양한 언어를 어느 정도는 설명할 수 있다. 욥기 저자는 일부 히브리 성서 본문을 잘 알고 있던 것으로 보이는데, 일례로 3장에서 자신의 생일을 저주하는 대목은 시편 일부와 창세기 창조 이야기

---

8 Carol A. Newsom, *The Book of Job: A Contest of Moral Imaginations* (New York and Oxford: Oxford University Press, 2003), 16.

9 Robert Lowth, *Lectures on the Sacred Poetry of the Hebrews*, 2 vols. (London: J. Johnson, 1787, repr. London: Routledge/Thoemmes Press, 1995), 2:354.

를 뒤집은 듯하다. 스바 사람들의 약탈(욥기 1:15)이나 오빌의 정금(욥기 22:24)과 같은 실제 역사에서 가져온 표현은 욥기 전체 혹은 해당 단락이 쓰인 상한 연대를 짐작할 수 있게 해 준다. 탈무드의 경우 욥기가 바빌론 유수 시기에 쓰였다는 주장을 제기했으며 이외에도 특정 시기의 사건들과 욥기를 연관 짓는 가설들이 다양하게 제시되었다. 여기서도 다른 경우와 마찬가지로 역사상의 논의와 해석상의 논의는 쉽게 구별되지 않는다.

성서에서 욥기의 자리를 찾는 것 또한 생각보다 어렵다. 성서에서는 욥기 외에 두 번 욥을 언급하고 이 덕분에 욥은 성서의 인물로 인정받았지만 둘 중 무엇도 욥기의 주인공 욥을 가리키는 것 같지는 않다. 예언자 에제키엘(에스겔)은 경건했던 덕분에 자신들의 땅을 지킬 수 있었던 세 남자에 관해 이야기한다.

사람아, 어떤 나라가 가장 불성실하여 나에게 죄를 지으므로, 내가 그 나라 위에 손을 펴서 그들이 의지하는 양식을 끊어 버리고, 그 나라에 기근을 보내며, 그 나라에서 사람과 짐승을 사라지게 한다고 하자. 비록 그 나라 가운데 노아와 다니엘과 욥, 이 세 사람이 있다 하더라도, 그 세 사람은 자신의 의로 말미암아 자신의 목숨만 겨우 건질 것이다. 나 주 하느님의 말이다. (에제 14:13~14)

이 구절에서 언급하는 욥은 욥기에 나오는 욥, 산문체 이야기에 나오는 욥과 같은 인물로 보이지 않는다. 욥기에 나오는 욥은 자신의 의로 말미암아 자녀를 잃었기 때문이다(에제키엘이 언급한 다니엘 역시 성서에 나오는 다니엘이 아니라 기원전 1천 년대 후반 우가리트 점토판에 기록된 가나안 왕 다넬로 보인다). 좀 더 근본적으로, 욥기는 성서의 모든 책 중에서 개인과 공동체는 서로의 덕에 의지한다는 내용에 가장 무관심하다. 고대에 욥이라는 인물에 관한 이야기가 있었을지 모르지만, 설령 있다 하더라도 욥기는 후대에, 저 고대 이야기에 대한 일종의 응수로 만들어진 것처럼 보인다.

신약 성서에 속한 야고보의 편지에서도 욥을 언급한다.

> 형제자매 여러분, 주님의 이름으로 예언한 예언자들을 고난과 인내의 본보기로 삼으십시오. 보십시오. 참고 견딘 사람은 복되다고 우리는 생각합니다. 여러분은 욥이 어떻게 참고 견디었는지를 들었고, 또 주님께서 나중에 그에게 어떻게 하셨는지를 알고 있습니다. 주님은 가여워하시는 마음이 넘치고, 불쌍히 여기시는 마음이 크십니다.
>
> (야고 5:10~11)

그러나 욥기는 인내를 언급하지 않으며 욥을 예언자로 묘사하지도 않는다. 야고보가 언급하는 것은 욥에 관한 구전("여러분은 욥이 어떻게 참고 견디었는지를 들었고")으로 보인다.[10] 욥기와 더불어 고대 근동 지역에서는 '욥의 전설'Legend of Job이라는 이야기가 널리 알려져 있었는데

---

10   Bruce Zuckerman, *Job the Silent: A Study in Historical Counterpoint* (New York: Oxford University Press, 1998)

여기서 욥은 그야말로 초인적인 인내심을 보여 준다(1장과 3장에서는 이 전승의 산물들을 살펴볼 것이다).[11] 정황상 이 전설이 먼저 있었고 이 전설을 뒤집는, 분노에 찬 풍자물로서 욥기가 나왔을 것으로 보인다. 혹은 저 전설에 운문으로 된 담화들이 덧붙여졌을 수도 있다.

인내하는 욥 이야기의 영향력은 너무나 커서 5세기 초 그리스도교 신학자인 몹수에스티아의 주교 테오도루스Theodore of Mopsuestia[*]는 욥기가 정경이 아니라고 주장하기도 했다. 그는 오늘날 정경으로 인정받는 욥 이야기가 실제 영웅인 욥을 더럽힌다고 생각했다. 이러한 면에서 여전히 관용어로 쓰이고 있는 '욥의 인내'patience of Job라는 말은 그 자체로 우리가 욥기에 대한 해석을 얼마나 주의 깊게 다루어야 하는지를 보여 준다. 운문으로 이루어진 대화 속 욥이 '인내하는' 사람이라기보다는 '인내하지 않는' 사람에 가깝다는 사실을 알아차리는 것만으로는 부족하다. 욥기의 산문 부분과 운문 부분이 불협화음을 낸다고 보는 오늘날 여러 연구자는 '인내하는 욥'과 '인내하지 않는 욥'을 구별하고 대결시킨다. 5장에서 살펴보겠지만 이제 '욥의 인내하지 않음'도 관용어가 되고 있다. 하지만 야고보의 편지에서 인내라고 번역된 말은 '집요함', '견고함', '끈기'로 번역하는 편이 더 적절하다.

그렇다면 야고보는 한탄하고 저주하고 불평하는 욥과 대조되는,

---

11 Lawrence L.Besserman, *The Legend of Job in the Middle Ages* (Cambridge, MA: Harvard University Press, 1979)

* 몹수에스티아의 주교 테오도루스는 안티오키아 학파를 이끈 시리아의 신학자로, 역사적 · 문헌학적 성서 해석을 중시했으며 역대기, 에스드라서, 공동 서신 등이 정경이 아니라고 주장했다.

"주신 분도 주님이시요, 가져가신 분도 주님이시니"(욥기 1:21)라고 말한 욥을 언급했다기보다는 둘 모두를 가리킨 것으로 보아야 한다. 전후 맥락을 살펴보면 야고보는 수동적인 체념을 권하는 것이 아니라 "투쟁하는 인내"를 권장하는 것으로 보인다.[12] 그러므로 우리는 산문에 등장하는 '인내하는 욥'을 거부하기보다는 '인내'라는 개념을 다시 생각해 보아야 한다. 아브라함은 그 어떤 철학적 논증도 해내지 못한 방식으로 우리에게 신앙이 무엇인지 가르쳐 주었다. 욥도 그러한 방식으로 우리에게 인내가 무엇인지 가르쳐 주고 있는지도 모를 일이다.

계속해서 정의를 요구하는 욥의 집요한 태도는 조급함이 아니라 참된 인내일 수 있다. 근대 이전의 독자들은 욥이 "말로 죄를 짓지 않았다"(욥기 2:10)는 구절과 욥이 "옳게 말"(욥기 42:7,8)했다는 하느님의 주장을 보고 욥기를 인내하는 인간이 죄를 짓지 않고 어디까지 말할 수 있는지 보여 주는 책으로 읽었다. 그리스도교 장례 의식을 치를 때 성직자들은 욥의 연설을 인용하곤 했다. 욥이 인내의 한계를 규정해 준다고 여겼기 때문이다. 말랑말랑한 현대 종교관으로는 더는 애가와 항변 같은 종교적 표현들을 상상해 내기 힘들다.

성서에 욥을 자리매김하는 또 하나의 방법은 그를 역사적 인물로 확정하는 것인데 계보가 추가된 70인역 욥기가 아니고서는 이렇게 하기가 쉽지 않다. 욥기에 따르면 욥은 우스라는 땅에 살았는데 아브

---

12 Elsa Tamez, *The Scandalous Message of James: Faith Without Works Is Dead* (New York: Crossroad Publishing, 2002)

라함의 동생 나홀의 맏아들 우스(창세 22:21)의 땅에서 살았던 것일까? 그리고 에사오(에서)의 후손인 에돔의 왕들의 계보에는 요밥이라는 인물이 나오는데(창세 36:33~34), 그가 어떤 중요한 업적을 이루었을지도 모르지만 이에 관한 별다른 언급은 없다. 한 줄 잠깐 언급되었다가 사라질 뿐이다. 창세기에 이러한 언급이 있다고 해서 욥을 역사적 인물로 자리매김할 수 있을까?

서로 다른 이유로, 하지만 결코 무관하지 않은 이유로 유대교 학자와 그리스도교 학자는 모두 욥이 유대인인지 아닌지 관심을 기울였다.[13] 에사오의 직계 후손이라는 점은 별다른 영예는 아니지만, 이것이 맞다면 적어도 욥과 이스라엘 민족 간에는 희미하게나마 연결점이 만들어진다. 욥의 두 번째 아내가 야곱의 딸 디나라는 유대교의 가르침을 받아들이면 연결점은 좀 더 강해진다. 디나는 성서에 등장하는 충격적인 사건의 피해자로, 강간당하여 오빠들이 복수하는 내용(창세 34장) 이후로는 등장하지 않는다. 물론 욥이 언약을 맺은 공동체의 외부인이었다 할지라도 그의 유산은 그렇지 않았다. 욥이 유대인이 아니라면 이는 언약 바깥에 있는 사람도 하느님에게 다가갈 수 있음을 보여 준다. 4장에서 살펴보겠지만 근대 사상은 욥을 언약 공동체(유대인) 바깥에 있던 이로 간주해 오히려 그에게 더 큰 관심을 보였다. 근대 사상가들에게 욥은 또 한 사람의 근대인, 즉 독자적으로, 언약이나 율법이나 공동체의 의례를 통해서가 아닌, 자신의 행실만

---

13 Judith R.Baskin, *Pharaoh's Counselors: Job, Jethro, and Balaam in Rabbinic and Patristic Tradition* (Chico, CA: Scholars Press, 1983)

으로 신과 관계를 맺는 인간이었다.

욥기와 유사한 고대 이야기들과 문헌들에 관한 연구는 욥기가 만들어진 연대, 형식, 저자를 가늠해 보는 데 제한적인 도움을 줄 뿐이다. 하느님의 시험, 경건한 인간과 그의 친구들, 섭리에 관한 논의 등 한두 가지 측면에서 욥 이야기와 유사한 문헌들이 있지만, 욥기의 분명한 출처라고 볼 수 있는 문헌, 욥기와 매우 유사한 문헌은 없다.[14] 19세기 후반 이래 연구자들이 '지혜' 전통이라고 부른 것, 특정 종교의 서사, 혹은 맥락을 벗어나 이 세계에서 개인이 겪는 일들의 의미에 관심을 기울이는 흐름과 욥기가 모종의 연관이 있음은 분명해 보인다. 그러나 그 이상을 주장하기는 어렵다. 욥기는 매우 독특하고 복잡한 문헌이다. 이 작품이 어떤 서사 양식을 따른 작품인지, 혹은 어떤 양식을 풍자하거나 공격했는지를 파악하기란 사실상 불가능하다.[15]

근대 이전의 여러 주석자는 욥기의 양식을 식별해 내면 욥기라는 수수께끼를 풀어낼 수 있으리라고 생각했다. 욥기는 서사시epic인가? 비극tragedy인가? 행복한 결말을 고려하면 이 작품은 희극comedy처럼 보이기도 한다. 욥기는 그 안에 여러 양식을 품고 있다. 하지만 전체 작품으로서 욥기는 그 어떤 양식에도 들어가지 않는 독특한 작품이다. 각각의 부분이 어떻게 발생했고 이 부분들이 어떻게 엮였든 간에, 그

---

14 W. G. Lambert, 'The Poem of the Righteous Sufferer Ludlul bêl nêmeqi', 'The Babylonian Theodicy', *Babylonian Wisdom Literature* (Oxford: Clarendon Press, 1960)

15 Carol A. Newsom, *Book of Job*, 12.

최종 결과물인 본문은 2,500년 넘게 하나의 완결된 작품으로 읽혔다. 그 안에 긴장을 간직한 채 말이다. 손쉬운 이해를 거부하는 욥기의 면모는 그 자체로 욥기를 둘러싼 신비의 일부가 되었다. 어떤 해석자들은 이조차 욥기가 전하고자 하는 바(하느님의 섭리를 우리는 이해할 수 없으며 욥의 고난 역시 설명할 수 없다는 것)라고 생각하기도 한다. 궁극의 해석과 분류에 저항하는 욥기의 특성은 욥기가 지닌 힘을 강화한다.

따라서 욥기를 해석하는 것은 결코 쉬운 일이 아니다. 그렇다면 쇠얀 키에르케고어Søren Kierkegaard의 『반복』Repetition에 나오는 화자가 제안했듯 글 전체를 한 마디도 남김없이 몇 번이고 베껴 쓰고 읽는 것만이 유일한 방법일까?[16] 본문이 어떤 다른 본문과 관련이 있든, 내용이 상충하든, 풍부한 의미를 지니고 있든, 날카롭든, 아이러니하든, 영감에 가득 차 있든, 오염되어 있든, 어떠한 의미로든 욥기는 완전한 이해를 거부하는 작품이다. 이를 저자가 의도했건 의도하지 않았건 이 덕분에 욥기라는 작품이 지닌 힘은 사그라지지 않는다. 욥기가 제기하는 물음들, 섭리와 악, 무고한 이들이 겪는 고통의 의미, 하느님의 본성, 피조물 가운데 인간의 지위 등은 모두 손쉽게 종결될 수 없는, 종결되기를 거부하는 물음들이다.

이 책에서는 여러 욥기 해석자들이 자신의 해석을 하면서 갖고 있던 전제들에 관심을 기울일 것이다. 이들이 어떤 숨은 의도를 가지고 본문을 읽었다고 비난하려는 뜻은 아니다. 하지만 본문에 대한 더 좋

---

16 Søren Kierkegaard, *Fear and Trembling, Repetition* (Princeton: Princeton University Press, 1983), 204~205. 『반복/현대의 비판』(치우)

은 해석이 있고 그렇지 못한 해석이 있다. 좋은 의도든 나쁜 의도든 해석자는 자신의 믿음에 따라 본문을 보고 해석한다. 해석자는 '상징', '철학', '단편'이라는 눈으로 욥기를 읽는다. 각각의 말은 해석자의 언어, 그의 관심사를 대변한다. 우리는 이를 염두에 두어야 한다. 어떤 문헌에 진지하게 접근하고자 한다면, 과거에 이루어진 해석들, 그리고 이를 통해 축적된 지식을 염두에 두고 그 문헌을 이해하려 노력해야 한다. 우리는 다양한 이유를 들어 이 같은 해석의 기본 조건을 부정하는 경향이 있다. 성서 본문은 스스로 말한다는 종교개혁 사상의 입장, 독자는 자신의 편견을 완전히 배제하고 본문에 접근할 수 있다는 계몽주의의 입장, 본문에 감정을 이입해 뜻을 해석할 수 있다는 낭만주의의 입장, 성서의 의미는 문자 그대로이며 오직 한 가지라는 근본주의의 입장, 천재의 작품은 그 자체로 하나의 세계이며 의미론적으로 독립된 존재라는 신비평의 입장 중 하나만을 취하는 것이 그 대표적인 예다.

욥기라는 극의 중심 대목은 널리 통용되는 지혜를 늘어놓는 욥의 친구들을 하느님이 질책하는 부분이다. 그래서인지 욥을 해석하는 이들 역시 기존의 믿음을 토대로 삼은 해석들을 거부하고 싶은 유혹에 쉽게 휘말린다. 그러나 유념해야 할 점은 욥도 딱히 새로운 길을 제시하지는 않는다는 것이다. 그러므로 우리는 특정 해석만을 추종하지 말아야 하며, 그 해석이 본문을 대체하는 것을 막아야 한다. 까다로운 구절이 등장한다고 해서 스티븐 미첼Stephen Mitchell처럼 이를 생략하거나 말을 바꾸면 안 된다는 이야기다.* 물론 헬레니즘 시기 70 인역을 만든 유대인들도 그렇게 했고, 히브리 문헌 연구자들은 몇몇 구절의 경우에는 독자나 번역자가 불가피하게 개입할 수밖에 없음을 인정한다. 욥기의 몇몇 중요한 부분은 꽤 모호해 번역자들은 대담한 해석을 시도해야 한다.

욥기의 일대기는 독자, 번역자, 주석자, 해석자들의 역사로 국한될 수 없다. 욥기의 수용사history of the reception는 곧 욥기의 활용사history of use이기도 하다. 사람들은 이 책이 전통의 일부이기 때문에 찾는다. 전례서로 낭송되고 교회력 본문에 등장하기 때문에 찾는다. 슬픔과 혼란에 빠졌을 때, 분노할 때, 실존의 위기와 맞닥뜨렸을 때 이 책을 찾는다. 역사에서 사람들은 욥기를 읽기보다는 듣는 경우가 더 많았다. 욥의 목소리는 성서에 등장하는 인물들의 목소리 중에서도 매우 친숙한 목소리였다. 대체로 교회에서는 욥기를 기도라는 형식에 담아 낭송했다. 욥기의 구절이 다른 성서 본문의 구절과 함께 읽히는 경우는 드물었다. 그 드문 경우에도 다른 본문은 방해물이 아니라 욥기 본문의 참된 의미를 드러내는 도구였다. 욥기를 읽는 누구도 신정

---

* 시인이자 번역가인 스티븐 미첼은 1979년 욥기를 현대 영어로 새롭게 번역했다 (1987년에는 개정판을 펴냈다). 번역을 하면서 그는 일반적으로 성서 본문을 번역할 때 사용하는 장절 구분을 없앴으며 욥기의 산문 부분에는 '전설'legend이라는 제목을 붙여 욥기의 운문 부분과 구분했다. 또한 산문 부분에 나오는 신은 '주님'Lord으로, 운문 부분에 나오는 신은 '하느님'God로 번역했으며 베헤못은 '짐승'beast으로, 레비아탄은 '뱀'serpent 등으로 번역했다. 몇몇 부분은 영시의 운율에 맞추기 위해, 그리고 미첼이 생각하는 욥기의 핵심 주제를 오히려 해친다는 판단 아래 엘리후의 연설, '지혜 찬가'를 삭제했으며 욥의 마지막 말을 그가 자신은 티끌임을 알기에 침묵하겠다는 식으로 바꾸었다.

론, 즉 악의 문제를 냉정하게 논의할 수 있다고 생각하지 않았다. 욥기의 독자들에게 욥기는 위로를 주는 책, 자기 수양을 돕는 책, 혼란을 대변해 주는 책이다. 이 책에서는 전례에서 욥기를 활용하는 방식, 욥이 등장하는 구전 전승이 기록으로 확립되는 과정, 욥기의 내용을 다른 방식으로 표현한 것들도 살펴볼 것이다. 욥기에 관련된 몇몇 흥미로운 물음은 욥기를 사람들 앞에서 펼쳐 보일 때 그 모습을 드러내기 때문이다.

이 책의 내용은 대체로 연대순을 따른다. 하지만 각 장에서 소개하는 욥기 해석 방식은 어떠한 형태로든 오늘날에도 남아 있다. 유대교와 그리스도교에서는 독특한 방식으로 욥기를 읽는다. 하지만 여기서는 좀 더 다양한 배경과 전통 아래서 욥기를 읽는 방식을 소개할 것이다. 많은 해석자는 자신의 배경과 전통 아래 욥기를 해석하려 했고 거기서 많은 영감과 절망을 얻었다. 때로는 새로운 무언가를 발견하기도 했다. 유대교인, 플라톤주의자, 그리스도교인, 아리스토텔레스주의자, 모더니스트, 포스트 모더니스트는 모두 우리의 동반자다. 이들의 해석을 살핌으로써 우리는 좀 더 정직하게 욥기를 마주할 수 있다.

1장 '고대 해석자들이 바라본 욥기'에서는 욥기를 성서의 일부로 받아들이려는 노력을 살펴본다. 앞에서 이야기했듯 욥, 우스 등 욥기의 많은 부분은 모호하고 이들이 성서에서 다루는 계시의 역사와 어떠한 관련이 있는지도 불확실하다. 여기서는 해석자들과 주석자들이 어원, 비유, 대조를 통해, 그리고 전설과 구전 전승으로 내려오는 여러 욥 이야기들과의 비교를 통해 욥기를 어떻게 설명했는지를 살펴본다.

2장 '논쟁 속 욥기'에서는 욥기를 일종의 철학 담론으로 여긴 중세의 해석들을 소개한다. 당시 해석자들은 욥과 친구들이 나눈 이야기를 서로 논쟁하는 다양한 철학적, 신학적 견해의 전형으로 여겼으며 특히 친구들의 이야기는 철학 논쟁의 관행과 한계를 보여 주는 표본으로 간주했다.

3장 '공연되는 욥기'에서는 그리스도교 장례 예식에서 욥기가 지니는 의미와 종교 의례 및 일반 공연에서 욥의 역할을 살피며 본문 바깥에서 욥기가 거쳐 온 길을 추적한다. 근대 이전 사람들이 욥기에 접근한 방식은 욥기의 일대기를 이해하는 데 매우 중요하다.

4장 '신정론과 욥기'에서는 근대 서구에서 신정론 문제(정확하게는 신정론의 불가능성이라는 문제)에 바탕을 둔 종교 개념이 출현하는 과정에서 욥기가 맡게 된 상징적 역할을 살피며 종교적 숭고함과 관련된 주제들을 탐색한다.

5장 '추방당한 욥기'에서는 역사 비평 작업이 어떻게 기존의 해석들을 뒤흔들었는지 살피고 쇼아 이후, 이른바 세속화 시대에 파편화된 이 책이 고통과 정의의 의미에 대한 물음들과 관련해 어떤 울림을 주는지를 탐구한다. '결론'에서는 전 세계에 퍼진 그리스도교, 세속화된 서구 사회라는 맥락을 고려해 앞에서 다룬 욥기 해석들이 지닌 생명력을 살핀다.

욥기에 관한 책들의 표지 대부분은 욥 혹은 하느님을 담고 있다.

하지만 욥기의 일대기에 좀 더 적절한 그림은 욥을 위로해 주려고 하나 결국 실패하고 마는 친구들의 반응을 담은 그림일지도 모른다. 이를테면 9세기 어떤 비잔티움 성서에 담긴 강렬한 삽화에서 한 친구는 흐느끼고 다른 친구는 비통한 마음에 옷을 찢는다. 또 다른 친구는 너무나 놀라 입을 가리고 있으며 아마도 욥에게서 풍기는 악취 때문에 코도 가리고 있다(대다수 현대인은 몸이 썩는 냄새와 이 냄새가 불러일으키는 본능적 반응을 알지 못한다).[17] 이러한 모습은 욥의 친구들이 처음에는 너무나도 비참한 상태에 처한, 혹은 그러한 상태를 이겨내고 있는 욥을 알아보지 못했음을 반영한다. 물론 재앙을 맞이한 이에게 적절한 반응을 취하기란 결코 쉬운 일이 아니다. 욥기는 동료로서 느끼는 비탄이 무고한 이에게 책임을 전가하는 배신으로 변할 수 있다고 경고한다.

이러한 맥락에서 우리를 포함해 욥기에 다가가는 이들은 모두 욥의 친구들과 같다. 우리는 욥이 아니다. 우리는 하느님의 뜻이 무엇인지, 하느님의 법정에서 무슨 일이 일어나는지 알지 못한다. 우리는 일정한 선입견을 가지고, 제한된 상상력을 발휘해 이 난해하고 고통스러운 이야기를 이해하려 노력한다. 하지만 이야기는 이런 우리의 선입견과 상상력을 꿰뚫고 뒤흔들며 우리에게 들어온다. 욥기는 우정이 실패한다고, 특히 우정을 쌓기 위한 우리의 노력이 실패할 것이

---

17 Paul Huber, '*Vaticanus Graecus 29v*', *Hiob: Dulder oder Rebell? Byzantinische Miniaturen zum Buch Hiob in Patmos, Rom, Venedig, Sinai, Jerusalmen und Athos* (Düsseldorf: Patmos, 2006), 112.

라고 가르친다. 욥기는 언제나 확고한 소신에 힘을 실어 주었다. 이 작품은 누군가를 이단자로 비난하는 이 못지않게 이단자로 비난받는 이를 지지한다. 고통받는 이, 병든 이와 분노한 이, 정통 교리를 비판하는 이, 신비를 옹호하는 이들에게 힘을 준다. 욥기를 읽는 이라면 자신들은 어떻게 해서 고통을 면했는지 조금도 궁금해하지 않은 채 욥을 이해할 수 있다고 믿은 "괴로움만 안기는 위로자들"이 되어서는 안 된다.

그레고리우스 교황Gregory the Great은 욥기에 관한 주석서를 펴냄으로써 욥기를 중세 그리스도교의 가장 중요한 문헌으로 만들었다. 그를 포함해 여러 해석자는 평생 신체상의 고통을 겪었고, 이로 말미암아 자신들이 욥기 연구로 부름을 받았다 생각했다.

고통받는 자인 내가 고통받는 욥에 관해 말한다는 것, 그리고 나의 고난으로 인해 고난받은 욥의 감정을 더 온전히 헤아릴 수 있었다는 것, 이는 하느님께서 섭리를 통해 예정하셨기에 가능했던 일일 것입니다.[18]

엘리 위젤Elie Wiesel은 제2차 세계대전 이후 유럽의 모든 거리에서

---

18 Gregory the Great, *Morals in Job*, Epistle to Leander V. 번역문은 다음을 보라. *A Library of Fathers of the Catholic Church anterior to the Division of the East and West*, vols. 18~20 (Oxford and London: John Henry Parker and Rivington, 1844) 다음 웹사이트에서 많은 부분을 참조할 수 있다. http://www.lectionarycentral.com/GregoryMoraliaIndex. html

욥을 마주하며 말했다.

어떤 이들은 욥은 분명 실제로 존재했지만 그의 고통은 순전히 문학
적 창작물이라고 주장한다. 또 어떤 이들은 욥은 실제로 존재하지
않았지만 그가 겪은 고통은 분명히 있다고 주장한다.[19]

이러한 독자들은 극도로 괴로운 현실이 무엇인지, 자신이 버림받았
다는 느낌이 무엇인지, 그리고 이러한 현실이 의식을 어떻게 왜곡하
는지를 알고 있다. 해석자로서 나는 그러한 특권을 갖고 있지 않다.
다만 잿더미가 아닌 대학교 강의실에 앉아 세계가 잘못되었음을 알
거나, 잘못되었다고 의심하거나, 이를 두려워하는 사람들, 다양한 방
식으로 고통받는 이들에게 욥기가 강력한 힘을 발휘하는 모습을 본
다. 그들은 위로를 받고자 욥과 그의 이야기를 찾는다. 한편으로는
자신들이 던지는 물음이 진실함을 확인받으려 욥기를 읽기도 한다.
　욥을 싫어하는 독자도 있기는 하지만 대다수 독자는 그의 편에 서
려 한다. 어떤 독자들은 욥의 하느님에게 저항감을 느낀다. 그리고
대다수 독자는 "가까운 친구가 적보다 더 원수일 수 있다"는 격언의
원형과도 같은 욥의 친구들을 경멸한다. 우리는 우리가 욥의 신보다
더 잘 처신할 수 있다는 유혹에 끊임없이 시달린다. 그러나 욥기와
만났을 때 우리의 자리는 욥의 친구들이 서 있는 자리, 어쩌면 뒤늦

19　Elie Wiesel, *Messengers of God: Biblical Portraits and Legends* (New York: Random House, 1996), 215.

게 도착한 엘리후가 선 자리다.

욥기의 전기는 수 세기 동안 등장한 욥의 친구들에 관한 이야기, 즉 자신이 욥이라는 사람이 겪는 고통을, 그와 관련된 이야기의 의미를 알고 이해한다고 생각한 독자들의 이야기이기도 하다. 적어도 몇몇은 욥에 대해 잘못 알고 있었다. 그런 그들을 향해 하느님은 올바르게 말하지 않는다고 꾸짖는다. 욥의 친구들이 그렇듯, 많은 경우 욥기에 대한 해석들도 그리 만족스럽지 않다. 하지만 우리는 그 해석들 없이 살 수 없다. 그리고 욥이 재앙을 겪은 뒤 회복되었을 때 가장 먼저 회복된 것은 바로 친구들과의 우정이었다.

01

고대 해석자들이 바라본 욥기

현대 독자로서 우리는 계몽주의의 주장들을 전제로 삼고 수십 년 동안 역사 비평이 이룬 성과를 익히 알고 있기에 욥기가 무엇이고 어떻게 이 책에 접근해야 하는지를 알고 있다고 생각한다. 우리는 욥기가 다른 책들과 마찬가지로 시종일관 같은 모습을 하고 있었다고 가정한다. 그리고 우리는 이 책이 당연히 특정 시대에, 특정 인물이 썼다고 생각한다. 우리는 이 책을 왜 썼는지 질문할 수도 (혹은 질문하지 않을 수도) 있다. 이 정도만 알면 욥기가 무슨 책인지를 충분히 알 수 있다고, 후대 욥기 해석들과 각색물을 충분히 평가할 수 있다고 믿는다. 우리는 우리가 책에서 발견한 것과 똑같은 것을 밝혀낸 해석을 타당하다고 칭송한다. 우리는 본문에서 쉽사리 도출되지 않는 듯한 해석을 의심한다. 우리는 본문 바깥에서 일어나는 사태를 끌어다 본문을 해석하는 행위를 무시하거나 경멸한다. 그 해석이 본문의 분명한 내용을 무시할 경우 더더욱 그렇다.

이 모든 생각은 초기 성서 해석자들을 평가할 때 방해가 된다. 그들은 우리와 같은 본문을 읽지 않는 것처럼 보인다. 우리가 보기에 너무나 분명한 내용을 그들은 너무나 자주 놓친다. 그들이 본문을 불성실하게 읽은 것은 아닌가 의심스러울 정도다. 어떤 경우에는 분명한 의미를 무시하고 부러 본문을 모호하게 만들려는 것처럼 보이기도 한다. 욥기에 대한 그리스도교 전통의 해석인 '인내하는 욥'이 그 대표적인 예다. 이 해석은 그보다 훨씬 복잡한 '진짜 욥 이야기'라는 그림에 무언가를 덧칠한 것처럼 보인다.

그러나 초기 해석자들이 본문의 명백한 의미를 무시하고 이를 모호하게 만든다는 비판은 과장되었다. 결과적으로 본문을 혼란스럽게 만드는 것처럼 보일지 모르나 이는 결코 이들이 목표로 한 바가 아니었다. 이들의 의도를 올바로 평가하려면 책과 독서에 대한 우리의 감각을 새롭게 할 필요가 있다. 이 장에서는 한 이야기의 다양한 표현 중 하나로서의 욥기, 성서의 여러 문헌 중 하나로서의 욥기를 살펴보면서 욥기를 읽는 법에 대한 새로운 감각을 익힐 것이다. 한 이야기의 다양한 표현 중 하나로서의 욥기를 살펴보기 위해 '욥의 전설'로 알려진 구전 전승의 유산 중 가장 중요한 '욥의 유언'Testament of Job을 탐구할 것이다. 성서의 여러 문헌 중 하나로서의 욥기를 살펴보기 위해서는 탈무드Talmud의 미드라쉼midrashim 중 욥에 관한 언급들, 그리고 그레고리우스 교황의 도덕적, 우의적 해석을 탐구할 것이다. 각각은 근본적으로 욥기를 두고 다른 일을 하고 있으며 우리는 그 차이에 관해 숙고해야만 한다. 이들은 모두 우리에게 낯설지만, 여전히 무언가를 가르쳐 줄 수 있는, 본문에 다가가는 독특한 방법을 보여 준다. 우리는 욥기가 명료하게 규정된, 분명한 뜻을 지닌 본문이라는 생각을 버려야 한다. 이제 욥기가 수 세기에 걸쳐 어떠한 형태를 지녔으며, 어떠한 환경 가운데 있었는지를 조망해 보기로 하겠다.

욥기들

욥기에 관해 어떠한 인상을 갖고 있든, 이를 바탕으로 욥기의 역사를 이해하려 해서는 안 된다. 우리는 욥기의 역사상 주석 없는 번역본들이 널리 유통되고 욥기가 단독으로 팔리는 유일한 시대를 살고 있다. 하나의 '책'이 지닌 물성 때문에 우리는 욥기가 언제나, 적어도 암묵적으로는 독자적인 완결성을 지닌 문헌이었다고 생각하기 쉽지만, 실상은 전혀 다르다. 욥기는 경전 모음집인 성서('성서'를 뜻하는 영어 단어 '바이블'Bible은 '책들'을 뜻하는 그리스 단어 '비블리아'βιβλία에서 나왔다)의 일부이며 최근까지도 사람들은 별도의 도움 없이 이 책을 읽는 것은 불가능하다고 생각했다.[1]

사람들이 한 책을 다 읽고 다음 책을 읽는 방식으로 성서를 읽은 시대는 없다. 하지만, 성서의 구성은 중요하며 학자들에게 주요 탐구 과제가 되었다. 유대교 성서인 타낙Tanakh에서 욥기는 세 번째 부분인

---

[1] Timothy Beal, *The Rise and Fall of the Bible: The Unexpected History of an Accidental Book* (New York: Houghton Mifflin Harcourt, 2011)

케투빔Ketubim(성문서)에 속한 문헌이다. 성서를 열면 (언제나 그렇지는 않지만) 대체로 시편과 잠언 뒤에 나오고 다섯 개의 메길롯Five Megillot, 혹은 짧은 두루마리들인 아가, 룻기, 애가, 전도서, 에스델보다는 앞서 나온다. 욥기는 성서에 등장하는 하느님의 연설 중 가장 긴 연설, 그리고 타낙의 순서상 가장 마지막 연설을 담고 있다. 타낙을 하느님의 전기로 읽으면, 욥을 만난 뒤 하느님은 침묵한다. 하느님의 침묵은 성서 시대 이후가 아니라 성서 시대부터 시작된 것이다.[2]

그리스도교의 구약 성서의 경우 대부분의 책이 타낙과 중복되지만 그 순서는 조금 다르다. 타낙에서 케투빔은 세 부분 가운데 마지막으로, 토라(율법)Torah, 느비임(예언서)Nevi'm 다음에 나온다. 하지만 그리스도교 성서에서 성문서는 모세 오경과 예언서 사이에 놓인다. 구약 성서를 처음부터 끝까지 순서대로 읽으면 하느님이 욥을 만난 뒤 침묵하는 모습은 찾아볼 수 없다. 이후에도 하느님은 예언자들을 통해 훨씬 더 많은 이야기를 전하기 때문이다. 그리스도교 독자들은 이를 그리스도를 위한 무대가 마련되는 것으로 해석했다. 그리고 많은 해석자는 욥을 예언자로 여겼다.

나는 확신한다. 내 구원자가 살아 계신다.

나를 돌보시는 그가 땅 위에 우뚝 서실 날이

---

2 Jack Miles, *God: A Biography* (New York: Vintage, 1996), 329. 『신의 전기 상, 하』(지호),
André Néher, *The Exile of the Word: From the Silence of the Bible to the Silence of Auschwitz*
(Philadelphia: JPSA, 1981)

반드시 오고야 말 것이다.

내 살갗이 다 썩은 다음에라도,

내 육체가 다 썩은 다음에라도, 나는 하느님을 뵈올 것이다.

내가 그를 직접 뵙겠다.

이 눈으로 직접 볼 때에,

하느님이 낯설지 않을 것이다. (욥기 19:25~27)

그리스도교인들은 욥을 그리스도의 예형type으로 보았다. 히에로니무스Jerome는 욥기 주석에서 말했다.

> 욥이라는 이름은 슬픔과 고통을 뜻한다. 그는 그리스도의 원형이었
> 다.[3]

그레고리우스 교황이 쓴 『욥기의 교훈들』Moralia을 살피는 가운데 좀 더 분명히 알게 되겠지만, 그리스도교인들은 이 우스 출신 사내의 모든 말과 행위가 그리스도의 말씀과 삶을 예시한다고 생각했다.

오늘날 사람들은 성서를 고전, 탁월한 '책'으로 여긴다. 하지만 오랜 기간 사람들은 성서라는 모음집을 다른 책들과는 다르게 대했다. 과거에 성서는 겉모습부터 다른 문헌들과는 달랐다. 유대인들이 토라 두루마리를 쓰고 읽고 보존할 때 남다른 정성을 들였다는 사실은

---

3 Expos. interlin. Job 1. *Patrologia Latina* 23, 1475C.

익히 알려져 있다. 정성 들여 제본하고 아름답게 만든 그리스도교의 성서 필사본은 마치 거대한 기념비 같다. 이는 성서를 한 권으로 제본하기에 분량이 많았기 때문만은 아니다.

많은 경우 성서 필사본에는 삽화가 있었다. 욥기는 예술가들이 자신의 독창성을 발휘하도록 충분한 기회를 주었다. 욥의 삶이 파괴되는 극적인 사건들도 좋은 소재였지만, 본문 대부분을 차지하는 상징적 언어들 또한 예술가들에게는 좋은 소재였다. 연설이 자연물의 심상들을 풍부하게 활용한다는 점에서 욥기는 성서 문헌 중에서도 독특한 지위를 점한다. 그리고 옛 해석자들은 이를 우의적으로 해석했

그림 2. 욥기에 풍부하게 담긴 상징 언어는 예술가들에게 그들의 재능과 기교를 발휘할 기회를 제공했다. 「바티칸 사본」Vaticanus Graecus으로 알려진 이 9세기의 비잔티움 성서는 70인역 욥기 41장 17~20절 본문 옆에 거대한 바다 괴물 레비아단의 모습을 담고 있다. © 2013 바티칸 도서관.

다. 비잔티움에서 만든 채색 성서에는 욥기에 나오는 장면들과 심상들을 묘사한 그림들이 있다. 이 그림들은 오랜 역사를 지닌 해석 전통과 부수적인 해석 전통을 보여 준다.[4] 이 같은 시각 표현들은 글을 읽을 수 있는 이들이 욥기를 읽을 때도 영향을 미쳤다. 욥기라는 드라마를 통해 사람들은 언어의 한계와 이를 넘어서는 표현의 힘에 관심을 기울였다.

성서의 역사를 통틀어 사람들이 성서 본문만 놓고 성서를 읽는 일은 거의 없었다. 사람들은 성서를 경전, 즉 신학적 주석이라는 정교한 도구가 필요할 정도로 심오한 의미를 담고 있는 본문으로 대했다. 성서는 순전히 인간이 만들어 낸 문학 작품이 아니었다. 영감을 받은 권위 있는 해석자들의 명료한 해설이 필수적이었고 성서를 제작할 때도 이를 반영했다. 성서 필사본들과 초기 인쇄본들을 보면 겹겹이 쌓인 수많은 주석을 담고 있다. 이 인쇄본들에서 본문은 작은 글씨로 기록된 주석들이라는 바다 한가운데 떠 있는 섬처럼 보인다. 12세기에 등장한 표준 주석 종합판인 『표준 주석』Glossa Ordinaria을 보면 성서 본문의 가장자리는 물론이고 행 사이사이에도 주석이 있다. 교부들, 그리고 학자들의 권위 있는 주석들을 참고하지 않고 (혹은 의식하지 않고서) 본문에 접근하기란 문자 그대로 불가능했다. 주석은 본문에 접근하는 것을 막기 위한 도구가 아니라 본문에 쉽게 접근할 수 있게

---

4 Paul Huber, *Hiob: Dulder oder Rebell?*, Stella Papadaki-Oekland, *Byzantine illuminated manuscripts of the Book of Job: A preliminary study of the miniature illustrations, its origin and development* (Turnhout, Belgium: Brepols, 2009)

그림 3. 중세의 『표준 주석』(여기에 실린 것은 16세기 판본이다)에서 성서 본문은 권위 있는 해석들이 이루는 바다 위에 섬처럼 떠 있다. 여기에 실린 본문은 욥기 19장 마지막 부분과 20장 시작 부분을 담고 있다. 프린스턴 대학교 파이어스톤 도서관 소장.

해 주는 도구였다(그림 3).

중세 그리스도교 독자는 욥기와 어떻게 만났을까? 출발점은 욥이 고통을 뜻하며 그리스도의 예형이라는 히에로니무스의 선언이다. 중세 그리스도교 독자가 욥기에 다가가면 보통 먼저 히에로니무스가 쓴 두 개의 서문을 읽게 된다. 하나는 70인역에 관한 글이고 다른 하나는 히브리어 본문에 관한 글이다. 그 뒤에는 두 번째 서문에 관한 설명과 리르의 니콜라Nicholas of Lyra가 쓴 두 개의 서문이 등장하며 익명의 부록이 붙어 있다. 그 다음에는 그레고리우스가 쓴 『욥기의 교훈들』을 바탕으로 한 (다소 긴) '욥기에 관한 소론'Prothemata in Job이 나온다. 그리고 비로소 욥기의 첫 구절이 등장한다.[5] 하지만 진행은 느리다. "우스라는 곳에 욥이라는 사람이 살고 있었다."(욥기 1:1)라는 구절이 등장하자마자 이 구절 속 단어들의 의미를 설명하는 주석이 몇 쪽에 걸쳐 나온다. 모든 단어를 분석하고 또 분석하기 때문이다. 어떤 의미를 발견했는지는 『욥기의 교훈들』을 살피며 맛볼 수 있을 것이다.

중세 대다수 사람은 성서에 접근할 수 없었다. 접근했다 해도 글자를 몰랐다. 성서는 시각적인 형태로 접하기가 훨씬 쉬웠다. 물론 성서에 실린 그림은 단순한 삽화가 아니었다. 12세기에 나온 교화를 위한 성서Bible Moralisée나 스테인드글라스 연작을 보면 구약과 신약에 나오는 장면들을 짝지어 묘사한다. 이는 당시 모든 그리스도교인이 구약 성서를 이해한 방식을 드러낸다. 이 그림들은 분명 논쟁의 여지가 있다. 하지만 이 그림들은 구약에 담긴 예형과 신약의 성취를 표현함으로써 주석서들보다도 한결 더 분명하게 중세 그리스도교인들의 성서 이해를 보여 준다. 이 삽화들은 본문의 문자 그대로의 의미를 드러내지 않는다. 당시 그리스도교인들은 하느님이 구약에서 일어난 사건들, 구약에 담긴 장면들에 예형론적 예시를 새겨놓았다고 믿었다. 그들은 구약과 신약을 짝지은 장면들에서 같은 구조를 보았고, 다른 인물들이 같은 자세를 취한 모습을 보았다. 그리하여 그들은 하느님의 목적이 사건들과 어떻게 엮이는지를 이해했다. 신실한

---

5 Barbara Nelson Sargent-Baur, *Brothers of Dragons: 'Job Dolens' and François Villon* (New York: Garland, 1990), 20.

CHRIST GATHERS THE BLESSED UNDER HIS MANTLE

그림 4. 무지한 이들을 위한 성서는 구약과 신약의 관계를 일종의 건축물로 표현했다. 구약의 장면들은 원래 이야기의 맥락에서 떨어져 나와 신약 해석을 뒷받침하는 데 이용되었다. 중앙 기준 왼쪽에서는 욥의 자녀들이 잔치를 즐기고 있다. 프린스턴 대학교 파이어스톤 도서관 소장.

이는 하느님이 역사를 쓰는 방식을 이해하는 데 문자 해독 능력이 필요하지 않다고 당시 사람들은 생각했다.

'무지한 이들을 위한 성서'로 알려진 15세기 작품 '비블리아 파우페룸'Biblia Pauperum은 역사와 구원에 관한 앎이 한데 얽힌 거대한 구조를 다른 방식으로 제시했다. 이 책은 그리스도의 삶 중 주요 장면(주로 기적과 수난)을 시간순으로 보여 주는데 각 장면은 흡사 건축물처럼 정교한 틀에 담겨 있다. 고딕 양식 성당의 신도석을 떠받치고 있는 부벽처럼, 예형인 구약 성서 속 장면들이 양옆에 있다. 위아래로는 예언자들에게서 이를 뒷받침하는 구절들이 적힌 두루마리가 펼쳐지고 있다. 이로써 정중앙에 있는 신약 성서의 장면은 여섯 개의 우의, 예형, 예언에 둘러싸이게 된다. 그리고 상단에 있는 본문 상자는 그 아래에 묘사된 구약 성서 속 두 장면을 설명한다.

이들의 관계는 단순하지 않다. 부활을 기다리는 축제에 관한 부분을 펼쳐 보면 축복받은 이들을 자신의 망토로 끌어안는 그리스도의 모습을 뒷받침하기 위해 욥의 자녀들이 잔치를 벌이는 장면이 나온다(그림 4). 덧붙여진 글은 이를 다음과 같이 설명한다.

> 우리는 욥기 1장(5절)에서 욥의 아들들이 함께 먹고 마시기 위해 누이들을 부른 다음 번갈아 가며 자기 집에서 잔치를 벌인 이야기를 읽었습니다. 욥의 아들들은 매일 잔치를 열어 구원받을 이들을 불러서 영원한 기쁨에 이를 수 있게, 영원히 하느님을 누릴 수 있게 한 거룩한 사람들입니다. 아멘.[6]

불과 몇 구절 뒤(1장 18~19절)에 욥의 자녀들이 잔치를 열던 와중에 죽임을 당한다는 사실은 논점을 벗어나는 것처럼 보인다. 여기서 축제는 천상의 예형이기 때문이다. 복음의 관점에서 보면 잔치를 열다 죽었다는 이야기는 그리 중요하지 않다. 중요한 것은 오히려 욥의 아들이 일곱 명이고, 딸이 셋이라는 점(둘 다 의미심장한 숫자다), 그리고 이

---

6 *Biblia Pauperum*, 138.

들이 매일 잔치를 벌인다는 점이다. 당시 독자들이 욥 이야기를 잘 몰랐을 것이라고 가정해서는 안 된다. 여기서 본래 욥 이야기는 미묘한 의미를 더해 주는 그림자 역할을 한다. 욥기 1장 5절은 욥이 "자식 가운데서 어느 하나라도, 알지 못하는 사이에라도 하느님을 저주하고 죄를 지었을 수도 있다"고 생각해 "자식의 수대로 일일이 번제를 드렸다"고 말한다. 어쩌면 무지한 이들을 위한 성서의 편집자는 독자들이 이 그림을 보면서 『만인』Everyman*을 볼 때와 같은 교훈을 얻기를 바랐던 것일지도 모른다. 오른쪽 칸에 묘사된, 루가복음서 16장 22절에 나오는 부자와 라자로 이야기 역시 축제에 참여하는 이들에게 마냥 좋은 징조는 아니다.

'오직 성서'sola scriptura라는 표어가 무색하게 종교개혁가들이 내놓은 성서 역시 주석과 삽화를 곧바로 폐기하지는 못했다. 마르틴 루터 Martin Luther가 펴낸 독일어 성서는 오래지 않아 욥기의 여러 장면을 합친, 당시 사람들에게 익숙한 그림들을 실었다(그림 5). 그림을 보면 재앙이 펼쳐지고(하늘에서 떨어지는 벼락, 낙타를 약탈당함, 무너지는 아들들의 집), 일꾼들은 이 소식을 욥에게 전하는데 욥은 이미 병으로 신음하며 친구들을 맞이하고 있다. 친구들의 눈에는 그림 위쪽에서 떨어지는 벼락이 비친다(가장 젊은 엘리후는 어떤 이야기를 하고 있는 것 같다). 욥의 아내는 옆에서 불평하는 중이다. 이 모습은 그림 위쪽에 있는 무너지

---

* 『만인』은 영국에서 발전한 도덕극이라는 독특한 연극 양식의 대표적 작품으로, 죽음에 직면한 인간의 마지막 영적 여정을 그린다. 15세기 말엽에 쓰인 것으로 추정된다.

그림 5. 마르틴 루터의 독일어 성서가 그리스도교 성서를 속으로 펴낸 첫 번째 사례는 아니었으나, 이 성서는 대중이 성서를 접하는 방식에 근본적이고 급진적인 변화를 불러왔다. 최초의 구약 · 신약 성서 독일어 완역본(1536) 중 욥기에 실린 이 판화는 이야기의 여러 부분을 모아 하나의 그림으로 제시한다. 프린스턴 대학교 파이어스톤 도서관 소장.

는 건물과 이어진다. 이후 여러 판이 이 그림을 활용했다. 어느 판에서는 인물들의 머리 위로 먹구름이 몰려드는 모습을 보여 주는가 하면, 어느 판에서는 구름 사이로 빛이 나와 욥을 비춤으로써 이야기의 모든 부분을 한 번에 보여 주기도 한다.

　이러한 삽화들이 욥 이야기에 등장하는 모든 사건을 하나의 그림에 담은 것은 그것이 경제적이기 때문만은 아니다. 당시 그리스도교인들에게 성서 이야기는 단순한 역사 이야기, 일련의 사건이 그 순서대로만 의미가 있는 그런 이야기가 아니었다. 그들에게 성서의 각 사건은 그 자체로 중요하고 본질상 모든 시간에 유의미했으며 그렇기에 각기 다른 시간에 속한 사건들도 서로 연관될 수 있었다. 한눈에 볼 수 있는, 혹은 끝없이 다양한 방식으로 탐구할 수 있는 혼합 삽화는 당시 사람들이 욥 이야기처럼 익숙한 서사를 어떻게 경험했는지를 가늠할 수 있게 해 준다. 이 세계에서 번영은 재앙을 수반한다. 절망이 희망을 수반하듯 말이다. 실제로 욥기에서 욥은 폭풍을 단 한 번 경험했을 뿐이다. 하지만 그의 이야기를 (본문으로, 그리고 자신의 삶에서) 거듭 접한 그리스도교인들에게는 욥이 자신들처럼 여전히 폭풍속에서 빙빙 돌고 있는 것처럼 보였을 것이다.

『표준 주석』에 실린 우의적 해석은 이제 지배력을 상실했다. 그러나 중세의 성서 해석과 주석은 계속해서 우리가 욥기를 이해하는 방식을 형성하고 있다. 성서 바깥에서는 어떠한 해석의 원천도 구하지 말아야 한다고 주장하는 개신교 문자주의자들조차 (중세 가톨릭 교회 해석자들처럼) 성서에 촘촘하게 얽혀 있는 상호 참조와 설명을 밝히기 위해 본문을 샅샅이 뒤지곤 했다(238쪽, 그림 10). 『유대교 학습 성서』 Jewish Study Bible 같은 책은 중세 및 근대의 문헌학 연구를 바탕으로 한 해석과 오늘날 가장 훌륭한 번역을 비교하면서, 어떤 단락들을 재배치하면 유익할 수도 있(고 아닐 수도 있)음을 암시한다(232쪽, 그림 9). 또한, 그리스도교 교회에서는 선교를 위해 수백 가지 언어로 된 성서를 펴냄으로써 새로운 의미의 세계를 성서에 끌어들이고 있다(281쪽, 그림 11). 그렇게, 오늘날에도 욥기는 새로운 독자와 만나고 있다.

공백을 메우기

오늘날 우리가 알고 있는 욥기는 두 가지 모순된 이야기를 하는 것처럼 보인다. 욥은 하느님을 저주하지 않음으로써 하느님이 내기에서 이길 수 있게 돕는다. 하지만 곧이어 하느님을 거의 저주한다. 하느님은 욥이 지각없이 말한다고 그를 책망한다. 하지만 그다음 욥이 올바르게 말했다고 그를 옹호한다. 더 혼란스러운 점은 욥 이야기의 최종 결말이 (하느님이 올바르게 말하지 않았다고 비난한) 친구들의 예견, 즉 신념을 버리면 모두 회복되리라는 주장과 매우 유사하다는 것이다. 그러한 가운데 욥은 지혜의 도달 불가능성을 지혜롭게 노래하면서 다른 한편으로는 지혜를 발견하지 못했다며 불평한다.

과거 신실한 독자들은 이 같은 욥기 내 긴장을 발견하고 동요했다. 그들은 현대 독자들처럼 욥기를 여러 전승의 합성물, 혹은 본래 전승을 왜곡한 문헌으로 볼 생각이 없었다. 하지만, 근대 이전의 독자들은 현대 독자들이 잃어버린 자료들, 혹은 이용하기를 꺼리는 자료들을 갖고 있었다. 특히, 그들에게는 다양한 욥 이야기가 있었다. 소포클레스Sophocles가 전한 안티고네 이야기처럼, 성서에 실린 욥 이야기는 사람들 입에 오르내리던 여러 욥 이야기 중 하나였을 뿐이다. 성서의 욥 이야기를 후대 해석자들이 의구심을 보이거나 오해한 유일한 원천이자 원본으로 보기보다는 욥과 욥 이야기의 의미를 규정하기 위해 경쟁한 여러 목소리 중 하나로 본다면 많은 것이 달라진다. 물론, 성서에 실린 욥 이야기, 즉 욥기는 욥 이야기와 관련된 가장 중요한 자료임이 분명하다. 하지만 유일한 자료는 아니다. 비단 욥기뿐만 아니라 성서에 실린 다양한 문헌들은 한 이야기의 다양한 형태를 다루는 법을 익히게 해 준다. 창세기와 출애굽기의 상당 부분에는 두 가지 판본이 있고 창조 서사는 그보다도 다양하다. 같은 맥락에서 그리스도교인들은 1~2세기에 널리 읽히던 네 편의 복음서를 모두 정경으로 보았다.

앞서 70인역 성서에 중요한 이문이 있다고 언급한 바 있다. 70인역이 정경 본문과 다르게 서술한 내용 중 일부는 위경인 욥(요밥Jobab)의 유언과 유사하며 어쩌면 이를 자료로 삼았을지도 모른다. 욥의 유언은 '테라페우타이'Therapeutae라고 불렸던, 무아지경을 추구한 이집트의 금욕주의 집단에서 유래한 것으로 보이나 70인역과 욥의 유언 중무엇이 더 먼저 나왔는지 단언하기는 어렵다. 우리가 알고 있는 형태의 욥의 유언은 기원전 2세기부터 기원후 2세기에 나타난 것으로 추정된다. 이 두 가지 이야기와 사해 두루마리에서 발견된 타르굼, 그리고 페시타에 담긴 이야기는 서로 유사하고, 이것들 모두 정경 본문과는 조금 차이가 있다. 야고보의 편지에서 "욥의 인내에 관해 들어"(5:11) 보았을 거라고 말하면서 염두에 둔 이야기는 성서에 나온 욥기가 아닌 이 전승일 가능성이 크다. 성서의 욥기에는 "인내"라는 말이 나오지 않지만, 욥의 유언에서 가장은 자신의 임종을 지키러 모인 자식들에게 "인내는 그 무엇보다도 가치 있다"(XVII, 634)고 말한다.[7]

욥의 유언을 처음 보면 마치 욥기의 평행 우주에서 벌어지는 이야

---

7 다음에 실린 R. 손힐R. Thornhill의 번역본을 참조하라. *The Apocryphal Old Testament* (Oxford: Clarendon Press, 1984), 617~48.

기 같다. 하지만 주의 깊게 들으면 성서의 욥 이야기에 저항하는 목소리들을 들을 수 있다. 심지어 욥의 유언이 그 소리들을 가리려 할 때도 그렇다. 이 차이점들을 주목하면 욥의 유언을 만들고 보존한 공동체가 욥기의 어떤 부분이 문제가 있다고 여겼는지를 알 수 있다. 하지만 좀 더 중요한 점은 욥의 유언이 욥기에서 제거해 내려 한 요소들은 위치만 바뀌었을 뿐, 이야기의 다른 부분에 있다는 것이다.

욥의 유언에서 주인공은 욥, 좀 더 정확하게는 이집트의 왕 요밥이다. 핫사탄Hassatan은 분명 사탄이다. 여기서 하느님은 욥기보다 좀 더 멀리 떨어져 있는 존재로 중재자들을 통해 이야기한다. 아내의 비중은 커졌고 대신 친구들과 나누는 대화의 비중은 작아졌다. 성서에 나오는 욥기와의 가장 커다란 차이점은 주인공이 자신이 어떠한 상황에 있는지를 아느냐의 여부다. 요밥은 자신에게 무슨 일이 일어날지 정확히 안다. 그는 일부러 고난을 자초한다. 요밥은 "극진히 숭배받는 어떤 우상의 신전이 … 정말로 하늘과 땅과 바다를 만든 하느님을 위한 것인지"(II, 622) 의문을 품는다. 그리고 꿈을 통해 그는 그 신전이 악마의 성지임을 알게 된다. 격분한 요밥은 이 신전을 파괴하게 해 달라고 요청한다(III, 623).

그리고 빛이 대답했다. "너는 이곳을 정화해도 좋다. 그러나 (사탄이) 분노해 너를 공격할 것이다. 그는 온갖 재앙으로 너를 괴롭힐 것이나 너를 죽이지는 못할 것이다. 그는 너의 재산을 앗아갈 것이다. 너의 자녀를 멸할 것이다. 그러나 네가 인내한다면 나는 세상 마지막

날까지 모든 세대에게 너의 이름을 알리겠다. 그리고 너의 재산을 돌려주고 두 배로 회복해 주리라. … 그리고 너는 부활 때 일어나게 될 것이다."(IV, 623)

요밥은 신전을 무너뜨리고 (사탄이 그에게 고통을 주어도 좋다는 허락을 받자마자(VIII, 624~25)) 예견된 재난이 찾아온다. 욥의 유언은 욥기보다 주인공이 겪는 고난을 훨씬 더 자세하게 묘사한다. 그리고 요밥이 겪는 고난은 욥이 겪는 고난보다 훨씬 더 오랫동안 이어진다. 이를 통해 요밥의 비범함, 고결함은 더 부각된다. 그는 자신의 명령을 수행하느라 지친 나머지 자신에게 "저주를 퍼붓는"(XIII, 627) 노예들에게도 관용을 베푼다.

여종들이 불평하기 시작하자 나는 수금을 꺼내 그들에게 어떻게 보상해 줄지를 노래해 그들의 불평과 불만을 잠재웠다. (XIV, 627)

사탄이 찾아와 그의 재산을 파괴하고 7년이 지난 뒤에도 요밥은 동요하지 않고 말한다.

주신 분도 주님이시요, 가져가신 분도 주님이시네. (XIX, 630)

사탄이 질병을 안기고 벌레를 보내도 그는 금욕주의자와 같은 모습을 유지한다.

벌레가 한 마리라도 기어 나오면, 나는 그것을 집어 원래 있던 자리에 놓고 말했다. "너에게 질서를 부여하신 분께서 지시하실 때까지 처음 놓인 그곳에 있거라." (XX, 630)

이런 상황은 48년간 계속된다. 그동안 요밥의 아내 시티도스_{Sitidos}가 그를 부양한다. 욥의 유언은 그녀의 굴욕적인 노동과 구걸 역시 상세하게 묘사한다.

마침내, 사탄은 시티도스를 속여 빵의 대가로 머리카락을 팔게 하고 그녀는 평정심을 잃는다. 70인역에 나오는 연설과 비슷한 유려한 연설을 통해 시티도스는 더는 견딜 수 없다고 선언한다. 요밥은 악마의 소행 때문에 그녀가 그렇게 말한다는 것을 알고 있다. 그럼에도 불구하고 그녀의 말은 요밥이 그때까지 겪은 그 어떤 고난보다도 그를 "의기소침"하게 만든다. 그는 시티도스를 달랜다.

우리 아이들과 재산을 잃어버린 일, 이는 우리 둘이 함께 짊어져야 할 짐이오. 여기까지 와서 주님을 저주하고 약속받은 엄청난 부를 포기하자는 말이오? 우리가 엄청난 혜택을 누렸음을 기억하지 못하시오? 우리가 주님에게 좋은 것을 받았다면 나쁜 것도 견뎌야 하지 않겠소? 그러니 주님께서 우리를 불쌍히 여기시어 자비를 보여 주실 때까지 인내합시다. (XXVI, 633)

사탄이 시티도스의 배후에 있음을 아는 요밥은 사탄을 부르고 사탄은 패배를 인정한다.

아, 요밥이여, 내가 졌다. 너는 인간이고 나는 영이지만 너에게 항복
한다. (XXVII, 634)

이윽고 "이웃 나라 왕들" 네 명이 요밥을 찾아온다. 그중에는 엘리후
도 있다. 엘리후는 요밥이 더는 하느님의 은총을 받지 못함을 애도하
고 다른 왕들도 이에 동조한다. 하지만 요밥은 그들을 향해 조용히
하라고 말한다. 그의 왕좌는 지상의 왕좌가 아니라 "성인들 가운데"
있다. 그리고 요밥이 아닌 빌닷이 신정론의 문제를 제기한다.

누가 당신의 재산을 앗아가고 이러한 불운을 안겼습니까? … 당신에
게 이러한 불운을 안긴 그는, 당신이 판단하기에, 불의하지 않습니
까? 그가 주었다가 다시 가져갔다면, 그는 애초에 무엇도 주지 말았
어야 했습니다 … 이 불의에 대한 책임은 주님에게 있는 것 아닙니
까? (XXXVII, 639)

그러나 요밥은 이를 인정하지 않는다.
결국 시티도스는 요밥에게 돌아오고 자녀들이 천상에서 잘 지내
는 모습을 본 뒤 행복하게 죽음을 맞이한다. 도시의 모든 사람이, 심
지어 도시의 모든 동물까지 그녀의 죽음을 애도한다(XL, 641). 27일
후, 엘리후가 요밥을 비난한다. 하지만 이는 사탄이 그를 통해 한 말

이었음을 하느님이 드러내 보인다. 여기서 하느님이 구체적으로 어떤 이야기를 했는지는 전해지지 않지만 모든 왕이 그 이야기를 들었다고 본문은 전한다. 엘리바즈, 빌닷, 소바르는 "종 요밥에 대해 … 잘못 말한 것들"(XLII, 642)을 정정할 기회를 얻는다. 엘리후는 용서받지 못하며 엘리바즈는 그를 책망하는 노래를 부른다(XLIII). 모든 것이 회복된다. 요밥은 야곱의 딸 디나를 새 아내로 맞아 새 가족을 꾸린다.

임종을 앞둔 요밥은 새 가족을 불러 모아 자신의 재산을 분배한다. 그의 딸들은 방언을 할 수 있게 해주는 "형형색색의" 신비로운 끈을 받는다(XLVI, 645). 요밥은 그 끈을 하느님이 주셨으며 자신은 이를 "당당하게 허리에 묶"었고 (덕분에 병이 곧장 씻은 듯 나았으며) 하느님의 말씀을 들을 수 있게 됨과 동시에 "지나간 일과 다가올 일"을 볼 수 있게 되었다고 말한다(XLVII, 645). 또한, 딸들은 "커다란 전차에 앉은 이가 나타나 요밥"에게 문안하고 그의 영혼을 데려간 뒤(LII, 647) 그의 육신을 매장하러 갈 때 쓸 악기도 받는다.

욥의 유언은 성서의 욥기와는 다른 방식으로 강렬한 인상을 남긴다. 욥의 유언은 욥기 이야기, 혹은 그와 유사한 서사를 전제하고 있다. 이를 암시하는 부분은 상당히 많다. 욥기에서 매우 중요한 부분들(특히 하느님의 연설)은 간추린 형태로만 제시된다. 하지만, 욥의 유언의 다채로운 묘사와 등장인물들은 욥기에서 제기되는 여러 문제(사탄은 왜 욥을 공격했는가? 욥은 어떻게 시험을 견딜 수 있었고, 우리는 어떻게 사탄이 패배했음을 알 수 있는가? 욥은 재산을 잃은 뒤에 어떻게 하루하루 살아갈 수 있었는가? 그의 아내 또한 고통을 겪지 않았는가? 그녀는 자녀를 열 명 더 낳을 수 있었는가? 엘리후는 누구였는가? 욥은 언제 어떻게 치유되었는가? 하느님이 정말로 이 모든 일을 꾸몄는가?)에 대한 답이 되어 준다.

그러나 세부 사항보다 더 크게 바뀐 것이 있다. 유언에서 요밥이 아내와 자녀들에게 명령한 인내는 약속된 해방의 날까지 예견된(사실상 정해진) 고통을 견디는 것이지 원인과 목적, 끝을 알 수 없는 고통을 감내하는 것이 아니다. 미래에 대한 분명한 앎에 바탕을 둔 이 인내는 믿음이나 희망이라기보다는 참는 것에 가깝다. 욥기에서 욥이 덕이 있다고 칭송받는 이유는 그가 알지 못하기 때문이다. 오늘날 독자들이 생각하는 욥기의 참된 문제는 무고한 사람들이 겪는 고통, 목적을 알 수 없는 고통이다. 로버트 프로스트Robert Frost가 욥기를 나름대로 재해석한 작품에서 이야기했듯 욥의 고통은 "의미 있기 위해서 무의미해 보여야 했다".[8] 욥의 유언에서 욥기의 욥과 같은 고통을 겪은 인물은 따로 있다. 바로 시티도스다. 시티도스는 오랫동안 고통을 겪었지만, 어떻게 해서 그러한 고통을 겪게 되었는지 알지 못했다. 그녀는 자신의 운명을 선택하지도 않았다.

욥기의 욥, 하느님에게 버림받았(다고 믿을 수밖에 없었)던 욥은 또 다른 방식으로도 욥의 전설에 나타난다. 욥기에서 욥이 겪는 고통의 특징은 불분명함이다. 욥과 친구들이 대화를 이어갈수록 그는 자신에게 무슨 일이 일어나고 있는지 전혀 이해하지 못하고 있음이 분명

---

8   Robert Frost, *A Masque of Reason* (New York: Henry Holt, 1945), 4.

하게 드러난다. 자세히 검토해 보면 욥이 겪는 고통은 대부분 욥의 유언에도 나온다. 하지만 자리가 바뀌었다. 욥기에 나오는 욥의 상황은 욥의 유언에서는 빌닷의 연설에 담겨 있다. 욥기에서 욥이 한 불평은 욥의 유언에서는 요밥을 제외한 모든 사람이 한다. 심지어 요밥의 시종들과 노예들조차 지극히 자비로운 주인의 요구에 괴로워하고 불평한다. 또 주목할 부분은 시티도스와 (주인을 통해 일종의 신현 theophany을 경험한) 여자 노예들도 욥기에서 욥이 했던 불평을 한다는 점이다. 심지어 요밥이 새롭게 얻은 딸들조차 자신들이 물려받은 마법의 끈 때문에 툴툴거린다. 아마도 욥의 유언을 만든 이들은 이 대목에서 욥기에 나오는 딸들이 그들의 남자 형제들과 같은 유산을 받았다는 점을 독자에게 상기시키려는 것인지도 모른다(XLVI, 645).

기원후 5세기 교황 겔라시우스Gelasius는 욥의 유언을 성서 외경에서 제외했다. 하지만 이 문헌은 사라지지 않았다. 이 문헌이 중요하다고 생각한 사람들은 계속 있었다. 그래서인지 현존하는 가장 오래된 욥의 유언 필사본은 10세기 사본이며 오늘날까지도 욥의 전설에 대한 가장 풍부한 설명이 담긴 문헌으로 남아 있다. 욥기와는 다른 욥의 유언의 세부 사항들은 욥과 관련된 그림 전통에서도 살아남았다. 욥과 친구들을 왕족처럼 그린다든지, 욥이 오물 위에서 벌레에 파먹히는 모습은 그 대표적인 예다. 욥의 유언이 구전 전승에 얼마만큼 남아 있는지를 입증하기란 매우 어렵지만, 생각보다 훨씬 더 큰 비중을 차지하고 있다. 3장에서 살펴볼 공연 전통은 욥의 전설이 적어도 근대 초기까지 이어졌음을 보여 준다.

어떤 이들은 욥의 유언 및 이를 포괄하는 전설들의 전승은 단지 욥기에서 불온한 부분을 제거해 낸 것일 뿐이며 욥기가 제기하는 물음과 직면하기를 거부했다고 일축하고 싶을 수도 있다. 하지만 욥의 유언은 의심만큼이나 확신을, 저항하는 마음 못지않게 순종하는 마음을 드러냄으로써 욥 이야기를 더 풍요롭게 한 전통의 일부로 간주하는 것이 나을 것이다. 욥의 유언에서 요밥과 시티도스가 보이는 갈등은 욥기에 등장하는 산문체 틀 속 욥과 운문체 대화 속 욥의 갈등과 유사하다. 어쩌면 욥 이야기에서 욥이 보이는 "인내"가 정확히 무엇인지 알 수 없어서 사람들은 하나의 이야기만으로 만족하지 못했으며 이를 보완하면서도 대비를 이루는 또 다른 이야기, 즉 자신의 고통에 관해 아는 욥 이야기와 모르는 욥 이야기 모두를 필요로 했는지도 모른다.

되짚어 보기

욥의 유언은 일종의 미드라시midrash로 욥기가 말하지 않는 세부 사항을 채워 가며 이야기를 재구성한다(랍비 루이스 긴즈버그Louis Ginzberg* 가 엮은 『유대인의 전설』Legends of the Jews에는 욥의 유언의 상당 부분이 수록되어 있다).[9] 그러나 욥 이야기를 훨씬 더 풍부하게 읽을 수 있게 해 주는

---

9 Louis Ginzberg, *The Legends of the Jews*, 6 vols. (Philadelphia: JPSA, 1969), II:235.

* 루이스 긴즈버그(1873~1953)는 리투아니아계 미국인 유대교 신학자로, 유대교 신학교Jewish Theological Seminary에서 51년 동안 탈무드를 가르쳤다. 『유대인의 전설』, 『팔레스타인 탈무드 주석』Commentary on the Palestinian Talmud 등의 저작이 잘 알려져 있다. 이 중 『유대인의 전설』은 성서에 나타난 유대 민속 설화를 수집하고 그 기원을 추적하여 일곱 권으로 펴낸 책이다.

것은 탈무드라는 더 큰 문헌집이다. 이 문헌집은 어떤 물음에 대해서든 둘 이상의 답을 제시하고, 이 이야기에서 우리가 생각한 것보다 훨씬 더 많은 물음을 발견할 수 있음을 알려 준다. 새로운 수많은 물음을 이 이야기에서 발견할 수 있다는 사실은 실망의 이유가 되기보다는 오히려 기쁨의 이유가 된다. 성서에서 곱씹어 볼 부분은 무수히 많으며 이를 통해 우리의 성찰 또한 무한히 이어질 수 있음을 확증해 주기 때문이다.

제임스 쿠걸James Kugel**은 계시 문헌으로서 성서의 위상, 그리고 성서가 무수히 많은 의미를 지니고 있다는 점을 가리키며 성서가 '모든 곳에 의미'를 지니고 있다고 표현했다.[10] 쿠걸은 우리가 알고 있는 성서는 "고대 해석자들"의 작품이라고 주장했다. 그에 따르면 이들(유대교인, 그리스도교인)은 바빌론 유수 이후 자신들의 경전에 새로운 해석 방법을 적용하기 시작했다. 이 해석 방법에는 네 가지 주요 가정이 있다.

---

10 James L. Kugel, *The Idea of Biblical Poetry: Parallelism and Its History* (New Haven, CT: Yale University Press, 1981), 103.

** 제임스 쿠걸(1945~)은 유대인 성서학자로 예일 대학교와 뉴욕 대학교에서 공부한 뒤 하버드 대학교, 예일 대학교, 바일란 대학교에서 교수를 역임하며 히브리 문학을 가르쳤고, 현재 바일란 대학교의 명예교수이자 「유대학 연구」Jewish Studies: an Internet Journal의 편집장으로 활동하고 있다. 정통 유대인이자 성서학자로 정통 유대교와 성서학의 조화를 이루고자 애썼으며, 이를 잘 보여주는 『구약성경개론』How to Read the Bible은 올해의 유대교 도서상을 수상했다. 주요 저서로 『성서 시의 사상』The Idea of Biblical Poetry, 『보디발의 집에서』In Potiphar's House, 『성서 전승』Traditions of the Bible 등이 있고, 한국에는 『(고대 성경해석가들이 본) 모세오경』The Bible As It Was(CLC), 『구약성경개론』How to Read the Bible(CLC)이 소개된 바 있다.

1. 성서는 근본적으로 수수께끼 같은 문헌이다. 즉, 성서에 A라고 적혀 있을 때 흔히 실제 의미는 B다.
2. 성서는 당대 독자를 위한 교훈을 담고 있다. 성서는 과거에 대해 이야기하는 것처럼 보이지만, 근본적으로 역사책이 아니다. 성서는 우리가 무엇을 해야 하는지를 알려 주는 지침이다.
3. 성서는 모순이 없으며 실수도 없다.
4. 성서는 본질적으로 하느님이 주셨으며 하느님은 이를 통해 직접적으로, 혹은 예언자들을 거쳐 간접적으로 말씀하신다.[11]

이 가정들을 통해 "성서는 성서가 된다". 이는 오랫동안 사람들이 성서에 부여한 위상을 설명해 줄 뿐만 아니라, 감추어진 의미보다 명백한 의미를 찾으려 하는 근대의 성서 해석이 어째서 그토록 궁핍한지를 설명해 준다.

해석자들은 성서를 "의미가 감추어져 있고 현재와 관련이 있고 완전하며 하느님에게 받은" 문헌으로 보고 집요하게 본문을 파고들었다. 이들에게 본문의 부조화, 모호함, 반복(오늘날 독자라면 필사 과정의 오류나 제삼자의 개입을 의심할 만한 것들)은 나쁜 소식이 아니라 기쁜 소식이었다. 파고들 부분이 더 남았다는 뜻이기 때문이다. 의미는 글의 표면, 잘 보이는 곳에 자리 잡고 있지 않고 독자들과 숨바꼭질을 했다. 그들은 성서에서 제기하는 물음에 대한 답 또한 성서에서 찾을

---

11 James L. Kugel, *How to Read the Bible: A Guide to Scripture, Then and Now* (New York: Free Press, 2007), 14~15.

수 있다고 믿었기에 이를 찾기 위해 노력했다. 하지만 질문이 있는 바로 그 문헌에 답도 있다고 가정하지는 않았다. 여러 미드라시를 보면 성서의 다른 부분에서 중요해 보이지도 않고 별 관련도 없어 보이는 구절을 가져와 다른 본문을 해석하는 도구로 활용하곤 한다. 빅토리아 시대 소설에서 예상치 못한 유산이 가난한 주인공을 구원하듯, 해석자들은 한 본문을 다른 본문으로 구원했다.

이러한 까닭에 미드라시가 욥기를 어떻게 읽었는지에 관해 여기서는 매우 간략하게만 기술할 수 있을 뿐이다. 욥이라는 인물과 그의 이야기는 종종 엄밀하고 비판적인 검토의 대상이 되었다(이에 관해서는 뒤에서 다룰 것이다). 하지만 그 못지않게 욥과 그 이야기는 여러 곳에서 불쑥 튀어나온다. 해석자들은 성서의 다른 본문을 해석할 때 욥기의 운문 부분에서 캐낸 보석들을 요긴하게 활용하곤 했다. 이를테면 욥의 가장 날 선 말들을 야곱 이야기를 해석할 때 활용한 것을 들수 있다. 어느 현대 미드라시 연구자는 말한다.

> 욥의 고통스러운 울부짖음은 야곱의 생애의 핵심 주제를 드러낸다. 어떻게 보면 야곱이 욥의 울부짖음을 복화술로 표현했다고도 할 수 있다.[12]

---

12 Avivah Gottlieb Zornberg, *The Beginning of Desire: Reflections on Genesis* (New York: Schocken, 1995), 258. 여기에서 저자는 창세기 랍바Genesis Rabbah를 참조하는데, 창세기 랍바 84장 1절은 욥기 9장 23절과 3장 26절을 인용한다.

절망에 사로잡힌 채 울부짖는 욥의 말, 그의 분노 어린 말들은 욥 개인의 것이 아니라 성서 전체의 것, 그 안에서 살아 숨 쉬는 모든 이의 것이다.

고대 해석자들은 성서의 모든 부분, 즉 고유명사는 물론이고 동형이의어(히브리어에서 여러 가지 방식으로 모음을 붙여 여러 가지 의미를 만들 수 있는 말)에도 중요한 의미가 담겨 있다고 여겼다. 심지어 한 단어 안에서 글자 하나가 바뀌거나 글자의 순서가 바뀌었을 때 생기는 의미도 중요했다(그림 6). 이를테면 문자 그대로 읽으면 '폭풍'이라고 해석할 수 있는 말은 '머리털'이라고 해석할 수도 있다. 이를 두고 한 미드라시에서는 하느님이 욥에게 폭풍 가운데서 뿐만 아니라 그의 머리를 향해 말씀하셨다고 해석했다. 논의는 종결될 수 없었다. 어떤 구절을 여러 방식으로 이해할 수 있다면 그렇게 이해해야 했다.

욥이라는 인물에 관한 논의는 탈무드 여기저기에 흩어져 있다. 해석자들 사이에서 그의 지위에 관한 합의는 이루어지지 않았다. 어떤 이들은 욥이 아브라함과 요셉, 그리고 어쩌면 오바디야(오바댜)[13]와 함께 "하느님을 경외하는" 선별된 집단에 속한다고 보았으며, 이방인 가운데 가장 경건한 사람이라고 단언했다.[14] 하지만 욥을 비난한 이들도 있다. 아담, 아브라함, 모세는 욥보다 더한 고통을 겪었음(하느님은 이들에게도 독단적이고 과도한 행동을 일삼는 것처럼 보인다. 창세 15:13, 민

---

13 *Genesis Rabbah* 22:1. *Tanh.* B: *Lev.* 9, *Tanh.* B: *Num.* 157에서는 오바디야도 언급된다. 다음을 보라. Judith R. Baskin, *Pharaoh's Counselors*, 14, 133n28.

14 *Deuteronomy Rabbah* 2:3

그림 6. 기원후 1000년경 만들어진 레닌그라드 사본은 온전하게 보존된 히브리 성서 사본 가운데 가장 오래된 사본이다. 여기 제시된 욥기 13장 15절은 케티브ĸᴇᴛɪᴠ, 즉 적혀 있는 본문과 케레ǫᴇʀᴇ, 즉 읽어야 할 난외 본문의 의미가 극단적으로 다르다. 일반적으로 모음 부호는 표시되지 않지만, 13장 15절은 드물게 편집자가 부호를 삽입하여 케레의 의미가 우세함을 명시한다. 오늘날 대부분의 영어 번역은 케티브를 따르지만("그분께서 나를 죽이려 하신다면 나는 가망이 없네"), 케레 또한 욥기의 가장 유명한 구절 중 하나로 여전히 기억된다(제임스 흠정역의 "그분께서 나를 죽이려 하시지만 나는 그분을 믿네"). 마소라 학자들의 케티브-케레 전통은 타르굼, 시리아 페시타, 불가타로부터 온 것이다. 고대 성서 사본센터와 제휴 하에 서부 셈어 연구소, 브루스 주커만, 케네스 주커만 촬영. 러시아 살티코프-시체드린 국립도서관 소장.

수 20:10 참조)에도 하느님에게 불평하지 않았기 때문이다.[15] 어떤 이는 출애굽기의 몇 가지 난제를 해결하기 위해 욥을 끌어오기도 한다. 이스라엘 백성이 어떻게 파라오 군대의 추격을 피할 수 있었냐는 물음에 해석자는 이렇게 답한다.

파라오의 군대가 이스라엘 백성을 쫓는 모습은 목자가 양무리를 이끌고 강을 건너는데 갑자기 늑대 한 마리가 공격하는 상황에 견줄 수 있을 것이다. … 목자는 커다란 숫양 한 마리를 늑대에게 던져 주

---

15 *Pesiqta Rabbati* 47.

며 생각한다. '늑대가 이 양을 덮치는 동안 우리는 강을 건너야지. 그다음에 돌아와 숫양을 데려가야겠다.'

이스라엘 백성이 이집트를 떠날 때 천사 사마엘이 나타나 이스라엘 백성을 비난하며 하느님께 항변했다. "세상의 주님이시여! 지금껏 이들은 우상을 섬겼습니다. 그런데도 당신은 이들을 위해 바다를 가르십니까?" … 그분은 파라오의 현인 중 한 사람이자 "흠이 없고 정직"(욥기 1:1)한 사람인 욥을 사마엘에게 넘겨주셨다. 그리고 말씀하셨다. "이제 내가 그를 네 손에 부친다(욥기 2:6). 사마엘이 욥에게 정신이 팔려 있는 동안 이스라엘 백성은 바다를 건널 것이다. 욥은 그다음에 데려가겠다." 욥이 "평안을 누리던 나를 그분이 박살내"(욥기 16:12)셨다고 말한 것은 바로 이 때문이다.[16]

이 이야기는 이집트 탈출과 관련된 크고 작은 물음(이스라엘 백성은 어떻게 이집트에서 탈출할 수 있었을까? 파라오의 현인(출애 7:11)들은 누구였는가?)에 대한 대답을 제시하면서 욥기와 관련된 물음(욥은 누구이고, 어느 시대에 살았는가? 어째서 하느님은 사탄의 관심을 끌기 위해 욥을 택했는가?)에도 대답을 제시한다. 그리고 욥을 이렇다 할 특징이 없는 파라오의 현인으로 언급함으로써 욥기가 이스라엘의 신성한 책들 가운데 한 자리를 차지하면서도 그 역사나 계시와는 무관해 보인다는 난점을 에둘러 반영한다.

---

16 *Exodus Rabbah*, 21:7. 다음을 비교해 보라. *Genesis Rabbah* 57:4, *j. Sota* 20d. 다음을 보라. Baskin, *Pharaoh's Counselors*, 103, 242n15.

욥에 대해 가장 꾸준히 관심을 기울이는 본문은 바빌론 탈무드에 속한 바바 바트라Baba Bathra다. 이 본문의 표면상 저술 목적은 재산과 관련된 불법 행위 문제를 해결하는 데 있다.[17] 이 본문에서도 욥 이야기와 그 의미에 대해 기본적인 해석은 하지 않고, 욥기의 해결되지 않은 문제들을 해결하기 위해 노력한다. 하지만 이로써 이야기의 이음매는 단단해지기보다 헐거워진다. 여기에 나타나는 욥은 욥기에 나오는 욥과 놀랄 만큼 다른 인물이다.

이교도 가운데에 욥이라는 한 경건한 남자가 있었다. 그는 오로지 상을 받기 위해 이 세계에 왔(다고 스스로 생각했)다. 그러나 하느님께서 징벌을 내리시자, 그는 저주하고 하느님을 모독하기 시작했다. 이에 그분은 이 세계에서 그에게 상을 두 배로 늘려 주심으로써 그를 다가올 세계로부터 쫓아내셨다. (15b, 75)

여기서 욥은 속물적인 모사꾼으로 묘사되며 욥의 유언보다도 더 욥기에 나오는 욥과 거리가 있다. 하지만 이를 통해 욥기와 관련된 중요한 질문(욥은 저주하지 않았는가? 그는 내세의 삶을 거절하지 않았는가? 그리고 결국 그는 하느님에게 칭찬받고 잃어버린 것을 두 배로 돌려받지 않았는가?)이 교묘하게 해결된다. 특히 하느님이 욥에게 두 배로 보상해 준 것은 하느님이 잘못을 한 뒤 책임을 인정하는 것으로 보일 수 있기에

---

17 Maurice Simon and Israel W. Slotki(trans.), *Baba Bathra, The Babylonian Talmud: Seder Nezekin* (London: Soncino, 1961), vol. 2.

곤혹스러운 질문이었다. 욥이 재산을 회복한 사건이 상을 받은 것이 아니라 오히려 대가를 치르는 벌이었다는 설명은 미드라시 해석의 빛나는 반전이다.

랍비들이 언제나 고민했던 문제는 욥의 정체에 관한 물음이다. 70 인역과 욥의 유언에서 살펴보았듯 사람들은 욥을 이스라엘의 계보에 넣으려 수차례 시도했다. 욥은 정말 이스라엘 사람이 아니었는가? 그리고 도대체 우스는 어디인가? 어떤 이들은 한 단어를 근거로 욥이 모세와 동시대인이었다는 주장을 제기했다. 하지만 바바 바트라는 이를 짧게 소개한 뒤 일축해 버린다. 그렇게 하면 욥이 이사악(이삭), 야곱, 혹은 요셉과 동시대인이었다고도 주장할 수 있기 때문이다(15a, 73). 대신 바바 바트라는 욥이 바빌론 유수에서 돌아온 세대에 속할 것이라는 좀 더 신빙성 있는 견해를 제시한다. 하지만 본문의 다른 곳에서는 욥이 모세가 열두 정탐꾼을 보낸 시기, 판관(사사)들이 다스리던 시기, 아하스에로스(아하수에로), 스바 혹은 칼데아 왕국 시기, 혹은 (욥이 디나와 결혼했다는 전승이 있으므로) 야곱의 시대에 살았을 거라는 견해도 소개한다(15b, 75~76). 어떠한 경우든(마지막 경우는 제외하고) 욥은 이스라엘 사람이었을 것이라고 바바 바트라 편집자는 말한다. 모세는 앞으로 이스라엘 사람들에게만 임해달라고 간청했고 하느님이 이를 받아들였기 때문이다(15b, 76).

욥이 이방인이라면 그가 누구보다도 흠이 없고 정직했다는 욥기의 진술은 문제가 될 수 있다. 욥기 이야기가 단지 비유가 아니라면 말이다. "어느 한 랍비가 랍비 사무엘 벤 나흐마니Samuel ben Nahmani 앞에 앉아서 욥은 실존 인물이 아니며 그저 상징적인 인물이라고 주장했다"고 바바 바트라는 전한다. 그러나 사무엘 벤 나흐마니는 이 주장에 수긍하지 않았다. 그는 욥기가 비유라면 욥의 출신지나 욥이라는 특정 이름을 밝히지 않았을 것이라고 말했다. 그러자 무명의 랍비는 나단이 다윗에게 들려준 비유*를 언급하면서 이 비유가 욥 이야기와 비슷한 단어로 시작하고 욥 이야기처럼 대비를 이루기 위해 과장된 표현을 쓴다고 지적한다(15a, 74). 2장에서 살펴보겠지만 위대한 중세 철학자 마이모니데스Maimonides는 욥기가 비유라는 주장을 되살렸다. 그는 욥이 겪는 일은 "언제나 일어나고", 이를 "숙고하는 모든 이는 혼란에 빠진다"고 말했다. 그리고 마이모니데스는 고유 지명으로 여겨지던 우스에 관해 이것은 "불분명한 단어"이며 "숙고하다, 묵상하다를 뜻하는 동사의 명령형"이므로 성서가 "우리에게 이 비유를 숙고하고 묵상하라고 말하는 듯"하다고 이야기했다.[18]

바바 바트라에서 욥에 관한 많은 미드라시는 욥이 얼마나 고결하

---

18 Maimonides, *Guide of the Perplexed* III.22, 2 vols. (Chicago: University of Chicago Press, 1963), 486~487.

* "주님께서 예언자 나단을 다윗에게 보내셨다. 나단은 다윗을 찾아와서, 이런 이야기를 하였다. '어떤 성읍에 두 사람이 살았습니다. 한 사람은 부유하였고, 한 사람은 가난하였습니다. 그 부자에게는 양과 소가 아주 많았습니다. 그러나 그 가난한 사람에게는, 사다가 키우는 어린 암양 한 마리 밖에는, 아무것도 없었습니다. 그는 이 어린 양을 자기 집에서 길렀습니다. 그래서 그 어린 양은 그의 아이들과 함께 자라났습니다. 어린 양은 주인이 먹는 음식을 함께 먹고, 주인의 잔에 있는 것을 함께 마시고, 주인의 품에 안겨서 함께 잤습니다. 이렇게 그 양은 주인의 딸과 같았습니다. 그런데 그 부자에게 나그네 한 사람이 찾아왔습니다. 그 부자는 자기를 찾아온 손님을 대접하는데, 자기의 양 떼나 소 떼에서는 한 마리도 잡기가 아까웠습니다. 그래서 그는 그 가난한 사람의 어린 암양을 빼앗아다가, 자기를 찾아온 사람에게 대접하였습니다.'" (2사무 12:1~4)

고 신실했는지를 다루고 있다. 특히 해석자들은 욥을 이스라엘 민족의 아버지인 아브라함과 비교한다. 대다수는 아브라함을 훨씬 더 고결하고 신실한 인물로 보지만, 랍비 요하난Johanan의 경우에는 욥이 민족의 아버지보다 훨씬 더 높이 칭송할 만하다고 주장했다(15b, 77). 그는 하느님이 욥을 가장 총애했다고 보았다. 하느님이 "욥에게 미래 세계를 경험하게 해 주셨"기 때문이다. 이를 보여주는 대표적인 구절은 욥기 1장 14절이다.

> 일꾼 하나가 욥에게 달려와서, 다급하게 말하였다. "우리가 소를 몰아 밭을 갈고, 나귀들은 그 근처에서 풀을 뜯고 있는데 …" (욥기 1:14)

요하난은 이 구절이 씨 뿌리고 수확하는 시기가 같았음을 암시하며, 잉태하는 시기와 출산하는 시기가 일치하는 미래 세계를 가리킨다고 보았다(15b~16a, 77~78). 요밥이 천사에게 "제가 여기 있습니다"(III, 622)라고 대답하는 부분을 비롯한 욥의 유언 속 다양한 장면 역시 욥과 아브라함을 비교하는 논의를 반영하는 것으로 이해할 수 있다.

바바 바트라의 편집자는 설명을 요하는 천상의 법정 장면을 재해석하면서 이 같은 사유의 뼈대를 마련했다. 여기서 하느님은 사탄에게 땅을 두루 돌아보라고 말한다. 사탄은 돌아본 뒤 예상대로 "세상의 주님이시여, 저는 온 세상을 돌아보았고 당신의 종 아브라함보다 신실한 이를 찾지 못했습니다"라고 말한다(15b, 76~77). 그런데 하느님은 그에게 욥을 살펴보라고 말한 뒤 다시 세상을 둘러보게 한다. 하지만 다시금 사탄은 돌아와 아브라함을 칭송한다. 그러자 하느님은 다시 한번 욥을 살펴보라고 하며 "네가 나를 부추겨서, 공연히 그를 해치려고 하였지만, 그는 여전히 자기의 온전함을 굳게 지키고 있지 않느냐"(욥기 2:3)라고 말한다. 이제 편집자는 랍비 로하난의 말을 인용한다.

경전에 분명하게 쓰여 있지 않았다면 우리는 이렇게 감히 말할 수 없었을 것이다. (하느님은) 당신이 더 나은 판단을 하고 계신다 해도 반대 의견에 설득될 준비가 된 사람처럼 (보인다). (16a, 78)

그렇다면 사탄은 도대체 누구인가?

레시 라키시Resh Lakish는 말했다. 사탄, 악의 후견인, 죽음의 천사는 모두 하나다. (16a, 79)

그러나 이것만으로는 사탄이 악한 힘이라든지 악한 세력이라고 단정할 수 없다. 랍비 레비Levi는 사탄이 "경건한 목적"을 가지고 하느님에게 맞섰다고 말한다.

사탄은 하느님의 애정이 욥에게 기우는 것을 보고 아브라함에 대한 사랑을 잊으신 것이 아니냐고 말한 것이다. (16a, 79)

대다수 랍비는 사탄이 손을 쓰기 전까지 욥은 하느님에게 눈에 넣어도 아프지 않을 존재였을지 모르나 결국 우스 출신의 사내는 시험을 통과하지 못했다고 보았다. 1장 22절("이렇게 욥은, 이 모든 어려움을 당하고서도 죄를 짓지 않았으며, 어리석게 하느님을 원망하지도 않았다")에서 2장 10절("욥은 이 모든 어려움을 당하고서도, 말로 죄를 짓지 않았다")로의 변화는 그 분명한 증거였다. 이를 두고 라바Raba는 욥이 마음으로 죄를 지었음이 분명하다고 생각했다. 머지않아 그는 입술로도 죄를 짓는다. 9장 24절("세상이 악한 권세자의 손에 넘어가도, 주님께서 재판관의 눈을 가려서 제대로 판결하지 못하게 하신다. 그렇지 않다고 하면, 그렇게 하는 이가 누구란 말이냐?")을 포함한 몇몇 구절들을 언급하면서 라바는 "욥이 상을 엎어 버리기로 했다"며 한탄했다. 하지만 아바예Abaye는 욥을 옹호했으며, 이후에는 랍비 엘리아살Eliazar와 요슈아Joshua가 같은 문제를 두고 씨름했다(16a, 79). 문제는 해결되지 못했다. 어떤 랍비들은 욥기 10장 7절을 두고 욥이 하느님에게 책임을 떠넘기고 온 세상의 무죄를 입증하기 위해 자유 의지를 부정한다고 보았다. 그러니 엘리바즈가 그를 질책한 일(욥기 15:4)은 지극히 온당한 행동이었다.* 랍Rab은 욥이 하느님과 대등해지려 하고(욥기 6:2), 자신의 주인과 논쟁하려 했다는 점(욥기 9:33)을 들어 "욥의 입에 흙먼지를 털어 넣어야 한다"라고 말했다(16a, 80).** 하지만 랍은 욥이 겪은 고난을 감안해 그의 말들에 대

---

* "정말 너야말로 하느님을 두려워하는 마음도 내던져 버리고, 하느님 앞에서 뉘우치며 기도하는 일조차도 팽개쳐 버리는구나." (욥기 15:4)
** "아, 내가 겪은 고난을 모두 저울에 달아 볼 수 있고, 내가 당하는 고통을 모두 저울에 올릴 수 있다면 …" (욥기 6:2)

한 비판을 누그러뜨릴 필요가 있음을 인정하기도 했다(16b, 82).

하느님이 욥을 부당하게 대우했고 그가 설명해 주기를 간청하는 데도 무시했다는 견해를 바바 바트라는 절묘하게 반박한다(누가 말했는지 특정 랍비 이름을 명시하지는 않는다). 이 부분은 욥의 세계뿐만 아니라 미드라시의 세계를 이해하는 데도 도움이 되기 때문에 길게 인용할 만한 가치가 있다. 논증은 욥Iyob이라는 말과 오옙Oyeb('원수'라는 뜻)이라는 말이 아주 유사하다는 점에서 출발한다(욥은 13장 24절과 33장 10절에서 하느님이 자신을 원수로 여긴다고 비난한다).***

욥이 하느님께 말했다. "어쩌면 폭풍이 당신 앞을 지나가 당신이 욥과 오옙을 혼동하셨는지도 모르겠습니다." 그러자 경전에 기록된 대로 "주님께서 욥에게 폭풍이 몰아치는 가운데서 대답하셨다. … 대장부답게 일어서서, 묻는 말에 대답해 보아라"(욥기 38:1,3). 이어서 주님은 말씀하셨다. "나는 사람에게 많은 머리털을 만들었고, 머리털마다 따로 홈을 만들어, 같은 홈에서 두 머리털이 자라지 않게 했으니, 같은 홈에서 두 머리털이 자라면 사람의 눈 앞을 가릴 것이기 때문이다. 나는 하나의 홈과 다른 홈도 혼동하지 않거늘, 하물며 욥

"우리 둘 사이를 중재할 사람이 없고, 하느님과 나 사이를 판결해 줄 이가 없구나!" (욥기 9:33)

*** "어찌하여 주님께서 나를 피하십니까? 어찌하여 주님께서 나를 원수로 여기십니까?" (욥기 13:24)

"그런데도 하느님은 내게서 흠잡을 것을 찾으시며, 나를 원수로 여기신다." (욥기 33:10)

과 오옙을 혼동하겠느냐? 쏟아진 폭우가 시내가 되어서 흐르도록 개울을 낸 이가 누구냐?(욥기 38:25) 나는 구름 안에 많은 물방울을 만들었고, 물방울마다 따로 거푸집을 만들어, 같은 거푸집에서 두 물방울이 나오지 않게 했으니, 같은 거푸집에서 두 물방울이 나오면 흙을 쓸어 버려 열매를 맺지 못할 것이기 때문이다. 나는 하나의 물방울과 다른 물방울도 혼동하지 않거늘, 하물며 욥과 오옙을 혼동하겠느냐? … 산에 사는 염소가 언제 새끼를 치는지 아느냐? 들사슴이 새끼를 낳는 것을 지켜본 일이 있느냐?(욥기 39:1) 염소는 자기 새끼에게 비정하다. 염소가 몸을 구부려 새끼를 낳을 때는, 산꼭대기로 올라가는 탓에 새끼가 떨어져 죽게 되니, 나는 독수리가 날개로 새끼를 받아 염소 앞에 가져다 놓을 수 있도록 준비해 둔다. 독수리가 조금이라도 빠르거나 늦으면 새끼는 죽고 말 것이다. 나는 한 순간과 다른 순간도 혼동하지 않거늘, 하물며 욥과 오옙을 혼동하겠느냐?" (16a-b, 81)

자연에서 살아가는 개별 생명체들의 안녕을 위해 아주 사소한 부분까지 주의를 기울이는 하느님이라는 심상은 강력하다. 두려운 기상 현상과 비정해 보이는 동물들의 모습에 관한 하느님의 연설을 두고 해석자들은 하느님이 당신의 선한 목적을 이루기 위해 겉으로 보기에 악한 것을 신중하게 이용한다는 결론을 끌어낸다. 한편으로 이 해석은 '읽기'에 관한 견해도 담고 있다. 하느님은 욥의 이름을 모르지 않았다. 그리고 피조 세계라는 본문에서 그가 어떠한 위치에 있는지 모르지 않았다. 피조물을 향해 하느님이 경이롭고도 세심하게 관심을 기울인다는 점을 긍정함으로써 랍비들은 (욥기처럼 비정해 보이는 책들을 포함해) 성서 문헌을 대하는 자신들의 장인에 가까운 관심을 긍정한다. 이 모든 논의는 '세아라'se'arah가 폭풍과 머리털 모두를 뜻할 수 있음을 깨달은 데에서 출발하기 때문이다.

미드라시는 욥기에 담긴 풍요로운 문제들을 다루지만, 욥이라는 인물을 신앙의 모범으로 여기지는 않았다. 하느님의 총애를 받았던 성서의 다른 인물들도 고통을 겪었지만, 그들은 그 시험을 욥보다 더 잘 견뎠다. 근대인들에게 모범이었던 욥은 옛 유대인들에게는 결코 모범이 아니었다. 그들에게는 어떠한 의미로든 욥은 신앙의 모범이 될 수 없었다. 실로 그의 어떤 점도 모범이 못 되었다. 레위기 랍바Leviticus Rabbah에서는 의도하지 않은 죄에 관해 논하면서(4:5~6) 욥의 물음을 위험한 물음으로 간주한다.

> 민수기에는 "죄는 한 사람이 지었는데 어찌 온 회중에게 진노하십니까?"(민수 16:22)라고 쓰여 있다. 이를 두고 랍비 시메온 벤 요하이Simeon ben Yohai는 가르쳤다. "이는 배에 사람들이 타고 있는데 한 사람이 송곳을 가지고 자기 자리 아래를 뚫기 시작한 상황에 빗댈 수 있을 것이다. 그의 동료들이 그에게 무슨 짓이냐고 물었다. 그러자 그가 답했다. "무슨 상관이오. 나는 내 자리를 뚫을 뿐이지 않소?" 동료들은 다시 말했다. "물이 밀어닥쳐 배와 우리 모두를 가라앉히고 말 것이오." 그런데도 욥은 말했다. "참으로 내게 잘못이 있다 하더

라도, 그것은 내 문제일 뿐이고, 너희를 괴롭히는 것은 아니다."(욥
기 19:4) 그리고 그의 친구들은 말했다. "그는 잘못을 저지르고도 거
역하기까지 하여 우리에게까지 죄를 뻗친다.""[19]

옛 유대인들이 욥을 신앙의 모범으로 간주하지 않았다는 것은 이후
유대교 전례에서 욥기를 제외했다는 사실로 확인할 수 있다. 그들은
욥이 사유의 대상으로는 좋을지도 모르나 결코 실천의 모범은 아니
라고 여겼다.

　미드라시를 통해 욥기를 읽다 보면 욥기에 우리는 알아차리지 못
한 해석의 여지와 가능성이 풍부하게 담겨 있음을 깨닫게 된다. 고대
해석자들은 성서 전체를 염두에 두고 욥기를 해독했으며 마찬가지로
욥기의 구절들과 이야기를 활용해 다른 성서 본문의 의미를 해석했
다. 그렇지만, 이 모든 논의에서 욥의 목소리는 거의 들리지 않는다.
미드라시는 욥 이야기의 이음새를 느슨하게 만듦으로써 욥기가 제기
하는 가장 근본적인 문제를 흐릿하게 만든 측면이 있다. 하느님을 향
한 욥의 불평이 단지 그가 나약한 인물이어서, 혹은 그가 자제력을
상실해서 나온 행동이 아니라면, 아주 훌륭한 인간이 고통과 재앙에
가까운 상실을 겪어 내뱉은 푸념이 아니라면 어떻게 되는가? 그가 하
느님의 정의에 대해 답할 수 없는 물음을 제기했다면 어떻게 보아야
하는가?

19　J.Israelstam and Judah J.Slotki(trans.), *Midrash Rabbah—Leviticus* (London: Soncino Press,
　　1983), 55. 욥의 친구들의 마지막 말은 욥기 34장 37절을 가리키는 듯하다.

껍질을 제거하기

초기 그리스도교 해석자들은 동시대 유대교 해석자들과 거의 같은 방식으로 욥기를 다루었다. 쿠걸이 언급한 "고대 해석자들"처럼 이들도 성서는 자신들에게 전하는 바가 있고, 완벽하고 완전하며, 그 자체로 일관성 있고, 가장 중요한 의미가 감추어진 책이라고 가정했다. 그들에게 겉보기에 모순되고 장황하고 부조리해 보이는 구절들은 더 폭넓고 창의적인 해석으로의 초대장과 같았다. 성서는 크고 작은 물음들을 제기하는 동시에 그 모두에 답을 준다고 해석자들은 믿었다.

유대교 해석자들과 그리스도교 해석자들 모두 해석의 규칙은 동일했으나, 그들이 발굴하여 재결합한 성서의 세계는 매우 달랐다. 그리스도교 해석자들에게 구약 성서를 해석하는 열쇠는 신약 성서였다. 그들은 구약 성서가 암묵적으로 그리스도를 가리킨다고 생각했다. 그래서 그리스도교 해석자들은 한편으로는 구약의 서사가 그 자체로는 불완전함을 입증하고 한편으로는 그리스도의 삶과 가르침이 이를 완성함을 보여 주어야 했다. 아마도 그리스도교 해석자들은 장황하게 미드라시를 이어가는 랍비들을 바라보며 그들의 해석이 종결되지 않는 것은 히브리 경전이 그 자체로 해석되기에는 불충분함을 드러내는 것이라 생각했을 것이다. 모세의 율법을 읽는 유대인들의 마음에는 "너울"이 덮여 있으며 이 너울은, 바울의 표현을 빌리면 사람들이 "주님(예수)께로 돌아갈 때에"(2고린 3:16) 비로소 벗겨진다.

한편, 신약을 온전히 이해하기 위해서도 구약은 필요했다. 그리스도의 빛은 구약의 갈라진 틈 사이로 새어 나온다고 고대 그리스도교 해석자들은 믿었다. 이들에게 신약과 구약은 서로에게 없어서는 안 되는 문헌이었다. 이러한 생각이 정착하는 데는 알렉산드리아 학파에서 유래한 해석 전통의 영향이 컸다. 알렉산드리아 신학자들은 성서 본문의 의미가 복합적이라는 데 초점을 맞추었다. 그들은 '문자적'literal, 혹은 '역사적'historical 의미(문자 그대로의 의미)를 본문에 감추어진 또 다른 의미인 '영적'spiritual 의미와 구별했다. '영적' 의미를 추구하는 방법 중 '도덕적' 해석을 통해서는 본문에서 행실의 모범을 찾는다. '우의적'allegorical 해석을 통해서는 모든 구절에 감추어진, 그리스도나 교회와 관련된 의미를 찾는다. '신비적'anagogical 해석을 통해서는 영혼의 여정과 관련된 통찰을 본문에서 끌어낸다. 이 과정에서 역사적 의미는 심화될 수도 있지만 뒤집힐 수도 있었다.

그리스도교 성서주석에서 욥기는 매우 중요한 위치를 차지했다. 고전 그리스도교에서는 욥을 그리스도가 올 것을 알았던 예언자로 보았다.[20] 또한 그는 무고한 그리스도의 수난을 예고하는 인물이기도 했다. 이 두 가지 사실 덕분에 그는 그리스도교 전례와 신앙 생활에서 중요한 인물이 되었다. 이방인이면서 진실했고 하느님이 이를 인정했다는 점에서 욥은 그리스도교 이전의 그리스도교인이었다.

모든 교부가 어떤 식으로든 욥기를 다루었지만, 중세 그리스도교의 토대가 된 욥기에 관한 저작은 하나다. 바로 기원후 578년에서

---

20 Augustine, *City of God* XVIII.46. 『신국론 - 1~3』(분도출판사)

595년 사이에 그레고리우스 교황이 저술한 『욥기의 교훈들』이다. 그레고리우스는 평생 신체의 고통을 겪었고 그로 인해 욥에게 친밀감을 느꼈다. 욥기에서 그는 고통의 의미뿐만 아니라 타락한 삶이라는 환상에서 벗어나는 법을 발견했다. 그리고 이 과정에서 그리스도교 성서의 다른 책들과 욥기를 매우 밀접하게 엮어 놓았다. 덕분에 『욥기의 교훈들』은 욥에게 관심이 있는 이들은 물론이고 죄와 고통이 가득한 이 중간 지대에서 삶의 본성을 이해하고자 하는 모든 이를 위한 책이 되었다.

그레고리우스는 욥기의 의미를 재평가하면서 욥기의 문자적 의미는 간략하게만 다룬다. 그는 독자들에게 의미심장한 말을 남긴다.

> 역사라는 껍질을 제거하고 신비라는 낟알을 먹으십시오.
> (35.15.36)[21]

문자적 의미, 즉 "껍질"은 재평가나 재맥락화의 대상이 아니라 벗겨서 버려야 할 대상일 뿐이다. 의미와 중요성이 완전히 새로운 질서를 이루며 드러났기 때문이다.

욥이 토기 조각으로 몸을 긁는 장면(욥기 2:8)에 관한 해석은 본문

---

21 Gregory the Great, *Morals in Job*, Epistle to Leander V. 번역문은 다음을 보라. *A Library of Fathers of the Catholic Church anterior to the Division of the East and West*, vols. 18~20 (Oxford and London: John Henry Parker and Rivington, 1844) 다음 웹사이트에서 많은 부분을 참조할 수 있다. http://www.lectionarycentral.com/GregoryMoraliaIndex.html

의 겹겹이 싸인 의미를 발견하는 그의 탐구가 어떠한 열매를 맺는지를 잘 보여 준다. 토기 조각은 무엇인가? 문자 그대로의 의미에서 토기 조각은 토기가 부서져 생긴 날카로운 조각이다. 하지만 그레고리우스는 욥이 순전히 자신의 고통을 덜어내기 위해 토기 조각으로 몸을 긁은 것이 아니라 (흙으로 만들어진 아담의 자손이 흙으로 만들어진 토기 조각으로 몸을 긁으면서) 자기가 흙으로 만들어졌음을 되새기려고, 그리고 자신 또한 부서졌음을 기억하려고 그렇게 했다고 생각한다(3,7,9). 역사의 차원에서도 욥은 경건한 인물이지만 더 많은 의미로 가는 길을 열어 주는 상징이기도 하다. 우의라는 차원에서 몸을 긁는 행위는 더는 욥의 행위가 아니다. 이제 이는 그리스도의 행위다. 물론 그리스도는 토기 조각이기도 하다. 그리스도는 "우리의 본성인 흙"(3,17,33), 즉 육신을 취하셨다. 이 흙은 수난이라는 "불길"을 거쳐 "단단해"지고 토기 조각이 되었다. 그는 우리의 죄라는 진흙을 긁어 없앨 것이다.

> 그리하여 하느님과 인간 사이의 중재자이시며, 사람이 되신 예수 그리스도는, 당신을 박해하는 이들의 손에 당신의 육신을 내어 주시면서, (고름을) 토기 조각으로 긁어내셨으니, 이는 육신을 입고 죄를 없애시기 위함이었습니다. 성서에 기록된 대로 그분은 "죄된 육신을 지닌 모습"으로 오시어 "그 육신 안에서 죄를 처단"(불가타 성서, 로마 8:3)하셨습니다. 그분은 적에게 당신의 순결한 육신을 보여 주심으로써 우리의 더러운 육신을 씻어 주셨습니다. (3,17,33)

마지막으로 그레고리우스는 해당 구절의 도덕적 의미를 해석한다. 도덕적 차원에서 토기 조각은 우리가 우리 자신을 얼마나 "날카롭게" 돌아보아야 하는지를 나타낸다. 토기 조각의 가장자리는 우리가 필멸하는 존재임을 상기시킨다.

> 토기를 손에 쥐듯 우리 본성의 취약함을 고찰하면 (고름은) 곧 낫습니다. (3.30.58)

이어서 그레고리우스는 산상 수훈(마태 5:27~28)의 엄격한 가르침을 상기시키며 "행위뿐만 아니라 생각에서도 죄를 잘라내"(3.30.59)기 위해 어떻게 긁어야 하는지를 명료하게 기술한다. 비록 책의 제목은 『욥기의 교훈들』이지만 여기서 가장 중요한 의미는 우의적 의미다. 그레고리우스는 역사적 의미에서 도덕적 의미로 곧장 나아가지 않으며, 우리가 그렇게 하도록 허락하지도 않는다. 그에 따르면 산상 수훈은 우리가 무엇을 해야 할지 알려 주지만, 어떻게 해야 하는지는 알려 주지 않는다. 그리스도가 자신을 토기 조각으로 내놓고 토기 조각을 집어 들 때만 우리는 도덕적인 삶을 살 수 있다. 타락한 인간 본성이 끔찍한 상태를 벗어나려면 죄를 긁어내야 하는데, 이는 (그리스도의 가르침뿐만 아니라) 수난으로 단단해진 그리스도의 희생으로만 가능하다. 그레고리우스에게 욥은 과거와 미래를 볼 수 있는 예언자였다.[22]

---

22 4.32.65, 4.33. 다음을 보라. Susan E. Schreiner, *Where Shall Wisdom Be Found?* (Chicago and London: University of Chicago Press, 1994), 40~41.

욥이 토기 조각을 집어 든 순간, 이미 그는 그리스도께서 오심을 예고한 것이다.

그레고리우스는 본문의 표면적인 층을 긁어내 그 아래에 있는 층을 드러내 보임으로써 우리의 생각과 근본적으로 다른 방식으로 존재하고 기능하는 세계를 보여 주었다. 이러한 면에서 우의적 해석은 단순히 본문을 읽는 하나의 방식이 아니라 사물과 사건을 읽는 방식이다. 마찬가지로 도덕적 의미는 역사적 의미가 묘사하는 세계에서 도덕적 인간이 되는 법을 가르치는 것이 아니라 우의로만 묘사할 수 있는 현실에 참여하는 법을 가르친다.

욥의 유언 속 전설적 영웅과 마찬가지로 그레고리우스가 그리는 욥은 하느님을 위해 싸우는 전사다. 욥의 유언에서 요밥은 인내함으로써 승리한다. 그레고리우스가 그리는 욥은 인내할 뿐만 아니라 고통을 통해 배운다. 그가 선해지는 법을 배운 것은 아니다. 성서가 말하듯 그는 처음부터 흠 없고 정직했기 때문이다(욥기 1:1). 하느님은 사탄과의 내기에서 이겼다. 이를 인정하지 않으면 죄를 짓는 것이다. 하지만 그레고리우스의 욥은 이 과정에서 놀랄 만큼 중요한 무언가를 배운다. 고통을 겪으며 내면을 들여다본 그는 창조된 그 어떤 것도 하느님과 비교하면 아무것도 아님을 깨닫는다.

그레고리우스는 욥이 "자기 생일을 저주"(욥기 3:1)했을 때 이는 하느님이 아니라 세계를 규탄한 것이라고 이야기한다. 욥기 3장은 해석자들에게 늘 커다란 도전이었다. 여기서 욥은 "이제라도 주님께서 손을 들어서 그의 뼈와 살을 치시면, 그는 당장 주님 앞에서 주님을 저주하고 말 것입니다"(욥기 2:5)라는 사탄의 주장이 옳았음을 입증하는 것처럼 보이기 때문이다. 이에 그레고리우스는 욥이 고통을 겪으면서 눈을 떴으며 저 말은 그저 당시 그의 눈에 보인 것을 묘사했을 뿐이라고 말한다. 경건한 사람은 저주를 하지 않는다. 하느님이 "옳게 말"(욥기 42:7~8)하는 이라며 칭찬한 사람이라면 더욱 그렇다. 그리고 이제는 지나가 버린 것, 자신의 출생일처럼 더는 현존하지 않는 것을 저주할 수는 없다고 그레고리우스는 말한다. 본문은 독자인 우리가 이 사실을 알아차리기를 원한다. 그레고리우스는 말했다.

어떤 구절은 문자 그대로 읽으면 모순입니다. 그러나 이 모순을 통해 이 구절은 독자가 알아야 할 진리로 독자를 이끕니다. (4.서론.1)

욥이 말하는 것처럼 보이는 내용이 사실은 욥이 말할 수 없는 것임을 이해하면 진리가 드러난다.

우리의 생일이라는 말은 우리가 유한한 상태에 놓이게 된 모든 시기를 가리킵니다. … (욥은) "내가 창조된 날이 차라리 사라져 버렸더라면"이라고 말하지 않고 "내가 태어나던 날이 차라리 사라져 버렸더라면"(욥기 3:3)이라고 말했습니다. 태초에 인간은 정의의 날에 창조되었으나 이제 인간은 죄의 시대에 태어납니다. 정의의 날 창조된 인간은 아담이었고 죄의 시대에 태어난 최초의 인간은 가인입니다. 그렇다면 자신의 출생을 저주한다는 것은 "변화의 날은 사라지고 영

원의 빛이 비추"기를 바라는 것이 아니겠습니까? (4.1.4)

그러므로 그레고리우스에게 욥기 3장에 나오는 저주는 전혀 저주가
아니다. 오히려 의로운 인간이라면 누구든 안달하며 고대해 마땅한
타락한 세계의 종말을 이야기한 것이다. 하지만 여기서 끝이 아니다.
욥은 좀 더 많은 것을 배워야 한다. 사탄과 적그리스도의 상징인 베
헤못과 레비아단이라는 세력에 맞서려면 교회는 본질적으로 무력을
행사할 도구가 필요하다. 하느님의 두 연설은 바로 이를 역설하는 것
이다. 강직한 욥도 홀로는 저 세력에 맞설 수 없다. 그리스도의 인성
은 레비아단을 낚는 "바늘" 역할을 한다(33.7.14, 욥기 41:1). 본문의 취
지는 분명하다. 욥은 자신이 아무리 고결하고 지혜롭다 해도 결코 홀
로는 이길 수 없음을 깨달아야 한다.

> 자신이 덕이 있다고 여기는 것보다 더 치명적으로 영혼을 해치는 것
> 은 없습니다. (28.서론.1)

사탄의 힘은 너무나도 강력하다.
    그러한 면에서 "삶에서 가장 위험한 것은 고통이 아니라 평온함이
다."[23] 하느님이 고통이라는 경종을 울리는 이들은 운이 좋은 것이다.

---

23 Susan E. Schreiner, *Where Shall Wisdom Be Found?*, 30~31.

신성한 약속 한가운데에서 인간의 정신은 불확실성이라는 깊은 어둠에 휩싸여 있습니다. 그렇기에 경건한 사람들은 자신들이 이 세상에서 번영할 때 오히려 두려운 마음에 불안해합니다. 자신이 수고하여 얻은 결실을 이곳에서 받을까 두려워하기 때문입니다. 이들은 정의의 하느님이 자신들 안에 있는 은밀한 상처를 발견할까 두려워하고, 그분이 외적인 축복은 주시면서 내적인 축복은 주시지 않을까 두려워합니다. … 그렇기에 경건한 사람들은 이 세상에서의 번영을 역경보다 훨씬 더 두려워합니다. (5.1.1)

이때 고통은, 최근 한 연구자의 표현을 빌리면 죄라는 암을 퇴치할 때 필요한 화학 요법이다.[24] 악의 문제는 근본적으로 뒤집어진다. C.S.루이스C.S.Lewis가 『고통의 문제』The Problem of Pain에서 주장했듯 문제는 하느님이 사악한 이들을 치료하지 않고 내버려 두는 것이 아니라, 치료가 필요한 선한 사람들을 치료하지 않는 것이다.

그레고리우스가 보기에 욥의 말과 하느님의 말씀은 모두 우의적이고 도덕적인 의미를 풍부하게 담고 있다. 하지만 해석과 관련해 좀 더 흥미로운 문제들은 욥의 친구들이 제기한다. 이들이 어떤 사람들인지를 규정하기란 그리 어렵지 않다. 자신들이 주장하는 대로 그들은 욥의 친구들이다. 그들은 욥에게 하느님의 영광을 상기시킴으로

---

24 Eleonore Stump, 'Aquinas on the Sufferings of Job', *Reasoned Faith: Essays in Philosophical Theology in Honor of Norman Kretzmann* (Ithaca and London: Cornell University Press, 1993), 328~357, 특히 345.

써 욥이 하느님과 화해하도록 도우려 한다. 문제는 이들의 말이 신학적으로 옳다는 데 있다. 사도 바울도 권위 있는 성서 말씀으로 엘리바즈의 발언을 인용한다(1고린 3:19, 욥기 5:13, 5.11.27, 22.31.35). 그러나 하느님은 그들을 질책한다(욥기 42:7).

그레고리우스에 따르면 역사의 차원에서 엘리바즈, 빌닷, 소바르는 정말로 욥을 위로하고 싶어 하는 친구들이다. 그들이 진심 어린 슬픔을 조금 지나치게 표현했다 하더라도 말이다. 그들의 말에는 흠잡을 데가 없다. 그러나 우의의 차원에서 그들은 이단이다(6.1.2, 12.24.30). 이는 무척 곤혹스러운 주장이다. 그레고리우스는 그들이 거짓 친구라는 현대 해석자들의 견해에 동의하지 않는다. 본문이 우리에게 말하는 바를 온전히 이해한다면 욥의 친구들은 역사의 차원에서 진짜 친구들로 인정해야 마땅하다.

> 이단자는 이와 같은 특징을 보입니다. 그들은 선과 악을 섞어 말해 듣는 이의 분별력을 손쉽게 흩트립니다. (5.11.28)

모든 이단자가 자신이 무슨 일을 하고 있는지 아는 것은 아니다. 마찬가지로 우리는 위험을 무릅쓰고 권위 있는 해석을 넘어서려 해서는 안 된다.

한 차원에서는 진정한 친구가 다른 차원에서는 진정한 원수가 될 수 있다는 것은 놀라운 생각이다. 그레고리우스는 말한다.

어떤 행동이 그 당시에는 비난을 받을지언정 가치 있는 예언으로 기록되는 경우가 종종 있듯 어떤 상황이 역사적 차원에서는 미덕이지만 그 의미와 중요성이라는 측면에서는 악인 경우가 자주 있습니다. (3,18,55)

그레고리우스는 자신이 묘사한 전복된 세계에 우리가 혼란스러워하지 않을까 염려라도 하듯, 역사의 차원에서의 악이 우의의 차원에서의 덕으로 판명되는 가장 충격적인 일화로 사무엘하에 나오는 다윗의 우리야 살해를 언급한다.

"하느님에게서 나온 나의 빛"이라는 뜻을 지닌 우리야가 유대 백성 이외에 달리 무엇을 가리키겠습니까? … 그러나 다윗은 우리야의 아내를 데려와 자기 아내로 삼았습니다. 이는 '다윗'으로 표현되는 강력한 힘, 육신을 입고 자신을 드러내신 구세주께서 율법이 당신에 관해 영적으로 이야기하고 있음을 알리시는 한편, 이로 말미암아 문자만 붙들고 있던 유대 백성과 소원해지셨음을 알려줍니다. 이로써 그분은 율법이 자신을 선포함을 선언하십니다. … 우리야는 편지를 가지고 요압에게 가는데 그것 때문에 죽음에 이릅니다. 이는 유대 백성이 자신들이 지니고 있는 율법의 판결을 받아 죽음에 이름을 뜻합니다. … 사실의 측면에서 다윗보다 악한 자는 없습니다. 그리고 우리야보다 고결한 자도 없습니다. 하지만 신비의 측면에서 다윗보다 경건한 이는 없습니다. 그리고 우리야보다 더 신앙 없는 이는 없

습니다. (3,18,55)

그레고리우스는 독자가 이러한 전복의 야만성이 가져다주는 숭고함을 경험하며 욥기를 읽기를 바랐다. 욥기의 교훈을 기술하면서 그가 다윗과 우리야의 충격적인 이야기를 꼭 언급할 필요는 없었다. 그는 그 이야기가 충격적이기 때문에 언급한다. 이를 통해 그는 사태는 겉모습이 전부가 아님을, 욥기는 필연적인 폭력에 관한 책임을, 우리의 세계는 "전도된 세계"임을 이야기한다.[25] 역사적 사실을 신뢰해서는 안 된다고, 그것이 우의적 의미, 도덕적 의미와 상충하는 경우에는 특히 그렇다고 그레고리우스는 강조한다. 역사에서 일어나는 범죄는 신약이 구약을 대체했다는 가르침을 드러내는데, 이것은 단순히 우의에서 그치지 않는다. 그레고리우스의 백성은 우리야의 백성을 죽일 것이다. 그러나 우리는 사태의 표면을 볼 것이 아니라 내적 의미를 보아야 한다. 욥의 아내와 다른 "미련한 여인들", 그리고 친구들은 모두 육욕에 물든 인간의 전형이다. 이들은 권위를 바탕으로 드러나고 확정된 그리스도교 해석을 거부하며 역사의 차원만을 살아가는 이들의 상징이다. 고난, 그리고 아내와 친구들의 배신으로부터 가르침을 얻은 욥은 "진리의 빛을 내면의 눈으로 보았"고 "자신에게 있는 어두운 인간성을 더 분명히 분별했다"(35,4,5). 그러므로 욥이 참회하는 것은 지극히 자연스러운 귀결이다. 그가 티끌과 잿더미 위에 앉아

---

25 Susan E. Schreiner, *Where Shall Wisdom Be Found?*, 36.

참회했듯 우리 또한 끊임없이 참회해야 한다고 그레고리우스는 역설한다.

세계는 뒤죽박죽이다. 그러나 절망적이거나 그 상태가 궁극적인 것은 아니다. 우리는 우리의 감각을 불신하는 법을 익혀야 한다고 그레고리우스는 조언한다. 번영은 덫이다. 우정은 이단을 낳을 수 있다. 결국, 우리가 하는 모든 일은 덧없다. 그러나 욥의 이야기에서 '역사'라는 껍질을 제거하면 영광된 회복에 이르는 길이 보인다. 하느님은 준엄하시면서도 관대하시며 이단자도 환대하고 유대인도 받아들이신다. 욥이 친구들을 위해 드린 번제(욥기 42:8~9)는 그들의 죄가 얼마나 심각한지를 보여준다. 수송아지는 교만을, 숫양은 이단 집단의 지도자들을, 그리고 욥은 이들을 사면하는 교회를 상징한다(8.서론, 35.8.12, 14). 욥의 형제자매들이 방문하는 장면(욥기 42:11)은 이 세계 마지막 날 유대인들이 개종하는 사건을 가리킨다. 이들이 가져온 "금반지"는 "겸손이라는 은총으로 장식된 경청"을 뜻하며 욥이 받는 양은 "순종"과 "순결"을 뜻한다(35.13.26~27). 도덕의 차원에서 모든 그리스도교인의 영혼은 이 이야기의 모든 부분을 갖추어야 한다고 그레고리우스는 말했다.

현대 문학 전통의 관점에서 우의는 순전히 시처럼 보일지도 모른다. 그러나 그레고리우스에게 이 시는 시인 제라드 맨리 홉킨스Gerard Manley Hopkins의 표현을 빌려 말하자면 "흔들리는 금박이 발하는 빛처럼" 하느님의 위엄이 불타오르는 세계의 참된 본성과 의미를 드러낸다. 우의는 어떤 자명한 세계에 새로운 의미의 층을 덧씌우는 것이 아니다. 우의는 세계의 거짓 확실성 너머 이 세계에서 실제로 무슨 일이 일어나고 있는지를 보라고 가르친다. 이러한 전망이 없으면 우리는 우리가 부름받은 방식대로 살 수 없다. 그레고리우스는 욥기에서 우리를 구원하는 앎을 끌어낸다. 우리는 이를 고통, 고독, 지성의 좌절, 참회를 통해서만 얻을 수 있다. 그레고리우스가 그리는 욥은 이 심연을 통과하고 이로부터 벗어날 수 있도록 우리를 돕는 안내자다.

욥이 옛이야기의 가락, 미드라시라는 거울로 가득한 유리방, 우의를 중심으로 한 주석이라는 장대한 연금술을 통과해 본연의 목소리를 내기까지는 오랜 시간이 걸렸다. 오늘날 독자들은 이 장에서 서술한 욥기 수용의 역사를 보고 실망하거나 어리둥절할지 모른다. 그리스도교 독자들과 초기 유대교 독자들은 자기 앞에 있는 본문을 그냥 읽기만 한 것이 아니라 그곳에 자신의 본문을 추가했다. 자신이 읽은 부분이 마음에 들지 않을 때는 이를 뒤집었다. 후대 독자들과는 달리 그들은 모든 세부 사항에 주의를 기울였지만, 일부러 균형 감각을 깨기라도 하듯 (우리가 보기에는) 사소한 구절들이 중심 이야기를 가리더라도 전혀 개의치 않았다.

욥의 유언, 바바 바트라, 『욥기의 교훈들』은 욥기가 제기하는 문제를 해결하려는 세 가지 서로 다른 방식을 대표한다. 이 독해 방식들을 무시해서는 안 된다. 이들은 우리 모두가 본문을 해석할 때 암묵적으로 하고 있는 일을 좀 더 노골적으로 드러냈을 뿐이다. 모든 이야기는 거듭 읽힘으로써 존재한다. 그리고 모든 이야기에는 다양한 해석을 허용하는 여러 틈이 있다. 사람들은 각기 다른 신념을 가지고 각기 다른 기대를 품은 채 다른 방식으로 이야기를 해석한다. 고대 해석자들의 독해 방식은 욥기를 읽는 법에 대한 우리의 전제들을 뒤집어 놓고 복잡하게 만든다. 하지만 이들이 환기하는 (겉으로 보기에) 뒤집힌 세계는 우리에게 성서의 신비뿐 아니라 피조물인 우리의 신비로운 핵심을 드러내 보여 줄지도 모른다.

02

논쟁 속 욥기

욥을 중심으로 이야기들이 소용돌이치며 증식하는 모습에 대해
우리는 멈추어 서서 숙고해 볼 필요가 있다. 고대 해석자들에게 이야
기를 다시 서술하려는 열망이 있었다는 사실은 어쩌면 그들이 이야
기가 스스로 말하는 것을 반기지 않았음을, 이야기의 핵심 문제 제기
를 받아들이기를 거부했음을 보여 주는 것인지도 모른다. 하느님은
어찌하여 욥과 같이 고결하고, 덕 있는 사람이 고통받게 내버려 두었
는가? 욥의 고난은 하느님을 위해 사탄과 맞서 싸운 것이라는 설명,
시험 혹은 정화의 과정이라는 설명 등 여러 설명이 있었지만, 어느
것도 완전히 만족스럽지는 않다. 그 모든 고난은 진정 욥을 위한 일
이었는가? 그렇다면 다른 이들도 욥이 익힌 것을 익히기 위해서는 그
와 마찬가지로 고난을 감내해야 하는가? 그리고 고난만이 이러한 가

르침을 얻기 위한 유일한 방법인가? 하느님은 냉담하고 부주의한 존재처럼 보인다. 욥이라는 인물이 누구든 욥기는 근본적으로 하느님에 대한 어려운 질문을 제기하는 본문이 아닌가? 이러한 측면에서 욥의 경험은 고전적인 철학 문제와 관련이 있다. 오래전 에피쿠로스 Epicurus는 물었다.

> 신은 악을 없애고자 하나 그럴 수 없는 것인가? 그렇다면 그는 무능하다. 그렇게 할 수 있지만, 그렇게 하지 않는 것인가? 그렇다면 그는 사악하다. 신은 악을 없앨 수 있으며 악을 없애려 하는가? 그렇다면 어째서 악이 있는가?[1]

이 물음에 대해 아직 답변은 나오지 않았다.

이 장에서는 저 철학적 문제를 붙들고 욥기를 해석한 사례들을 살펴볼 것이다. 이는 근본적으로 하느님의 정의, 악, 인간 경험에 관한 철학적 논의다. 철학적 해석자들은 우의적 해석을 포함한 여러 해석 방식을 적대하지는 않았지만 그들의 기획은 앞에서 살펴본 고대 해석자들의 기획과 뚜렷이 구별된다. 그들은 하느님의 섭리와 이에 대한 인간의 앎을 중심에 두고 욥기를 해석했다.

하지만, 이 장에서 검토할 해석들은 '악에 관한 무신론적 문제', 혹은 '하느님인가? 악인가?'를 묻는, 에피쿠로스가 던진 질문에 대한 근

---

1 David Hume, *Dialogue Concerning Natural Religion* (Indianapolis and Cambridge: Hackett, 1980), 63. 『자연종교에 관한 대화』(나남출판)

대적 접근 방식(이 방식에 대해서는 4장에서 다룰 것이다)과는 다르다.[2] 여기서는 같은 물음에 근대적 접근 방식과는 다른 방향으로 접근한 여러 전통을 살펴볼 것이다. 이 전통들이 보기에 근대의 물음은 일방적이다. 6세기 초 보에티우스Boethius는 『철학의 위안』De consolatione philosophiae에서 "하느님이 있다면, 이토록 많은 악은 어디서 나오는 것인가?"라고 물었지만, 이는 그가 던진 물음의 절반에 불과하다. 물음은 이렇게 이어진다. "그리고 하느님이 없다면, 선은 대체 어디서 오는 것인가?"[3] 근대 이전 악의 문제에 관한 성찰은 대부분 선의 본성, 그리고 실체 자체에 관한 성찰과 연관이 있었다. 당시 사상가들에게 이들은 모두 하느님 없이는 상상할 수 없는 것이었다.

그들은 이성으로 하느님을 폐기할 수 있다고 상상하지 못했으며 자연 세계는 우연의 결과라기에는 너무 질서가 잘 잡혀 있다고 생각했다. 하지만 동시에 대다수 사상가는 인간 세계가 선하고 강한 하느님의 작품처럼 보이지 않는다는 점을 인정했고 심지어는 강조했다. 그들은 이 문제에 무신론적인 방식이 아닌 "수수께끼를 만들듯 난문을 제기하는" 방식으로 접근했다.[4] 그들에게 욥기는 하느님의 존재 여부를 묻기보다는 하느님의 본성을 묻는 책이었다. 그들은 에피쿠

---

2 Marilyn McCord Adams and Robert Merrihew Adams, *The Problem of Evil* (Oxford: Oxford University Press, 1990), 2~3.

3 Boethius, *The Theological Tractates: The Consolation of Philosophy* (London: Heinemann/Cambridge, MA: Harvard University Press, 1918), 153. 『철학의 위안』(바오로딸)

4 Marilyn McCord Adams, *Horrendous Evils and the Goodness of God* (Ithaca and London: Cornell University Press, 2000), 7.

로스가 제기한 것과 같은 철학적 딜레마는 손쉽게 해결되지 않으며 이를 해결하기 위해서는 모든 경험의 실체와 하느님의 본성을 더 깊이 이해해야 한다고 믿었다. 이 같은 철학적 신학자들의 접근법과 고대 해석자들의 성서 접근법 사이에는 유사한 점이 있다. 그들은 모두 성서가 분명하게 제기하는 문제들에 자극을 받아 지적 유희의 성격과 통찰력을 지닌 해석을 내놓았다.

하느님이 존재한다고 전제한 그들에게 쟁점이 되는 것은 철학의 역할이었다. 이 장에서 탐구할 유대교, 가톨릭, 개신교 전통의 토대를 놓은 이들 중 누구도 감히 "하느님이 인간을 대하는 방식의 정당화", 즉 신정론theodicy을 시도하지 않았다.[5] 하느님의 초월성은 신정론을 불가능한 것으로 만들어 막아 버리기 때문이다. 창조주에 대해 함부로 논의할 수 없으니 그들은 피조 세계, 피조물과 관련해 인간이 어디까지 이해할 수 있는지에 관심을 집중했다. 이런 그들에게 욥기는 신성함을 이해할 수 있게 해주는 서곡, 모든 한계에도 불구하고 인간이 섭리에 관해 무엇을 얼마나 알 수 있는지를 알려 주는 문헌이었다. 또한, 이러한 문제들에 대한 논의의 가능성과 그 방법을 알려주는 책이기도 했다. 이 철학적 신학자들에게 욥기는 단순히 철학적 논증들을 극화한 책이 아니었다. 그들에게 욥기는 섭리에 관한 철학

---

5 나중에 마이모니데스의 사상과 관련해 살펴보겠지만, 이슬람 전통에서도 같은 논쟁이 나타났다. 꾸란의 욥(아윱)은 유대교와 그리스도교가 공유하는 욥기의 욥과는 아주 다르기 때문에 이 책에서는 다루지 않는다. David B.Burrell, *Deconstructing Theodicy: Why Job Has Nothing to Say to the Puzzle of Suffering* (Grand Rapids, MI: Brazos, 2008), 51~82. A.H.Johns, 'Narrative, Intertext and Allusion in the Qur'anic Presentation of Job'

적 논의에 참여하는(그리고 참여하지 않는) 방법을 보여 주는 책이었다. 철학의 관점으로 접근한 이들은 욥의 배경이나 평행 세계 이야기를 새롭게 만들 생각을 하지 않았고 욥이 진짜 누구였는지에 대해서도 관심을 기울이지 않았다. 그들은 욥기의 철학적인 측면에 주목했다. 이러한 관점에서 욥기는 엘리후의 발언까지 포함하면 상당 부분이 논증 형태로 되어 있으며 하느님의 연설도 일종의 논증으로 간주하면 그 비율은 더 높아진다. 이 해석자들에게 욥기에 등장하는 인물들은 섭리에 관한 각기 다른 철학적 논증들을 대표했다. 물론 논쟁이 계속될수록 친구들의 논증들은 점차 인신공격으로 변하고, 욥 개인의 혼란만이 두드러진다. 철학적 해석자들은 이 같은 변질이 논쟁의 본성과 한계를 가르쳐 준다고 보았다.

욥과 친구들은 의견이 수렴되기는커녕 서로를 이해하지도, 받아들이지도 못한다. 이러한 측면에서 욥기는 대화가 어떻게 결렬되는지를 보여 주는 책이기도 하다. 대화의 결렬이 유의미해지려면 애초에 친분이 있는 이들 사이에서, 합리적인 방식으로 논의가 이루어져야 한다. 그리고 중세 그리스도교, 유대교 독자들은 욥기가 철학자들의 우정을 묘사한다고 보았다. 모든 논쟁, 특히 섭리에 관한 논쟁이나 개인이 겪은 일을 두고 벌어지는 논쟁은 위험 요소를 품고 있음을 그들은 알았다. 욥과 친구들은 서로에게 화를 내고, 하느님은 친구들에게 분노한다. 그러나 하느님의 명령을 따라 결국 욥과 친구들은 화해한다. 이때 하느님의 연설 앞뒤로 욥이 한 말 때문에 욥의 재산이 회복된 것이 아니라 자신을 모욕한 친구들을 위해 기도한 뒤 회복되었다는 점은 주목할 만하다(욥기 42:10).

욥기를 실제 대화 혹은 어떤 신화 속 대화에 대한 기록으로 읽기 위해서는 상당한 창의력이 필요하다. 하지만 이러한 철학적 해석은 욥기의 실제 형태와 그 역동성을 진지하게 받아들인다. 욥기에 나오는 연설들을 논증으로 이해한 철학적 해석자들은 본문의 문자적 의미를 파악하기 위해 최대한 세심하게 어구를 분석했다. 고대 해석자들과는 달리 그들은 욥의 몇몇 발언에 담긴 울분을 걷어내고 욥 본연의 목소리가 더 크고 분명히 울려 퍼지게 했다. 철학적 해석자들은 인물들이 대화를 나눌 때 어떠한 의미가 형성되는지를 날카롭게 분석했으며 그러한 대화가 언제, 어떻게 결렬되는지를 세밀히 살폈다. 그들의 시도 중 일부는 실패했다. 하지만 그들은 섬세한 논증, 특수한 사례에 일반 원리를 주의 깊게 적용하는 과정, 타인의 처지를 예민하게 인지하는 일의 가치를 입증해 냈다. 그들에게 욥기는 인간이 가장 어려운 문제와 맞닥뜨렸을 때 철학이 어디까지 갈 수 있는지를 보여 주는 책이었다.

고대의 견해들을 넘어서

기원후 12세기 유대교 철학자 마이모니데스가 저술한 『방황하는 이들을 위한 안내서』Guide of the Perplexed는 섭리에 관한 논의의 중심에 욥기를 놓았다. 그에게 욥기는 비유이며, "비범한 생각들과 우주의 신비가 담겨 있는", 최고의 진리들을 밝힌 책이었다(Ⅲ.22, 486).[6] 그의 욥기 해석에는 『안내서』 전체 기획이 담겨 있다. 이를 통해 그는 율법을 따르는 이들이 철학 탐구가 제기하는 물음들 때문에 흔들리지 않고 신앙을 지키면서도 철학 탐구를 이어갈 수 있도록 도우려 했다.

책을 시작하며 마이모니데스는 "불분명한" 언어와 비유들을 설명하기 위해 『안내서』를 저술했다고 밝힌다. 그러나 이 책이 해명하고자 하는 진리들은 불필요하게 비유로 감싸져 있는 것이 아니다. 무지한 대중은 이 진리들을 보지 못한다. 이 진리들은 그 본성상 인간이 힐끗 엿볼 수밖에 없는 통찰을 머금고 있다.

> 나의 목적은 진리를 힐끗 엿본 뒤 다시 감춤으로써 하느님의 목적을 거스르지 않는 것이다. … 저속한 이들은 볼 수 없는 … 이 진리들은 그분을 이해하기 위한 필수 조건이다. (서론, 6~7)

이후 마이모니데스의 해석자들은 줄곧 이 비의적 진리가 무엇인지를 밝히려 애썼다.

『안내서』가 힐끗 엿본 진리를 제시한 뒤 다시 감춘다면, 널리 퍼뜨리는 것이 금지된 이 가르침을 잘 보호해야 할 뿐만 아니라 이와 관련된 앎의 본성을 규정해야 한다. 하느님에 관한 앎은 인간이 앎을 얻는 방식으로는 얻을 수 없다. 우리가 하느님을 묘사하는 유일한 방

---

6   Maimonides, *Guide of the Perplexed* Ⅲ.22, 2 vols. (Chicago: University of Chicago Press, 1963)

식은 "부정"(I.58, 134)이다. 이를테면 하느님에 관해 "그분은 전능하시고 모든 것을 알고 계시며 자발적이시다"라고 주장할 때 이는 "그분은 무력하지 않으시고 무지하지 않으시며 태만하지 않으시다"(I.58, 146)는 뜻이다. 하지만 마이모니데스가 욥기를 비유로 읽을 때 그는 좀 더 많은 것을 약속하는 것처럼 보인다.

『안내서』 서론에서 그는 비유에 관한 세 가지 비유를 들려준다(11). 첫째, 비유는 솔로몬이 깊은 우물 바닥에 있는 순수한 진리의 물을 마시기 위해 여러 끈을 묶어 놓은 양동이와 같다. 둘째, 비유는 어두운 곳에서 진주를 잃어버린 사람이 켠 양초와 같다. 마지막으로, 비유는 황금 사과를 담고 있는, 은세공이 되어 있는 바구니 같다. 이 바구니를 주의 깊게 보면 그 안에 있는 황금 사과가 보인다. 그러므로 비유는 단순한 도구 이상일 수 있다. 양초는 빛을 내면서 사라지지만, 은세공이 되어 있는 바구니는 그 자체로도 가치가 있으며 금만큼은 아니지만 아름답다. "예언자들이 전한 비유"의 "외적 의미"는 그 자체로 "여러모로 유용한 지혜를 담고 있으며 인간 사회의 안녕에 도움을 준다. ⋯ 반면 비유의 내적 의미는 진리 그 자체, 그리고 이에 관심을 기울이는 믿음과 관련된 지혜를 담고 있다"(서론, 12). 솔로몬은 여러 끈을 엮은 양동이로 진리의 우물에서 물을 길었다. 하나의 끈으로는 충분하지 않았다.

마이모니데스는 바바 바트라에 있는 견해들을 여러 차례 언급한다. 먼저 그는 비유로서 욥기의 가치를 논하면서 익명의 현자의 견해("욥은 실존하지 않았고 창조되지도 않았다. 그는 비유다"(III.22, 486, 바바 바트라 15a))를 언급한다. 앞에서 이야기했듯 마이모니데스는 욥 이야기의 의미가 "불분명"하고, 우스는 어느 지명일 수도 있겠지만 "숙고하다, 묵상하다를 뜻하는 동사의 명령형"이기에 이를 통해 성서는 "이 비유를 숙고하고 묵상하라고 말하는 듯"(III.22, 486~487)하다고 주장한다. 욥기가 본질상 비유라는 사실은 신화 같은 도입부를 보아도 알 수 있다. 실제로 하느님에게는 자식들이 없다. 그러므로 "하느님의 아들들"(욥기 1:6, 2:1)이라는 말은 자연의 힘들을 뜻한다.

마찬가지로 우연의 영역에서 하느님의 법정에 온 사탄은 결핍의 상징이다. 마이모니데스는 이를 뒷받침하기 위해 "사탄, 악한 성향, 죽음의 천사는 동일하다"(III.22, 489, 바바 바트라 16a 참조)는 현인의 말을 인용한다. 또한, 그는 사탄이라는 이름이 어원상 '외면하다, 떠나다'라는 개념에서 나왔다고 주장한다(III.22, 489). 『안내서』 앞부분(II.12)에서 마이모니데스는 상상력을 악한 성향과 동일시하는데 이는 "개인이 태어날 때 생겨나"며 "선한 성향은 지성이 완성된 인간에게서만 발견"(III.22, 489~90)할 수 있기 때문이다.

그러므로 하느님이 자신의 종 욥을 칭찬(욥기 1:8, 2:3)한 이유는 "욥이 하느님에 대한 앎을 지녀서가 아니"라 고결한 행동을 했기 때문이다(III.22, 487). 고통을 겪는 가운데 욥의 무지는 분명하게 드러난다. 그는 하느님이 "인간을 멸시하고 버렸기 때문에" 선인이나 악인이나 동등하게 대하신다고 생각한다(III.23, 491, 욥기 9:22~23, 21:23~26 참조). 마이모니데스는 이와 관련해 바바 바트라에서 욥을 비난한 구절들을 인용하지만 동시에 "사람이 고통을 받을 때 한 일 때문에 비난해서는 안 된다"는 구절도 언급한다(III.23, 492, 바바 바트라 16b 참조). 중요한 것은 이를 통해 욥이 무언가를 배운다는 점이다. 그는 권위에 근거한 앎에서 "확실한 앎"으로 나아간다.

> 그는 참된 행복이 하느님에 대한 앎에서 온다는 것, 하느님에 대한 앎을 얻는 모든 이는 참된 행복을 보장받는다는 것, 그리고 그 행복을 누리는 인간은 어떤 불행으로도 고통받지 않는다는 것을 인정했다. (III.23, 492~93)

욥기와 안내서는 바로 이 하느님에 대한 앎을 약속한다.

마이모니데스는 욥과 친구들의 잘못된 주장을 무시하지 않는다. 오히려 이를 존중하고 세밀히 분석한다. 처음 읽어 보면 이 주장들은 모두 같은 주장처럼 보일 수 있으나 미묘한 차이에 주목해 보면 욥과 친구들의 이야기가 섭리에 관한 철학적 성찰의 전 범위를 아우른다는 점을 알게 될 것이라고 그는 말한다. 각 이야기가 뚜렷하게 구별되는 지점을 분별하려면 비유를 이해하는 시각이 필요하다. 이러한 시각을 가지고 나면 욥의 세(혹은 네) 상대자들이 각기 다른 입장을 대변하며, 어떤 점에서는 각 입장을 대표함을 알 수 있다. 욥기에 대한 철학적인 주석을 최초로 시도한 위대한 유대교 신학자 사디아 가온 Saadiah Gaon은 욥의 친구들을 유대교를 비판하는 그리스도교인, 무슬림으로 보았다. 근대 초기의 한 주석서에서는 욥의 친구들이 로마 가톨릭 신자, 개신교인, 무슬림을 대변한다.[7] 이와 유사하게, 아치볼드 매클리시Archibald MacLeish의 희곡 《J.B.》에서 욥의 친구들은 그리스도교, 정신분석학, 마르크스주의를 대변한다.[*]

마이모니데스가 보기에 욥과 친구들의 논쟁은 구조상으로도 적절하다. 욥기에서 욥과 친구들이 각자의 견해를 이야기한 직후 하느님이 현현하듯, 마이모니데스는 섭리에 관한 "고대의 견해들"을 살핀 직후 욥기를 다룬다. 그는 말한다.

> 욥의 의견은 아리스토텔레스의 의견과 일치하고, 엘리바즈의 의견은 우리 율법의 의견과 일치하며, 빌닷의 의견은 무타질라 학파의 학설과 일치하고, 소바르의 의견은 아시아리 학파의 학설과 일치한다. (III.23, 494)

욥과 아리스토텔레스를 연결한 것, 율법과 엘리바즈를 연결한 것 모두가 놀랍다. 그렇다면 이들은 어떻게 화해할 수 있는가? 돌파구는 엘리후에게서 나온다. 하지만 그에 관해 이야기하기 전에 먼저 이

---

7 1602년에 나온 한 필사본은 뉴욕의 유대교 신학교에 소장되어 있다. Robert Eisen, *The Book of Job in Medieval Jewish Philosophy*, 246n82. 사디아 가온과 욥에 관해서는 다음을 참조하라. *The Book of Theodicy: Translation and Commentary of the Book of Job by Saadiah Ben Joseph Al-Fayyûmi* (New Haven and London: Yale University Press, 1988) 그리고 다음을 참조하라. Robert Eisen, *Book of Job in Medieval Jewish Philosophy*, 17~42, David B. Burrell, *Deconstructing Theodicy*, 84.

* 《J.B.》는 미국의 시인이자 극작가인 아치볼드 매클리시가 쓴 희곡으로 욥기를 현대적으로 재해석한 작품이다. 1958년 초연했으며 1959년 토니상, 풀리처상을 수상했다.

"고대의 견해들"을 살피는 것이 좋겠다. 이들이 제기하는 철학적 문제들이 무엇인지 알아야 하기 때문이다.

아리스토텔레스처럼 마이모니데스는 먼저 섭리에 관한 기존의 견해들을 검토한다. 그는 철학자들이 흔한 오해 때문에 그릇된 의견에 "빠져들"거나 "내몰"린다는 점을 발견했다. 그들이 잘못된 견해를 갖는 이유는 "언뜻 보았을 때 각 개인의 상황은 질서를 결여한 것처럼", 즉 사악한 이들은 번성하고 덕망 있는 사람들은 고통받는 것처럼 보이기 때문이다(III.16, 461). 이러한 상황은 "정해진 길을 따라 우연히, 혹은 예정대로 일어나며, 무엇을 지시하거나, 다스리거나, 관심을 기울이는 존재는 없"(III.17, 464)는 것처럼 보인다. 이러한 숙명론은 어떤 면에서는 지극히 자연스러운 반응이다. 이 견해는 마이모니데스가 열거한 다섯 가지 입장(이들 모두 "고대의"(예언자들과 동시대의) 것이며 철학적 사유의 한계를 반영한다) 중 첫 번째 입장이다. 그는 이 숙명론을 에피쿠로스의 견해와 동일시한다.

두 번째 입장은 하느님이 어떤 사건에는 관심을 기울이지만 어떤 사건에는 관심을 기울이지 않는다는 것, 좋은 살피지만, 개인은 살피지 않는다는 것이다. 마이모니데스는 이를 아리스토텔레스의 견해라 이야기하고 "실존하는 것의 본성을 통해 알 수 있는 바"(III.17, 468)를 적절하게 기술했다는 점에서 높이 평가한다. 하지만 이 입장도 "주님께서는 이 땅을 버리셨다"(에제 9:9)는 혐오스러운 의견으로 이어진다(466).

두 번째 견해가 촉발한 세 번째 견해는 그 어떤 일도 우연히 일어나지는 않는다는 것이다. 이 견해에 따르면 모든 일은 하느님이 뜻한 결과다(466). (이성이 계시에 종속된다고 보는 이슬람 학파인) 아시아리파에서 발견되는 이 견해는 당연히 하느님이 무지할 수 있다는 생각을 거부한다(468). 그러나 이 입장은 인간의 죽음과 나뭇잎이 떨어지는 것 사이에 아무런 차이가 없다는 받아들일 수 없는 결론으로 이어진다. 좀 더 심각한 문제는 자유 의지의 여지가 없으므로 율법의 목적이 사라진다는 것이다(467).

네 번째 견해는 (합리주의적 이슬람 학파인) 무타질라파의 견해로 세 번째 견해의 모순 때문에 몇 걸음 물러난 입장이라 할 수 있다. 이들은 하느님은 완전히 올바르다고 주장하면서 피조물은 (동물조차) 자유로우며 하느님은 현명하게 이 피조물의 행위에 따라 보상하고 처벌한다고 주장한다(III.17, 467). 그러나 이 입장 또한 "부조화와 모순"에 빠지게 된다고 마이모니데스는 지적한다. 이 견해에 따르면 누군가 선천적으로 허약하다면 그것이 그에게 유익한 일이라고 생각해야 한다. 그리고 위대한 현자가 일찍 죽는다면, 그가 다른 세계에서 보상을 받을 것이라고 믿어야 한다. 더 난감한 점은, 하느님이 동물들에 대해서도 똑같이 한다는 것이다(468). 이처럼 아리스토텔레스, 아시아리파, 무타질라파의 견해는 모두 틀렸다. 하지만 마이모니데스는 각 견해를 옹호하는 이들을 두고 "그들 모두 그렇게 말할 수밖에 없는 나름의 이유가 있으므로 비난"해서는 안 된다고 이야기한다. 그들은 나름의 방식으로 현실을 살폈고, 하느님이 무지하다든가 무능하다는 불쾌한 생각을 거부했다는 점에서 긍정적인 평가를 받을 만하다. 적어도 불쾌한 생각들을 부정했다는 점에서 그들은 틀리지 않았다.

다섯 번째 견해는 우리의 견해, 곧 우리 율법의 견해다. (III.17, 469)

인간(과 동물)은 하느님의 뜻 아래 자유롭거니와 "우리가 다양한 방식의 상벌에 무지"(III.17, 469)할지라도 하느님은 자유로운 행위에 상응하는 처벌이나 보상을 내린다고 율법은 단언한다. 이는 네 번째 견해와 매우 비슷하게 들리는데 누군가 다른 사람 때문에 고통받을 수도 있다는 (사디아 가온에게는 명백해 보이는) 견해를 마이모니데스가 거부한다는 점에서 그렇다. 그러나 마이모니데스는 자기 생각이라고 하면서 한 가지 견해를 덧붙인다.

나는 찬양받으실 하느님이 감추신 것이 있다거나 그분께 힘이 부족하다고 생각하지 않는다. 그러나 나는 섭리는 지성의 귀결이며 지성과 관련이 있다고 믿는다. … 이 넘치는 무언가와 결합된 이라면 누구든 그가 지성으로 도달한 수준까지 섭리가 미칠 것이다. (III.17, 474)

이어지는 도발적인 논증에서 마이모니데스는 하느님은 "등급을 매긴"다고, 더 완결된 지성을 더 관심 있게 보살핀다고 주장한다 (III.18, 475). 즉 도덕성만으로는 섭리의 보호를 충분히 받을 수 없다는 것이다. 욥기를 주석하며 그는 "고대의 견해들"을 다시금 언급한다. 욥과 친구들의 대화는 철학 논쟁의 가치를 비유로 표현한 것이다. 욥과 친구들의 발언은 그것이 긍정하는 내용보다는 부정하는 내용 때문에 살펴볼 가치가 있다. 여기서 이 발언들의 표면적인 모습과 마이모니데스가 고대 견해들에 관해 기술한 내용이 일치하지 않음을 유의해야 한다. 겉으로 보기에 욥의 견해는 에피쿠로스의 견해와 유사하다. 그리고 엘리바즈와 연결된 "우리의 율법"은 하느님이 거부하는 입장 중 하나로 보인다. 마이모니데스에게 글의 표면이 어떻게 보이는지를 알아차리는 것은 쉬운 일이다. 하지만 그 표면 아래 있는 비의적 진리를 분별하는 일은 완전히 다른 일이다.

마이모니데스 자신의 견해는 엘리후의 연설에서 드러난다. 오늘날 사람들이 보기에는 놀라운 일일지도 모르지만, 중세 유대교 해석에서 이는 이미 주류 해석으로 자리 잡았다.[8] 엘리후의 주장 대부분은 새롭지 않다. 하지만 주의를 기울여 살피면 이전에 언급되지 않은 한 견해를 발견하게 된다. 이 견해는 감추어져 있어서 진리를 힐끗 엿볼 수 있는 이만 발견할 수 있는 비유 속의 비유다. 엘리후는 욥기 33장 23절에서 "하느님의 천사 천 명 가운데서 한 명이 그를 도우러 올 것입니다. 그 천사는 사람들에게 사람이 마땅히 해야 할 일을 상기시킬 것"이라고 말하며 33장 29~30절에서는 "이 모두가 하느님이 하시는 일입니다. 하느님이 사람에게 두 번, 세 번, 이렇게 되풀이하

---

8 Robert Eisen, *Book of Job in Medieval Jewish Philosophy*, 222.

시는 것은, 사람의 생명을 무덤에서 다시 끌어내셔서 생명의 빛을 보게 하시려는 것입니다"라고 말한다. 마이모니데스에 따르면 이는 "천사의 중재"를 이야기하면서 일종의 비유를 말한 것이며 바로 "예언의 방식"을 설명한 것이다(III.23, 495).

이어 나오는 하느님의 연설은 엘리후가 암시하는 바를 보여준다. 하느님이 욥에게 준 것은 "예언적 계시"prophetic revelation다. 마이모니데스는 엘리후의 견해와 하느님의 현현을 나란히 놓음으로써 온전한 지성은 섭리를 누릴 수 있다고 주장한다. 그러나 여기서 촛불은 꺼진다. 우리는 진주를 발견했지만 이를 볼 수는 없다. 엘리후가 예견했듯 하느님의 연설에 담긴 "예언적 계시"는 자연에 대한 묘사 그 이상으로 나아가지는 않는다(III.23, 496). 욥도 부정을 통해서만 이를 이해할 수 있을 뿐이다.

> 우리의 지성은 생성하고 소멸하는 세계에 현존하는 이 자연적 사물들이 어떻게 적시에 만들어졌는지, 이것들 안에 있는 자연적 힘이 어떻게 이것들을 일으켰는지 온전히 이해할 수 있는 수준에 이르지 못한다. 이것들은 우리가 만든 것들과는 다르다. 그렇다면 어찌 이 세계와 피조물들에 대한 하느님의 지배와 섭리가 … 우리의 다스림과 보살핌을 닮기를 바랄 수 있겠는가? (III.23, 496)

그렇다 해도 이를 통해 우리는 하느님의 섭리를 감지할 수 있고 "이를 알면, 모든 고통을 대수롭지 않게 견딜 수 있"으므로 부정을 넘어선 무언가를 얻었다고 볼 수 있다. 이제 "불행조차 하느님에 대한 의심을 더하지는 않"을 것이다. 모든 일은, 우리가 보기에 섭리로 보이든 그렇지 않든 진실로 "그분의 크신 사랑"의 산물이다(496).

이 모든 일을 우리가 어떻게 이해하느냐는 또 다른 문제다. 죽음의 천사(사탄, 상상력), 그리고 그 외 모든 천사는 자연에 속한 힘일 수도 있고, 자연에서 일어나는 사건일 수도 있다. 그러한 면에서 흠 없는 개인이 악과 불행에서 벗어나기 위해서는 학문을 통해 현실의 본성을 파악해야 할지도 모른다. 마이모니데스는 욥의 재산이 회복된 것을 언급하지 않는다. 그는 자신이 강조한 것 외에는 이야기의 그 어떤 세부 사항에도 집착하지 말라고 경고한다. 욥기의 교훈은 이야기의 표면에서는 발견할 수 없기 때문이다.

욥기가 가르쳐 주는 섭리에 대한 마이모니데스의 분석을 읽고 우리는 무엇을 해야 하는가? 이 분석이 또 다른 하나의 견해가 되지 않으려면 무엇을 해야 하는가? 다시금 잘못된 고대의 견해들로 빠지지 않기 위해서는 자연에 대한 연구, 혹은 자연철학이 필요하다. 하느님에 대해 우리는 비유와 모호한 말로만 알 수 있다. 그리고 이 같은 맥락에서 우리는 하느님에 대한 긍정적인 주장들을 먼저 부정해야 한다. 비유의 형식을 띤 욥기는 우리의 안내자가 될 수 있다. 우리가 아는 섭리와 이름만 같은 진짜 섭리를 이해하려면, 삶에서 실제로 일어나는 일들을 통해 우리가 어떻게 철학적 사색에 빠지는지를 이해해야 한다. 섭리에 관한 고대의 견해들이 끝없이 등장하는 이유, 이 견해들을 끊임없이 살펴야 하는 이유는 바로 이 때문이다. 이 견해들은 분명 정도가 심하고 틀렸지만, 우리가 정당한 것이라 여기면서 빠져들게 되는 오류를 피하려면 이 견해들을 살펴야 한다. 사변은 우리가 하느님의 섭리를 헤아리고 섭리에 참여하게 해 줄 수 있다. 하지만 단언하고픈 유혹에 빠져서는 안 된다. 고대의 견해들은 일종의 끈이다. 우리의 이해 너머에 있지만 우리가 참여할 수 있는 섭리라는 순수한 물을 맛보기 위해서는 이들을 엮어 양동이를 내려야 한다.

섭리와 교육

마이모니데스에 따르면 욥과 친구들의 철학적 견해들은 서로를 무효화함으로써 하느님의 섭리를 두려워하는 법을 익히게 해 준다. 하느님의 연설은 하느님이 인간의 모든 범주를 넘어서며 인간의 경험과 질문으로는 섭리를 헤아릴 수 없음을 알려 준다. 그리스도교 신학자 토마스 아퀴나스Thomas Aquinas도 욥기를 일종의 철학 문헌으로 간주했다. 그가 보기에 욥기에 나오는 대화는 파리 대학 교육 과정의 중심에 있는 구조화된 논쟁과 유사했다. 아퀴나스가 보기에 궁극적으로 논쟁을 종결하는 분은 하느님이지만, 우리에게 가장 중요한 교사는 하느님의 종인 욥이다. 그는 "하느님의 친구"(89, 욥기 1:21)이기 때문이다.[9] 욥기를 논쟁으로 이해했던 이전 주석자들처럼 아퀴나스 역시 욥기의 극적 요소들과 미묘한 표현들을 꼼꼼히 검토했으며 욥과 친구들의 대화를 따로 노는 말들이 아닌, 서로를 향한 언쟁으로

---

9 Thomas Aquinas, *The Literal Exposition on Job, A Scriptural Commentary Concerning Providence* (Atlanta, GA: Scholars Press, 1989)

받아들였다. 그가 이러한 관점을 적용하지 않는 논쟁은 단 하나, 하느님과 욥의 논쟁뿐이다.

아퀴나스는 아리스토텔레스, 보에티우스를 비롯한 여러 사상가의 저작들, 그리고 성서 중 많은 책에 대한 주석서를 썼지만, 욥기에 관해서는 오직 문자적 의미만을 살핀 주석서를 남겼다. 그레고리우스 교황이 이미 욥기의 영적 의미를 충분히 설명했다고 생각했기 때문이다. 결과적으로 아퀴나스는 성서의 문자적 의미를 강조하는 새로운 흐름이 일어나는 데 결정적인 영향을 미쳤다. 물론 그가 이야기한 문자적 의미는 과거 주석자들이 우의적 의미로 여긴 많은 것(은유와 예언)을 포함했다. 하지만 욥기의 경우 문자 그대로의 의미는 또 다른 이유로 중요했다. 아퀴나스는 이 책을 철학적 논증을 다루는 탁월한 문헌으로 간주했는데, 논증에는 명백하고 고정된 용어가 필요하기 때문이다.

아퀴나스는 마이모니데스처럼 욥기가 섭리에 관한 논쟁을 다루고 있다고 생각했다. 그리고 이 같은 맥락에서 그는 욥기가 모세 오경 바로 뒤에 저술되었다고 믿었다. 악은 "하느님을 향한 경외 혹은 두려움"(68)에 대한 첫 번째 도전이기 때문이다. 그의 저작 중 가장 중요한 저작인 『신학 대전』Summa Theologica에서도 아퀴나스는 신 존재 증명에 대한 첫 번째 반론으로 악을 언급한 바 있다.[10] 아퀴나스는 그의 또 다른 주요 저작인 『대 이교도 대전』Summa Contra Gentiles 중 섭리에 관

---

10 Thomas Aquinas, *Summa Theologica*, Ia., Q.2, A.3, Obj.1.

한 부분을 쓰며 『욥기 강해』Expositio super Iob ad litteram를 썼다. 악에 관한 그의 모든 논의는 신플라톤주의와 아우구스티누스 전통을 따른다(마이모니데스도 이 관점을 따랐다). 이 전통에서 악은 엄밀한 의미의 실체가 아니며 본질상 선한 모든 피조물에게 기생충처럼 붙은 결핍 혹은 왜곡이다. 아퀴나스는 『철학의 위안』이 제시하는, 악의 문제를 바라보는 더 넓은 틀을 상기한다.

> 보에티우스는 한 철학자의 질문을 소개한다. '하느님이 존재하신다면, 악은 어디에서 오는가?' 그러나 우리는 반대로 주장할 수 있다. '악이 존재한다면, 하느님은 존재한다.'[11]

악이 기생하는 실체들은 본성상 선하고 하느님에게서 왔다. 악을 결핍으로 보는 이 입장은 선과 악의 차이를 부인하지 않는다. 이 입장은 형이상학적 이원론을 거부하지만, 궁극적으로 이 세계에서 일어나는 모든 일에 초연해야 한다는 스토아 사상도 멀리한다. 악은 실제로 피해와 상실을 일으키기 때문이다.

아퀴나스는 욥기가 "악이 존재한다면, 하느님은 존재한다"는 논증을 확립하고 있다고 여긴다. 그에 따르면 욥기의 "전체 의도는 … 합리적인 논증을 통해 섭리가 인간사를 지배하고 있음을 보여 주는 데 있다"(68). 여기서 독자들은 오늘날 종교철학자들이 '악의 증거라는

---

11 Thomas Aquinas, *Summa Contra Gentiles*, 3.71.10.

문제'라고 부르는 영역에 들어오게 된다. 즉, 사람들이 실제로 경험하는 현실이 사실상 전능하고 올바른 하느님이 존재함을 부인하게 만들지 않느냐는 것이다. 이때 곤혹스러운 사례는 악인의 번성이 아니다. 이는 하느님의 자비로 설명할 수 있기 때문이다.

> 오히려 섭리의 토대를 무너뜨리는 것은 올바른 사람이 아무런 이유 없이 겪는 고통이다. 그러므로 모든 덕을 갖춘 욥이라는 이름의 한 남자가 겪은 고통은 악의 문제를 토론하기 위한 하나의 주제라 할 수 있다. (68)

이러한 관점에서 욥과 친구들은 논쟁에 참여한 사람이 되고, 욥은 처음부터 악에 관한 올바른 이해의 본보기가 된다. 아퀴나스는 욥의 한탄이 훌륭하다고 칭찬한다. "주신 분도 주님이시요, 가져가신 분도 주님이시니"라는 욥의 말은 그가 받고 또 빼앗기는 일에 무관심하다는 뜻이 아니다.

> 친구들은 똑같은 것을 원하고, 또 원하지 않는다. 그러므로, 누군가 자신의 일시적인 소유를 빼앗기는 일이 선한 하느님의 기쁨에서 비롯되었고 그가 하느님을 사랑한다면 그는 이를 숙고하며 슬픔에 잠기지 않도록 하느님의 뜻에 자신의 뜻을 맞추어야 한다. (89, 욥기 1:21)

참된 소유가 파괴되었을 때 욥은 올바른 슬픔을 보여 준다고 아퀴나스는 말한다.

사랑하는 이들이 죽었을 때 슬퍼하지 않는 것은 비정하고 무감각한 마음의 특징이다.

그러나 이때도 욥은 "이성에 순종하는 절제된 슬픔"을 보여 주었다 (87~88, 욥기 1:21). 삶을 살아가는 동안 얻게 되는 소유물은 참된 것이지만 유일하거나 최상의 소유물은 아니다. 그래서 마지막에 욥의 재산을 회복한 일을 설명할 때 이전의 해석자들과 달리 아퀴나스는 큰 어려움을 겪지 않는다. 욥은 재산의 회복을 바라지는 않았다. 하지만, 하느님은 마태오복음서 6장 33절("너희는 먼저 하느님의 나라와 하느님의 의를 구하여라. 그리하면 이 모든 것을 너희에게 더하여 주실 것이다.")에서 약속하신 대로 그를 다시 부유하게 해 주신다(472, 욥기 42:10).

아퀴나스는 삶을 살아가며 얻게 되는 소유가 참된 소유라고 생각하고 이에 따라 (이를 잃는) 고통 또한 실제로 일어나며 실제로 영향을 미침을 안다. 그레고리우스에 따르면 고통은 세계에 대한 죄스러운 집착에서 우리를 벗어나게 해주며 인간이 하느님을 알아차리는 데 필수적인 과정이다. 그에게서 문제는 오히려 하느님이 왜 사랑하는 모든 이에게 고통을 안겨 주지 않느냐는 것이었다. 이와 달리 아퀴나스는 고통에 그러한 치유의 효과가 있기도 하지만, 근본적으로 고통은 영을 자유롭게 하기보다는 억압한다고 본다.

짓눌린 영혼은 자유롭게 자기 이외의 것들에 관심을 갖지 못한다. 그는 자기 안으로 움츠러들고 작아진다.[12]

아퀴나스가 보기에는 고통을 겪은 욥이 태어난 날을 저주하는 것도 이해할 만하며 그 나름대로 합리적인 행동이다.

존재하고 살아가는 일은 그 자체로 바람직하지만, 이 같은 비참함 속에서 존재하고 살아가는 일은 피해야 한다. (110, 욥기 3:1)

앞서 바바 바트라에서 몇몇 이들은 욥의 날 선 발언들이 슬픔과 고통의 압박 가운데 나온 것이라고 여겼음을 살펴본 바 있다. 욥은 이성을 잃은 상태로 그런 말을 했다. 엄밀한 의미에서 그 발언들은 그의 말이라고 볼 수 없다. 고통이 그런 말을 하게 했다. 이처럼 아퀴나스는 현대 독자들이 진짜 욥의 생각이라고 여기는 많은 구절을 제쳐 버린다. 그는 이 발언들에서 하느님의 친구라도 고통과 상실을 겪으면 극한에 내몰릴 수 있음을, 욥과 같은 이들은 이런 끔찍한 상황 가운데서도 신성 모독을 피할 수 있음을 배워야 한다고 말한다. 이 같은 욥기 해석의 실마리는 욥기 42장에 나오는, 하느님이 욥은 옳게 말했다고 했다는 부분이다. 욥은 교만한 생각을 품었고 나중에 이를 뉘우쳤지만, 결코 말로 죄를 짓지는 않았다. 친구들과 철학적 대화를 주

---

12 Thomas Aquinas, *Summa Theologica*, Ia, IIae, Q.37, A.2, ad.2.

고받는 동안 그는 거룩한 사람조차 절망에 빠질 만한 심각한 고통을 겪고 있었다. 욥이 종종 이성을 잃었다 해도 우리는 그를 이해하고 그 말들에 대한 책임을 묻지 말아야 한다고 아퀴나스는 말한다

'논쟁'으로 번역되는 아퀴나스의 용어는 '쿠에스티오'quaestio인데 이는 중세 대학에서 이루어진 전형적인 토론을 가리킨다. 논쟁에서는 먼저 어떤 질문을 제기하고, 올바른 답변을 제시하기 위한 논증을 확립하기 전에 이 논증에 대한 강력한 반론들을 비판적으로 분석한다. 이때 논쟁에 참여한 이들은 아직 확립되지 않은 (올바른 답변과 관련된) 논증에 의존하지 않은 채 이 반론을 각각의 관점에서 분석한다. 전적으로 틀린 입장이란 없기에, 각각의 견해를 신중하게 검토하면 거기서 배울 점이 있다고 여겼기 때문이다. 이렇게 최상의 반론들(이는 수십 개에 달할 수도 있다)을 검토하고 나면, 물음에 대한 올바른 답변이 제시된다. 답변은 보통 성서나 교부들의 권위를 빌려 제시되는데, 아리스토텔레스("철학자")가 거론되는 경우도 있다. 이때 권위를 빌려 호소하는 것은 형식에 불과하다. 쿠에스티오에서 승패는 권위가 아니라 논증에 따라 갈린다. 물론 이때도 가장 중요한 진리는 인간이 스스로 발견하거나 입증할 수 없으며, 영감을 받은 문헌이 드러낸다. 이렇게 입증된 견해는 반론들이 제기하는 모든 문제에 적용된다.

욥기를 논쟁으로 간주하고 접근하는 방식은 우리가 생각하는 것보다 더 타당하다. 친구들과의 대화는 답변이 포함된 세 개의 묶음으로 이루어져 있다. 그리고 문제는 이를 제기한 존재, 즉 하느님이 최종적으로 "판결한다". 아퀴나스가 보기에 욥이 올바른 견해를 제시했

으니 하느님의 등장은 형식적일 뿐이라고 볼 수도 있겠지만, 사실 하느님은 이 논쟁에 필수적인 역할을 한다. 인간은 하느님의 뜻을 알 수 없기 때문이다. 하느님, 하느님의 본성, 하느님의 뜻에 관한 우리의 앎은 "유비적"analogical일 수밖에 없다. 하느님에 대해서는 오직 하느님만이 아시며, 그분에 관한 말과 피조물에 관한 말은 서로 연관이 있지만 다르다.[13] 하느님은 "땅의 기초"(욥기 38:4)를 언급하면서 섭리에 관한 물음에 답을 제시했다.

중요한 것은 섭리(우리는 이를 알 수 없다)를 아는 것이 아니라 섭리를 신뢰하는 것이다. 욥은 친구들이 알지 못하는 것, 즉 현세의 삶이 전부가 아님을 알기에 그렇게 할 수 있다. 이 깨달음은 허황한 꿈이 아니며 "세계를 좀 더 잘 이해할 수 있게 해 준다".[14] 욥의 친구들은 이를 알지 못하기에 하느님을 향한 불경한 편애를 드러내면서 위증을 한다. 이와 달리 욥은 내세에 관한 앎을 확신하기에 이 세계가 이치에 맞지 않음을 받아들일 수 있다.

욥은 현세의 번성을 약속하는 엘리바즈의 위로가 불합리하다는 사실을 논증으로 보여 준다. 현세의 번성을 향한 희망을 바탕으로 하는 위로에 기대면 그 희망은 하찮은 것이기 때문에 … 그는 슬픔에서 벗어나지 못한 채 비통한 말을 내뱉고, 완전한 절망에 빠졌을 것

---

13 Thomas Aquinas, *Summa Theologica*, Ia., Q.13.

14 John Yocum, 'Aquinas' Literal Exposition on Job', *Aquinas on Scripture: An Introduction to his Biblical Commentaries* (London and New York: T.&T.Clark, 2005), 21~42, 특히 22.

이다. (150, 욥기 7:11)

친구들이 신성 모독이라고 여기는 욥의 발언은 실제로는 현실을 있는 그대로 설명한 것이다.

욥은 특정 행위가 현세에서의 보상 혹은 처벌로 이어진다면 우리가 경험하는 세계에서는 섭리에 대한 증거가 전혀 없음을 친구들이 인정하기를 바란다. 이 깨달음은 이 세계가 불충분함을 이해하기 위해 반드시 필요하다. 물론 내세에 관한 소식은 이를 알지 못하는 이들에게 쉽사리 이해되지 않는다. 그들은 이를 상상할 수 없다. 아퀴나스가 보기에 욥은 이에 관한 이야기를 7장부터 시작해 14장 5절에서 좀 더 분명하게, 그리고 19장 25절에서는 노골적으로 전한다. 그러나 친구들은 여전히 욥의 말을 이해하지 못한다. 게다가 욥은 다음 생에서 모든 업보를 치른다는 식으로 응보주의의 논리를 사후에 정당화하는 터무니없는 논증을 내놓지 않는다. 하느님의 정의는 우리의 정의와 유비적으로만 유사하기 때문이다. 이러한 맥락에서 아퀴나스는 말한다.

> 현세에서 인간의 삶은 그 안에 궁극적인 목적을 갖고 있지는 않다. 다만 운동이 정지와 쌍을 이루듯, 그리고 길이 끝과 쌍을 이루듯, 인간의 삶은 영원과 쌍을 이룬다. (145, 욥기 7)

하느님은 논쟁에 종지부를 찍으며 친구들이 자신에 관해 잘못 말했다고 나무라는데 아퀴나스도 욥기 앞부분을 해설하며 비슷한 평가를 한다.

하느님의 선함과 올바름을 변호하기 위해 거짓말을 할 필요는 없다. 진리는 거짓 없이 변호할 수 있기 때문이다. (215, 욥기 13:7~8)

엘리후는 주제넘게 논쟁의 결론을 내려 했다는 이유로 특별한 벌을 받는다. 하지만 욥도 나쁜 교사였다는 이유로 꾸지람을 듣는다. 친구들의 방식이 틀렸음을 보여 주는 과정에서, 친구들의 마음에 "반감이 생기도록" 만들었기 때문이다(415, 욥기 38:1~2).

욥이 처음에는 자기주장을 내세우지 않았으며 친구들의 주장에 자극을 받아 말했다고 본 점에서 아퀴나스는 현대 해석자들과 견해를 같이한다. 아퀴나스가 보기에 욥은 친구들의 전제를 논박하고 이를 넘어서기 위해서 우선은 그 전제들 안에서 논쟁한다. 하지만 이때 욥이 한 날카로운 풍자는 친구들에게 반감을 낳는다. 때로는 (친구들을 논박하는 와중에) 고통으로 인해 거의 분별력을 잃을 때도 있다(이런 고통이 어떻게 정신을 뒤흔드는지를 알기에는 현대인인 우리는 너무 편안한 삶을 살고 있는 것인지도 모른다. 우리는 고통이 인생의 스승이 될 수 있다는 생각을 너무 쉽게 받아들이는 경향이 있다. 이와 관련해서는 5장에서 살펴볼 것이다). 하느님의 친구인 욥과 같은 위대한 인간조차 실제로는 매우 연약하다는 사실, 하지만 극심한 고통 한가운데서도 자신을 완전히 잃어버리지 않을 수 있다는 사실은 오늘날 독자들에게도 위안이 될 수 있다.

분명 아퀴나스의 욥기 독해는 세심하면서도 독창적이다. 하지만 바로 그렇기 때문에 아퀴나스는 실제 욥기에서 욥이 하느님에 대한 반역 직전까지 갔을 수도 있음을 보지 못했다. 아퀴나스가 이해했듯 욥이 섭리를, 그리고 하느님이 자신을 가르치고 계심을 모두 알았다 해도 이 세계에서 피조물이 겪는 온갖 불의한 고통이 진정 욥에게 아무런 문제도 되지 않았을까? 욥과 친구들이 서로의 이야기에 듣고 답하는 방식에 커다란 관심을 기울이던 아퀴나스는, 그로 인해 욥의 모든 말이 실제로 향하는 대상이 친구들이 아니라 하느님이었음을 알아채지 못했다.

한계점

1554~1555년 종교개혁가 장 칼뱅John Calvin이 욥기를 설교하면서 욥의 목소리를 듣게 되었고 비로소 오늘날 우리가 욥의 목소리라 여기는 것이 나타났다. 칼뱅에게 욥은 반역자였다. 그는 우리가 다다를 수 없을 만큼 탁월한 인간이지만, 그의 저항을 본받아서는 안 된다고 칼뱅은 말했다. "하느님을 모독할 의도가 없"어도 "욥이 자신이 한 말이 영원히 남도록 누군가 바위에 글을 새겨 결코 잊히지 않기를 바랐듯" 고통에 휘말려 "뻔뻔한 말을 하게 되"는 경우가 있다.[15] 칼뱅은 욥보다 다윗을 본보기로 추켜세운다.

15　John Calvin, *Sermons on Job* (facsimile edition, Edinburgh and Carlisle, PA: Banner of Truth, 1993), sermon 71, 335b.

우리는 하느님께서 고통을 주실 때 입을 다무는 법을 익혀야 합니
다.

욥기와 관련해 칼뱅은 159개의 설교를 남겼는데 전체 본문 중 일
부 구절만을 다루었다. 하지만 그는 욥이 본 것, 즉 "섭리의 불안정성
과 하느님의 어두운 측면"을 보는 데에 한 발 더 가까이 다가갔다.[16]

칼뱅의 대표 신학 저작인 『그리스도교 강요』Christianae Religionis Institutio
에서도 욥기는 중요한 역할을 맡는다. 사탄이 하느님에게 허락을 받
았다는 것은 하느님이 모든 일을 주관하심을 확증하는데 이는 욥이
자신의 고통이 하느님에게서 왔다고 여길 때 가진 생각과 같다(그리스
도교 강요 1.17.7~8, 2.4.2). 그리고 "그 누가 불결한 것에서, 정결한 것
이 나오게 할 수 있겠습니까? 아무도 그렇게 할 수 없습니다"(욥기
14:4)라는 욥의 말은 모든 인간이 부정하며 원죄를 지니고 있음을 확
증한다(그리스도교 강요 2.1.5). 욥이 구원자를 확신했다는 내용도 언급
하지만, 예언적 지식을 믿지 않은 칼뱅은 이를 조심스럽게 언급한다.
그가 보기에 욥은 구원자를 알지는 못했으나 구원을 열망했다(그리스
도교 강요 2.10.19, 3.25.4). 그리고 욥의 지혜 찬가(욥기 28)는 하느님의
지혜가 감추어져 있음을 확증한다(1.17.2).

하지만, 다른 무엇보다 칼뱅에게 욥기가 중요한 이유는 하느님이
피조물보다 너무나 높이 있기에 하느님이 우리를 위해 세우신 올바

---

16 Susan E. Schreiner, *Where Shall Wisdom Be Found?*, 120.

름의 규범조차 궁극적이지는 않음을 욥기가 보여 주기 때문이다. 하느님은 그러한 규범으로 재단할 수 없을 정도로 올바르시며, 그분 앞에 설 수 있는 이는 아무도 없다.

욥이 "인간이 하느님보다 의로울 수 있겠으며, 사람이 창조주보다 깨끗할 수 있겠느냐? 하느님은 하늘에 있는 당신의 종들까지도 믿지 않으시고, 천사들에게마저도 허물이 있다고 하시는데, 하물며, 흙으로 만든 몸을 입고 티끌로 터를 삼고, 하루살이에게라도 눌려 죽을 사람이겠느냐? 사람은, 아침에는 살아 있다가도, 저녁이 오기 전에 예고도 없이 죽는 것, 별수 없이 모두들 영원히 망하고 만다"(욥기 4:17~20)라고 외치듯이, 모든 것은 분명히 곧 소멸한다. 그는 또 말한다. "하느님은 당신의 천사들마저도 반드시 신뢰할 수 있다고 여기지는 않으신다. 그분 눈에는 푸른 하늘도 깨끗하게만 보이지는 않는다. 하물며 구역질 나도록 부패하여 죄를 물 마시듯 하는 사람이야 어떠하겠느냐?"(욥기 15:15~16) (그리스도교 강요 3.12.1)[17]

여기서 칼뱅은 하느님과 그분의 섭리에 관한 가장 난해하고도 중요한 가르침을 제시한다. 즉 하느님은 이중의 올바름, 이중의 섭리를 품고 계신다. 욥기는 도입부부터 하느님의 연설에 이르기까지, 인간들의 영감 어린 연설들에서도 이를 다양한 방식으로 보여 준다. 예민

---

17 John Calvin, *Institutes of the Christian Religion* (Grand Rapids, MI: Eerdmans, 1989), 2:61, 3.17.1. 『기독교 강요 상, 하』(CH북스)

한 독자라면 방금 칼뱅이 인용한 구절들(욥기 4:17~20, 15:15~16)이 욥이 아니라 엘리바즈가 한 말임을 알아차렸을 것이다. 칼뱅은 설교를 하면서 종종 이 말들을 욥의 말로 간주한다. 이미 오래전부터 몇몇 학자들은 엘리바즈의 꿈이 욥의 꿈이라는 주장을 했다. 하지만 칼뱅은 이 가설에 기댈 필요가 없었다. 그에게는 욥기라는 책 전체가 하느님의 영감을 받은 책이기 때문이다. 욥기의 중요한 가르침 중 상당 부분은 욥이 아니라 그의 친구들, 특히 엘리후로부터 나온다. 지금까지 살펴보았듯 욥기에 대한 세밀한 독해는 정통 유대교, 그리스도교 사상가들의 주요 과제였으며 이는 칼뱅도 마찬가지였다.

다만 칼뱅은 '욥기의 어떤 가르침이 진리인가' 하는 문제뿐 아니라 '욥기에 나오는 진리들을 어떻게 삶에서 받아들이는가' 하는 문제에 관심을 기울였다. 아퀴나스처럼 그는 욥과 친구들의 대화에 주목한다. 칼뱅이 보기에 욥기를 읽는 실마리, 욥기의 가장 중요한 가르침은 "모든 논쟁에서, 욥은 선한 편을 고수하는 반면, 그의 적대자들은 악한 편을 고수"한다는 점이다. 욥은 고통이 자신의 죄를 암시하지는 않는다고 주장한 데서 옳았다. 하느님의 판결은 은밀한 방식으로 이루어지기 때문이다. 그러나 욥은 이를 "잘못 표현"했다. 그는 "경계를 벗어나 … 헤매며, 과도하고 난폭한 말을 하여 많은 부분에서 자포자기한 사람처럼" 보인다. 정말로 "그는 하느님께 저항이라도 할 것처럼" 보인다.[18] 이와 달리 욥의 친구들은 "악한 편을 맡"는다.

---

18   John Calvin, Sermon 1, *Sermons on Job*, 1b.

(하지만) 그들의 주장은 선하고 거룩한 문장들로 이루어져 있습니다. 그들의 말은 마치 성령의 말씀인 양 우리를 유혹합니다. 그들의 말은 명백한 진리기 때문입니다. 그들의 말은 종교의 근거입니다. 그들은 하느님의 섭리를 논하며 올바름을 논하고 인간의 죄를 논합니다. … 우리는 그들의 말의 내용을 비난하지 말고 받아들여야 합니다. 하지만 그들의 취지는 악한 것입니다.[19]

친구들은 성서에서 발견되는 일반적 진리를 욥이라는 특정 경우에 기계적으로 적용하는데, 이는 잘못된 판단이다. 그들은 이중의 올바름을 알지 못한다. 엘리후는 하느님이 사랑하는 이들에게 고통을 주는 여러 이유를 설명한다. 칼뱅이 보기에 결국 욥과 친구들이 제기하는 물음은 동일하다. 즉 특정 상황에서 어떻게 하느님의 섭리를 이해해야 하는가? 그에 따르면 욥은 우리가 고통을 겪게 될 때 욥처럼 이해하면 안 된다는 것을, 그리고 욥의 친구들은 다른 누군가 고통을 겪고 있을 때 욥의 친구들처럼 응답하면 안 된다는 것을 보여 준다.

욥의 잘못은 하느님의 더 높은 올바름과 은밀한 판결에 대해 알고도 자신이 버림받았다고 생각하고, 하느님은 피조물들을 "헤아리신" 다는 성서의 증언을 잊은 것이다.[20] 그분은 "우리 수준에 맞게, 또 우리가 편안함을 느끼게 말을 더듬고 웅얼거리"는 것도 서슴지 않으신

---

19 John Calvin, Sermon 1, *Sermons on Job*, 1b.

20 David C.Steinmetz, 'Calvin as an Interpreter of the Bible', Calvin and the Bible (Cambridge and New York: Cambridge University Press, 2006), 282~291, 특히 290.

다.[21] 하느님의 권능과 지혜를 마주할 수 있는 사람은 없다. 하지만 자애로운 하느님은 자신의 은밀한 판결에 따라 인간을 심판하지 않으시고 오직 그분이 인간들과 나누신 것만을 고려해 그들을 심판하신다. 칼뱅이 보기에 욥은 복음의 좋은 부분을 잊어버린 채 하느님을 폭군으로 여긴다. 물론 하느님은 그렇게 되실 수도 있다. 하지만 그분의 사랑을 감안할 때, 결코 그렇게 되지 않으실 것이라고 칼뱅은 말한다.[22]

우리는 우리의 상상력과 이해의 틀 안에 하느님의 권능을 가두어서는 안 됩니다. 그분의 선함은 한없고 바닥없는 구덩이와 같습니다. 그분의 지혜와 올바름도 마찬가지며 그분의 권능도 마찬가지입니다. … 측정할 수 없고, 세상과 자연의 수단으로 가둘 수도 없는 하느님의 권능을 보며 우리의 믿음 또한 더 높고 낮은 곳으로 뻗어 나가 무한해져야 합니다.[23]

우리의 말은 필연적으로 의미가 한정될 수밖에 없으므로 욥처럼 고

---

21 John Calvin, Sermon 147, *Sermons on Job*, 689a. 그리고 다음을 참조하라. John Calvin, *Institutes of the Christian Religion*, 1.13.1.

22 마르틴 루터도 욥기 서문에서 같은 생각을 밝혔다. "그의 말들은 아무리 거룩한 사람이라도 하느님은 하느님이 아니라 재판관, 분노한 폭군일 뿐이라고 생각하면 하느님에 대해 어떤 생각을 품게 되는지 보여 준다." *Prefaces to the Books of the Bible, Works of Martin Luther*, vol. VI (Philadelphia: A. J. Holman and The Castle Press, 1932), 383.

23 John Calvin, Sermon 110, *Sermons on Job*, 514a.

통을 겪게 된다면 "입을 다무는" 것이 최선이라고 칼뱅은 권고한다. 하느님이 "자신을 감춘"다면 이는 실로 ("온 세상을 뒤흔들기에 충분할" 정도로) 두려운 일이다.[24] 하지만 그럼에도 우리는 하느님이 나름의 이유를 갖고 계실 것이라고 믿어야 한다고 그는 말한다.

칼뱅이 욥기에 관해 설교할 때, 파리의 개신교인들은 극심한 박해를 받고 있었다. 성 바르톨로메오 축일 대학살은 그 절정이었다. 이를 염두에 두고 칼뱅은 자신들의 고통을 하느님에게서 버림받은 것으로 해석해서는 안 됨을 강조했다.

친구들의 취지가 악한 이유는 그들이 욥을 절망으로 몰아갔기 때문이다. 그들의 주장이 일반적인 수준에서는 참이라 할지라도, 고통받는 동료에 대한 적절한 대응은 그를 절망으로 몰아가는 것이 아니라 절망으로부터 구해 내는 것이다. 욥기를 설교하면서 칼뱅은 욥기에 담긴 신학적 진리를 논함과 동시에 이를 어떻게 삶에 적용할 수 있는지를 이야기했다. 그에 따르면 욥기의 모든 부분에 스며들어 있는 교훈은 하느님이 율법보다 훨씬 더 위대하고 신비롭다는 것이다.

성서는 우리가 누구이며 무엇인지를 보여 줍니다. 성서에 따르면 우리는 아무것도 아닙니다.[25]

그러나 하느님은 피조물인 인간을 자비롭게 심판하신다. 그러므로

---

24 John Calvin, Sermon 70, *Sermons on Job*, 328a.

25 John Calvin, Sermon 147, *Sermons on Job*, 690b.

우리도 동료 인간을 자비롭게 대해야 한다. 하느님 앞에서는 자신이 아무런 쓸모도 없음을 아는 겸손한 깨달음은 필멸하는 인간들 사이에 서로를 향한 정죄가 아닌 연대를 낳는다.

그러므로 욥기는 하느님의 이중의 올바름과 같은 중요한 신학적 가르침을 전하는 자료일 뿐만 아니라 우리가 실제 삶에서 섭리에 대한 신앙을 유지하기가 얼마나 어려운지를 가르쳐 주는 자료다. 섭리란 필연적으로 우리의 이해를 넘어서기 때문이다. 욥과 친구들은 섭리에 대한 일부 이해를 갖고 있었지만, 이를 특정 상황에 잘못 적용했다. 욥은 자신이 남들보다 더 나쁜 죄인이 아님을 알면서도 자신이 폭압적이고 변덕스러운 하느님에게 버림받았다고 생각한다. 친구들은 하느님이 율법을 존중한다는 사실을 알면서도 하느님이 욥을 심판했다고 제멋대로 추정한다. 참된 신앙인은 자신의 신앙을 이들처럼 표현하지 않는다. 참된 신앙인은 자신이 고통을 받을 때는 겸손과 침묵을 지키며 다른 이가 고통받을 때는 그를 배려하고 위로한다.

하느님께서 처벌하시는 불쌍한 악인을 보거든 우리는 우리 자신을 돌이켜 보아야 합니다. 여기에는 두 가지 이유가 있습니다. 첫 번째는, 우리 자신을 돌이켜 보면 하느님께서 진정으로 우리의 잘잘못에 따라 우리를 벌하시고자 한다면 우리도 그만큼이나 가혹하게, 혹은 훨씬 더 가혹하게 벌을 받을 수 있음을 깨닫기 때문입니다. … 거듭 말하지만, … 우리는 그가 하느님의 모습을 따라 창조되었을 뿐만 아니라 우리의 이웃이며 우리와 하나로 함께 있다는 사실을 알아야

합니다.[26]

칼뱅은 욥기에서 하느님이 꾸짖지 않는 유일한 인물 엘리후가 이 균형을 거의 맞추고 있다고 본다. 그에 따르면 엘리후는 욥이 벌을 받고 있지는 않으나 하느님 앞에서 자신이 올바르다고 생각한다는 점에서 틀렸다고 본다. 칼뱅에게 엘리후는 "옛날, 어둠 한가운데에서도 올바른 '종교의 씨앗'이 살아 있음을 보여 주는 증거"다.[27] 그는 엘리후의 연설을 설명하며 자기 신학의 개요를 펼쳐 보인다. 물론 욥처럼 수많은 고통을 맞게 된다는 것은 실로 두려운 일이다. 이를 두고 한 칼뱅 연구가는 말했다.

> 욥의 하느님이 드러낸 주권은 칼뱅조차 두려움을 느끼게 만들었다.[28]

어쩌면 하느님은 폭군이 될 수도 있는 것이 아니라 폭군일 수도 있다. 어쩌면 이것이야말로 하느님의 은밀한 판결을 믿은 욥이 알게 된 진실일지 모른다. 인간의 거듭되는 불행은 하느님의 본성이 사랑이 아니라 자의적 심판임을 암시하는 것일지도 모른다. 이는 실로 당혹스러운 발견이다. 이와 관련해 칼뱅은 설교했다.

---

26 John Calvin, Sermon 71, *Sermons on Job*, 333a.

27 Susan E. Schreiner, *Where Shall Wisdom Be Found?*, 132~33.

28 Susan E. Schreiner, 'Calvin as an Interpreter of Job', *Calvin and the Bible*, 53~84, 58.

우리는 악인이 이 세상을 통치하는 모습을 봅니다. … 그동안 하느님께서는 줄곧 천상에 잠들어 계신 것처럼 보입니다. 이 현실이 단번에 바로잡히지 않는 것을 보며 우리는 그분이 자신의 의무를 다하지 않으신다고 생각합니다.[29]

이 문제는 너무나 거대해서 하느님만이 해결할 수 있다. 이것이 하느님이 하느님 자신으로부터 욥을 보호해야 함을 뜻하더라도 말이다. 하느님이 사람들에게 계속 희망을 주지 않는다면, 하느님의 은밀한 판결을 깨달은 인간은 비록 그가 성인이라 할지라도 절망하거나 실성할 수 있다. 욥이 하느님에게 버림받았다고 느끼면서도 하느님이 자신을 이해시켜 주기를 끈질기게 요구했다는 사실은 하느님이 그를 돕고 있다는 표징이라고 칼뱅은 말한다.

욥기는 칼뱅이 『그리스도교 강요』에서 하느님의 올바름이 인간의 이해 너머에 있음을 주장할 때 도움을 주었다. 욥기에 등장하는 인물들의 주장을 면밀하게 검토한 칼뱅의 설교들은 그가 인간이 처한 상태를 어떻게 이해했는지를 보여 준다. 그가 보기에 하느님은 올바름에 관한 우리의 범주를 지지하는 동시에 넘어선다. 그분은 피조물인 인간이 하느님을 폭군으로 여기는 상황까지 인간을 몰아붙임으로써 이를 이해하도록 도우신다. 그러나 우리 동료에게 이러한 일이 일어났을 때 우리는 그를 심판하기보다는 지지해 주어야 한다고 그는 말

29　John Calvin, Sermon 129, *Sermons on Job*, 610b.

한다. 엘리바즈, 빌닷, 소바르의 말을 비롯한 욥기의 모든 말은 귀중한 진리를 담고 있다. 하지만 욥기는 성서의 진리를 실제로 적용하는 데 따르는 어려움에 대해서도 이야기한다. 하느님의 목적은 감추어져 있으며 하느님의 타자성은 실로 두렵기 때문이다. 욥기에 천착하며 칼뱅은 바로 이를 발견했다.

하느님이 이중으로 올바름을 주장하려 노력한 칼뱅은 역설에 직면했다. 그의 욥은 반역과 절망 직전에 이른다. 막스 베버Max Weber는 칼뱅의 작업을 보며 악의 문제에 관한 유일신론 사상이 어떤 귀결을 맞이하는지를 보았다. 즉 "윤리적으로 비합리적인" 이 세계를 "의미 있는 세계"로 만들려는 종교의 노력은 필연적으로 실패한다고 베버는 생각했다.

> 인도의 카르마 교설, 조로아스터교의 이원론, 칼뱅주의의 '숨은 신'deus absconditus이라는 예정설, 이 세 가지 사상 체계만 … 인간의 운명과 인간의 올바름이 조화롭지 못한 이유에 비교적 만족스러운 답변을 내놓았다.[30]

그러나 여기서 합리성은 한계점에 도달한다. 칼뱅주의는 악의 문제에 대한 "합리적 해결" 가능성을 거부함으로써 "세계와 신, 현실과 관

---

30 Max Weber, 'The Social Psychology of the World Religions', *From Max Weber: Essays in Sociology* (New York: Oxford University Press, 1946), 275.

넘 사이의 가장 거대한 긴장을 감춘다".[31] 이러한 긴장은 개인이 특정 상황에서는 식별해 낼 수 없는 일반적인 섭리의 구조를 알려 할 때, 특히 자신이 하느님의 선택을 받았는지, 혹은 버림받았는지를 확인하려 할 때 전례 없는 내적 고립을 낳는다. 베버는 칼뱅주의의 "구원에 대한 불안"이 전통적인 종교의 의미와 관습을 훼손하며 불가피하게 근대 세계의 "탈주술화"를 낳는다고 보았다. 이러한 맥락에서 욥기가 제기하는 오래된 악의 문제는 세계를 안식처로 만들려는 종교의 노력을 무너뜨린다.

그러나 중세와 근대 초기 그 어떤 사상가도 세계를 그 자체로 설명할 수 있다고, 혹은 그래야 한다고 생각하지 않았다. 마르틴 루터는 말했다.

이성의 판단을 존중하고 따르면 하느님은 없다고, 혹은 하느님은 불의하다고 생각할 수밖에 없다. 하느님께서 이 물질세계의 외적 질서를 그렇게 잡아 놓으셨기 때문이다.[32]

모든 사람이 이러한 견해에 동의하지는 않을 것이다. 그러나 많은 이는 인간 이성이 불충분함을 인정하는 것이 지혜로 향하는 첫걸음이라고 여겼다. 욥기 28장이 분명하게 보여 주듯 그 지혜는 하느님만이

---

31 Max Weber, 'Sociology of Religion', *Economy and Society: An Outline of Inerpretive Sociolgy* (Berkeley: University of California Press, 1978), 523.

32 Martin Luther, *On the Bondage of the Will, Luther and Erasmus: Free Will and Salvation* (Library of Chrsitian Classics, Vol, XVII) (Philadelphia: Westminster, 1969), 330.

알고 있으며 인간은 이를 헛되이 추구할 뿐이다.

마이모니데스, 아퀴나스, 칼뱅의 욥기 해석을 검토하면서 알게 된 것이 또 하나 있다. 섭리 문제를 정직하게 마주하면 할수록 우리는 우리의 자리, 즉 (하느님이 우리에게 다가오기는 하지만) 하느님에게서는 멀고 인간 동료들에게는 가까운 자리로 나아가게 된다. 섭리에 대한 성찰은 사회적 행위고 윤리적으로 이루어져야 한다. 마이모니데스에 따르면 고대의 견해들은 서로를 바로잡아 주며, 섭리를 헤아려 볼 수 있는 공간을 마련해 준다. 비록 그 섭리를 우리는 힐끗 엿볼 수밖에 없으며 이해 역시 모호하게 이루어질 수밖에 없지만 말이다. 아퀴나스는 고통으로 인해 절망에 빠진 이들, 실성한 이들을 연민하는 법을 익혀야 한다고, 우리는 서로를 돕고 서로에게 걸림돌이 되지 않도록 해야 한다고 주장했다. 마지막으로 칼뱅은 우리가 알고 있는 욥에게 가장 가까이 다가가면서, 하느님에게 마땅한 벌을 받고 있는 것처럼 보이는 이들조차 절망으로 몰아가서는 안 된다고 경고한다. 섭리에 관한 진리는 오용될 수 있다.

중세 마이모니데스, 아퀴나스의 해석에서 근대 초기 칼뱅의 해석으로의 움직임은 욥의 저항을 점점 더 분명히 알아차리게 되는 과정으로 보인다. 그리고 누군가는 이 과정을 성서를 우의, 비유로 간주하는 해석에서 성서의 문자 그대로의 의미, '분명한 의미'를 중시하는 해석으로의 전환과 연결할지도 모르겠다. 그러나 마이모니데스, 아퀴나스, 칼뱅의 욥기 관련 주요 저술은 각각 철학자들을 위한 안내서(마이모니데스), 신학자들을 위한 주석서(아퀴나스), 공동체를 위한 설교

(칼뱅)라는 점을 염두에 둘 필요가 있다. 실제로 고통받는 이들이 있는 현장에 가까워질수록 욥의 목소리를 막기란 어려웠다. 그러한 면에서 고뇌에 찬 욥의 절망에 가득한 목소리는 재발견할 필요가 없었다. 다음 장에서 살펴보겠지만, 종교 전례와 예술에서는 이미 오랫동안 욥의 목소리를 간직하고 있었다. 4장에서 검토할 근대 이전까지의 사람들은 에피쿠로스가 던진 오래된 질문을 자신들의 '악의 문제'로 여기지 않았다.

03

공연되는 욥기

어떤 이들은 근현대에 이르러 사람들이 비로소 욥의 목소리에 귀 기울이기 시작했으며 근대 이전의 해석자들은 영감 어린 욥의 고함과 탄원을 무시하거나 나약함, 사악함, 고통을 이기지 못한 광기의 표출로 간주했다고 이야기한다. 지금까지 살펴본 바에 따르면 분명 과거 해석자들은 이러한 방식으로 욥기를 해석한 측면이 있다. 하지만 그들은 욥의 말을 주의 깊게 들었으며 이 세계는 도덕적으로 이치에 맞지 않는다는 욥의 이야기를 사실상 인정했다. 그리고 이 장을 통해 우리는 근현대 이전에도 욥의 목소리는 분명히 울려 퍼지고 있었음을, 성서에 담긴 수많은 목소리 중에서도 가장 널리 알려진 편에 속했음을 알게 될 것이다. 철학적 해석자들이 욥의 물음을 해결하기 위해 노력했다면 다양한 현장에서는 욥의 목소리, 그가 던진 물음들이 계속 숨 쉬게 하려 노력했다.

이 장에서는 철학자나 신학자가 아닌, 평범한 사람들이 욥기를 어떻게 받아들였는지를 살펴보려 한다. 욥의 고뇌, 그리고 하느님의 올바름에 대한 신앙 이야기에 담긴 위험을 좀 더 입체적으로 알아보기 위해서는 학자들의 욥기 해석뿐만 아니라 욥기와 관련된 의례, 욥기를 활용한 공연을 살펴야 한다. 그러므로 여기서는 고대와 근대의 전례 및 기도서에서 욥기가 어떻게 쓰였는지를 알아보고, 죽음과 관련된 의례에서 욥기가 차지하는 위상을 엿본 다음, 그의 고뇌에 찬 말들이 개인 신앙생활과 대중을 상대로 한 공연에 어떠한 영향을 미쳤는지를 살펴보도록 하겠다. 마지막으로는 일종의 여자 욥 이야기라 할 수 있는 그리젤다 이야기를 살핀다. 욥기에 대한 일종의 번안 소설이라 할 수 있는 이 이야기를 통해 우리는 교회 당국이 무어라고 말하든 평신도들은 이미 욥기가 하느님에 대한 반역 이야기로서 잠재성을 가진다는 사실을 알고 있었음을 확인할 수 있다.

전례

여기서는 주로 그리스도교 전통에 초점을 맞추려 한다. 욥이 이방인이라고 생각해서인지 유대교 전례에서 욥은 그리 중요한 위치를 차지하고 있지 않다.[1] 하지만 그리스도교인들은 욥이 그리스도의 도

---

1 Avigdor Shinan, 'The Bible in the Synagogue', Stefan C. Reif, 'The Bible in the Liturgy', 'Table of Biblical Readings', *The Jewish Study Bible* (New York and Oxford: Oxford University Press, 2004), 1929~1937, 1937~1948, 2115~2117.

래와 부활을 예언한다고 여겼기에 초기부터 부활 절기에 욥기를 읽곤 했다. 4세기 밀라노 교회에서는 성주간 수요일에 욥기를 읽었다. 다른 지역 교회들에서는 사순절 금요일에 19장, 24장, 26장, 28장, 30장, 32장을 선별해 욥기를 읽었다. 선별한 내용과 읽은 시기 모두 욥의 고통과 그리스도의 수난의 연관성을 뚜렷하게 보여 준다.[2]

그리스도교인들은 욥을 성인으로 공경하기도 했다. 적어도 4세기부터 순례자들은 욥의 무덤을 열심히 찾았다(욥의 무덤으로 추정된 곳은 여러 곳이었다. 그중 한 곳에는 석화된 벌레들이 성유물로 안치되어 있다). 서방 교회에서는 5월 6일을, 동방 교회에서는 5월 10일을 그의 축일로 기념한다.[3]

수 세기에 걸쳐 욥 성인은 나병 환자, 음악가, 공처가, 심지어 매독 환자의 수호성인이 되었다. 이는 욥기보다는 욥의 전설에 기반을 둔 경우가 많다. 욥을 표현한 중요한 예술 작품 대부분은 욥 성인에게 봉헌한 교회나 예배당에서 의뢰한 것이었다. 14세기에 만든 베네치아(이곳에는 구약의 인물들을 성인으로 공경하는 전통이 있었다[4]) 성 욥 성당에 들어가려면 지금도 피에트로 롬바르도Pietro Lombardo가 만든, 무릎 꿇은 욥과 프란치스코가 있는 정문을 통과해야 한다. 조반니 벨리니 Giovanni Bellini[*]는 장엄한 제단화를 그리며 성 세바스티아노와 성 욥을

---

2 Ernst Dassmann, 'Hiob', *Reallexikon für Antike und Christentum* (Stuttgart: Anton Hiersemann, 1991), 366~442, 435~436.

3 Ernst Dassmann, 'Hiob', 438.

4 Louis Réau, *Iconographie de l'Art Chrétien* (Paris: PUF, 1956), 312.

* 조반니 벨리니(1430~1516)는 이탈리아의 화가다. 유명한 화가 집안에서 태어나

나란히 놓았는데(그리고 이를 《신성한 우의》Sacred Allegory에서 재현했다), 어떤 이들은 이를 보고 욥이 성 소수자의 수호성인이라고 생각하기도 했다.[5] 이 그림은 현재 아카데미아 미술관에 소장되어 있다.[6] 전염병이 자주 창궐했던 플랑드르 지방에서는 욥 공경이 1,000년 동안 이어졌다. 이를테면 벨기에 스혼브루크에 있는 성 욥 교회에서는 16세기에 만든, 화려한 제대 꼭대기를 장식한 벌레 끓는 욥 조각상을 들고 마을을 도는 의례를 1991년까지 거행했다. 이 교회는 17~19세기에 나온 방대한 욥 관련 기도서들을 보유하고 있다.

다시 욥기에 초점을 맞추면, 서구 수도원 공동체에서는 정규 성서 일과에 욥기를 포함했고 8월과 9월에 집중적으로 읽었다.[7] 본문 뒤에는 욥기 2장 10절과 1장 21절로 만든 짤막한 문답이 배치되어 있다.

응송Response : 우리가 하느님에게서 좋은 것을 받았는데 나쁜 것이라

1478년부터 1481년까지 오스만 제국의 술탄 메메드 2세의 궁정화가로 일했다. 계란을 용매제로 사용하는 템페라 기법 대신, 기름을 용매제로 사용하는 유화 기법을 채택해 그림을 그렸으며 다양한 상징이 담긴 종교 작품을 만들어 내 기법과 주제 모두 혁신을 이뤘다. 이른바 베네치아 화파의 창시자로 평가받는다.

5　Samuel Terrien, *The Iconography of Job through the Centuries: Artists as Biblical Interpreters* (University Park: Pennsylvania State University Press, 1996), 105.

6　G. Nepi Scirè and A. Gallo, *Chiesa di San Giobbe. Arte e devozione* (Venezia: Marsilio, 1994)

7　Dassman, 'Hiob', 437, Barbara Nelson Sargent-Baur, *Brothers of Dragons: 'Job Dolens' and François Villon* (New York: Garland Press, 1990), 36. 동방 교회에서는 욥기를 이렇게 읽지 않았다. 그 이유는 몹수에스티아의 주교 테오도루스가 욥기에서 산문 부분을 제외한 내용에 불만을 가졌기 때문인 것 같다. 산문으로 된 틀 이야기와 하느님의 현현 부분에서 발췌한 구절들은 성주간에 읽는다. 그리고 정교회 전례는 "주님의 이름은 찬미 받으소서"라는 말로 끝맺는데, 어떤 전승에 따르면 이 말의 기원은 욥기에 있다. St. Athanasius Academy of Orthodox Theology, *The Orthodox Study Bible* (Nashville: Thomas Nelson, 2008), 780~781, 814, 819~820.

고 하여 어찌 거절할 수 있단 말인가? 주신 분도 주님이시요, 가져가신 분도 주님이시니 그분이 기뻐하시는 대로 이루어졌네. 주님의 이름을 찬양하라.

계응Versicle : 모태에서 빈손으로 태어났으니, 죽을 때에도 빈손으로 돌아갈 것입니다.[8]

여러 성무일도서에서 욥기 다음에는 토비트가 나온다. 오래도록 고통받은 토비트의 인내가 "거룩한 욥"의 인내와 유사하다고 여겼기 때문이다. 평일 미사에서는 욥기 1장, 3장, 9장, 19장, 38장, 42장을 읽었고, 주일 독서에서는 두 부분(욥기 7:1~7, 38:1~11)만 읽었는데 이 부분들 다음에는 각각 예수가 치유하는 내용이 담긴 복음서 본문과 바다를 가라앉히는 복음서 본문을 읽었다.[9] 성 토요일 전례에서는 욥기 14장 1~14절을 읽었다. 하지만 욥기 전체를 읽는 경우는 없었다.

개정성서정과를 사용하는 현대 그리스도교인들은 사정이 좀 나은 편이다. 여기서는 구약과 복음서를 대응시키지 않고 욥기를 포함한 구약의 모든 책을 3년 주기로 읽을 수 있게 발췌해 놓았다.[10]

---

8 *Breviarum Romanum* (1829), 161. 불가타 성서의 번역은 『두에-랭스 성서』Douay-Rheims Bible를 참조했다.

9 Philippe Rouillard, 'The Figure of Job in the Liturgy: Indignation, Resignation or Silence?', *Job and the Silence of God, Concilium*, Nov. 1983 (Edinburgh: T. & T. Clark; New York: Seabury, 1983), 8~12, 특히 11.

10 이 성서정과는 북아메리카의 로마 가톨릭 및 대다수 개신교 교파가 사용한다. http://lectionary.library.vanderbilt.edu

욥기 1:1; 2:1~10

욥기 23:1~9, 16~17

욥기 38:1~7 (34~41)

욥기 42:1~6, 10~17

욥 이야기의 궤적과 그의 신랄한 항변을 효과적으로 포착한 본문 선택이다. 개정성서정과는 욥의 막대한 부에 관한 언급은 생략하고 그의 개인적 고통에 초점을 맞춤으로써 욥 이야기를 더 보편적으로 만든다(초반부 욥의 자녀들이 죽음을 맞이하는 부분은 빠졌지만, 이야기 말미 새로운 자녀를 얻는 부분은 빠지지 않았다). 이러한 선별은 오늘날 교파를 넘어선 그리스도교의 구약 독해는 예형론보다는 역사적 방법을 택하고 있음을 보여 준다. 같은 맥락에서 개정성서정과는 근대 이전 그리스도교 욥기 해석의 중심이었던 19장의 예언적 단락들도 생략하고 있다.[11]

욥기 19장 23~27절은 장례 의례 때 본문으로 쓰임으로써 나름의 생명력을 유지했다.[12] 여기서는 친구들이 자신에게 연민을 가져 주기를 바라는 욥의 탄원으로 시작해 자신의 말이 기록으로 남기를 바라는 구절이 이어진 다음, 욥기 전체에서 가장 유명한 내용이 일종의 절정으로 나온다.

---

11 개정성서정과에 따르면 욥기 19장 23~27절은 3년에 한 번씩 성령 강림절 이후에 읽는다.

12 이런 이유로 이 구절은 헨델George Frideric Handel의 오라토리오 《메시아》Messiah의 '할렐루야' 합창 직후인 3부 첫 부분에 나온다.

그러나 나는 확신한다. 내 구원자가 살아 계신다.

나를 돌보시는 그가 땅 위에 우뚝 서실 날이

반드시 오고야 말 것이다.

내 살갗이 다 썩은 다음에라도,

내 육체가 다 썩은 다음에라도,

나는 하느님을 뵈올 것이다.

내가 그를 직접 뵙겠다.

이 눈으로 직접 뵐 때,

하느님이 낯설지 않을 것이다. (욥기 19:25~27)

("구원자"라는 단어는 고엘의 여러 번역어 중 하나에 불과하다는 점을 앞서 살펴
보았지만, 그다음 두 절은 훨씬 더 모호하다.) 그리스도교인들은 오래전부
터 위령 성무일도Office for the Dead를 바칠 때 이 본문을 사용했다. 혼란
스럽고 절망에 빠진 욥의 목소리는 예수, 다윗, 마리아를 제외하면
장례 의례 때 가장 자주 들을 수 있는 소리였다. 이때 그의 목소리는
장례에 참여한 모든 사람의 목소리를 대변했다. 그리스도교인들은
욥을 통해 죽음과 상실을 대면하는 법을 익혔다.

어떤 이들은 과거에도 고뇌하는 욥이 발언권을 갖고 있었다는 사
실에 놀라곤 한다. 하지만 이는 신앙의 시대에는 지적 물음이나 의심
을 집단적으로 거부했을 것이라는 고정 관념에서 나오는 반응이다.
이와 관련해 우리는 앞에서 근대 이전의 유대교인과 그리스도교인이
'인내하지 않는 욥'을 무시하거나 침묵시키기만 했을 것이라고 가정

한 사례들을 검토한 바 있다. 현실은 좀 더 복잡하다. 불평과 항의를 담은 욥의 말을 곧이곧대로 받아들이지 않는 것은 사실이지만, 그럼에도 그 목소리에 귀 기울인 사람들이 있었다. 그들은 욥의 목소리를 들으며 인내에 관해 깊이 성찰했다. 그들에게는 산문 부분의 경건한 이야기뿐만 아니라 욥기 전체가 인내라는 미덕이 무엇인지를 규정하는 책이었다.

근대 이전 사람들은 욥의 목소리가 담긴 단락들을 묵살하지 않았다. 그들은 인내가 무엇을 뜻하는지를 규정하는 과정에서 이 단락들을 참조했다. 욥이 비통함을 분출하는 모습은 가장 경건한 인간도 고통과 상실, 하느님에게 버림받았다는 생각에 사로잡히면 어떻게 되는지를 보여 준다고 그들은 생각했다. 올바로 말했다고 하느님에게 칭찬받아 도덕의 귀감이 되는 욥은 무고한 고통에 대해 어떠한 반응을 할 수 있는지, 더 나아가 어떠한 반응이 적절한 반응인지를 보여 주는 사람이기도 했다. 그리스도교인들은 욥이 슬퍼하는 법을 제시한다고, 이를 하느님이 허락하셨다고 생각했다. 그중 하나는 하느님에 대한 순종이었으며, 다른 하나는 불행을 향한, 더 나아가 하느님을 향한 분노였다.

욥의 목소리는 초기 그리스도교 장례 의례 때 이미 중요한 비중을 차지했다. 위령 성무일도 중 아침기도는 7세기보다 훨씬 전에 확립되었는데(일부 증거들에 따르면 2세기로 추정된다), 여기에는 욥의 이야기, 좀 더 정확하게 말하면 산문 부분의 이야기가 아니라 욥의 말, 친구들과 주고받는 대화 중에 나오는 욥의 말이 아닌 하느님을 향해 욥이 던지는 말이 담겨 있다. 여기에는 그가 남긴 매우 공격적인 언사들도 포함된다. 위령 성무일도에서는 이 발언들을 비슷한 감정선을 지닌 시편 속 다윗의 발언들과 엮어 놓았다(물론 시편은 모든 그리스도교 의례에서 중추를 이루는 본문이었다. 위령 성무일도의 경우에는 욥의 말을 보충할 수 있는 구절들이 선별되었다). 욥기에 대한 철학적 해석들이 욥의 격정적인 모습, 그의 감정을 무시하거나 해명하고 넘기려 했다면, 여기서는 그 모습을 전면에 내세운다.[13]

시편 5편, 시편 6편, 시편 7편

나는 이제 사는 것이 지겹습니다.
영원히 살 것도 아닌데, 제발, 나를 혼자 있게 내버려 두십시오.
내 나날이 허무할 따름입니다.
사람이 무엇이라고, 주님께서 그를 대단하게 여기십니까?
어찌하여 사람에게 마음을 두십니까?
어찌하여 아침마다 그를 찾아오셔서 순간순간 그를 시험하십니까?
언제까지 내게서 눈을 떼지 않으시렵니까?
침 꼴깍 삼키는 동안만이라도, 나를 좀 내버려 두실 수 없습니까?
사람을 살피시는 주님, 내가 죄를 지었다고 하여
주님께서 무슨 해라도 입으십니까?

---

13 불가타 성서의 번역은 『두에-랭스 성서』를 참조했다.

어찌하여 나를 주님의 과녁으로 삼으십니까?

어찌하여 나를 주님의 짐으로 생각하십니까?

어찌하여 주님께서는 내 허물을 용서하지 않으시고,

내 죄악을 용서해 주지 않으십니까?

이제 내가 숨져 흙 속에 누우면,

주님께서 아무리 저를 찾으신다 해도,

나는 이미 없는 몸이 아닙니까? (욥기 7:16~21)

산다는 것이 이렇게 괴로우니,

나는 이제 원통함을 참지 않고 다 털어놓고,

내 영혼의 괴로움을 다 말하겠다.

내가 하느님께 아뢰겠다. 나를 죄인 취급하지 마십시오.

무슨 일로 나 같은 자와 다투시는지 알려 주십시오.

주님께서 손수 만드신 이 몸은 학대하고 멸시하시면서도,

악인이 세운 계획은 잘만 되게 하시니

그것이 주님께 무슨 유익이라도 됩니까?

주님의 눈이 살과 피를 가진 사람의 눈이기도 합니까?

주님께서도 매사를 사람이 보듯이 보신단 말입니까?

주님의 날도 사람이 누리는 날처럼 짧기라도 하단 말입니까?

주님의 햇수가 사람이 누리는 햇수와 같이

덧없기라도 하단 말입니까?

그렇지 않다면야, 어찌하여 주님께서는

기어이 내 허물을 찾아내려고 하시며,

내 죄를 들추어내려고 하십니까?

내게 죄가 없다는 것과,

주님의 손에서 나를 빼낼 사람이 없다는 것은,

주님께서도 아시지 않습니까? (욥기 10:1~7)

주님께서 손수 나를 빚으시고 지으셨는데,

어찌하여 이제 와서, 나에게 등을 돌리시고,

나를 멸망시키려고 하십니까?

주님께서는, 진흙을 빚듯이 몸소 이 몸을 지으셨음을

기억해 주십시오.

어찌하여 주님께서는 나를 티끌로 되돌아가게 하십니까?

주님께서 내 아버지에게 힘을 주셔서, 나를 낳게 하시고,

어머니가 나를 품에 안고 젖을 물리게 하셨습니다.

주님께서 살과 가죽으로 나를 입히시며,

뼈와 근육을 엮어서, 내 몸을 만드셨습니다.

주님께서 나에게 생명과 사랑을 주시고,

나를 돌보셔서, 내 숨결까지 지켜 주셨습니다. (욥기 10:8~12)

시편 22편, 시편 24편, 시편 27편

나에게 죄악이 있다면, 얼마나 있다는 말씀입니까?

반역죄가 있다면, 어찌하여 알려주시지 아니하십니까?

어찌하여 나에게서 얼굴을 돌리시고 이 몸을 원수로 여기십니까?

어찌하여 당신은 이 낙엽 같은 것을 놀라게 하시고

이 마른 검불 같은 것을 닦달하십니까?

어찌하여 나에게 괴로움이 될 일들을 기록해 두시고

젊어서 저지른 잘못을 이제 유산으로 물려주십니까?

당신께서 나의 발에 차꼬를 채우시고

나의 걸음을 낱낱이 세시며 발바닥에는 표를 새기시다니…

사람이 술부대가 삭아 떨어지듯 옷이 좀먹어 떨어지듯 떨어집니다.

(욥기 13:23~28)

사람이란 결국 여인에게서 태어나는 것,

그의 수명은 하루살이와 같은데도 괴로움으로만 가득 차 있습니다.

꽃처럼 피어났다가는 스러지고 그림자처럼 덧없이 지나갑니다.

그런 사람에게서 살피실 일이 무엇이며 법정에서 잘잘못을 가릴 일

이 무엇입니까?

그 누가 부정한 데서 정한 것을 나오게 할 수 있겠습니까?

아무것도 없사옵니다.

사람이 며칠이나 살며 몇 달이나 움직일지는 당신께서 결정하시는

일이 아닙니까? 넘어갈 수 없는 생의 마감날을 그어주신 것도 당신

이십니다.

그러니, 이제 그에게서 눈을 돌리시고

품꾼같이 보낸 하루나마 편히 좀 쉬게 내버려 두소서. (욥기 14:1~6)

이 몸을 저승에 숨겨두시지 않으시겠습니까?

당신의 진노가 멎기까지 감추어두시지 않으시겠습니까?

때를 정해 두셨다가 다시 기억해 주시지 않으시겠습니까?

그러나 사람은 제아무리 대장부일지라도

죽었다가 다시 살 수 없는 일, 만일에 그렇다면,

나도 이 길고 긴 고역의 나날이 지나

밝은 날이 오기를 기다릴 수도 있으련만……

당신께서 불러만 주신다면 나는 대답하겠습니다.

당신께서는 손수 지으신 것이 대견스럽지도 않으십니까?

지금은 나의 걸음을 낱낱이 세십니다마는

나의 허물을 모르는 체하여 주실 수는 없으십니까? (욥기 14:13~16)

시편 39편, 시편 40편, 시편 41편

기운도 없어지고, 살 날도 얼마 남지 않고,

무덤이 나를 기다리고 있구나.

조롱하는 무리들이 나를 둘러싸고 있으니,

그들이 얼마나 심하게 나를 조롱하는지를 내가 똑똑히 볼 수 있다.

주님, 주님께서 친히 내 보증이 되어 주십시오.

내 보증이 되실 분은 주님밖에는 아무도 없습니다.

내가 살날은 이미 다 지나갔다. 계획도 희망도 다 사라졌다.

내 친구들의 말이 '밤이 대낮이 된다' 하지만, '밝아온다' 하지만,

내가 이 어둠 속에서 벗어나지 못한다는 것을, 나는 알고 있다.

내 유일한 희망은, 죽은 자들의 세계로 가는 것이다.

거기 어둠 속에 잠자리를 펴고 눕는 것뿐이다.

나는 무덤을 '내 아버지'라고 부르겠다.

내 주검을 파먹는 구더기를 '내 어머니, 내 누이들'이라고 부르겠다.

내가 희망을 둘 곳이 달리 더 있는가?

내가 희망을 둘 곳이 달리 어디 있는지,

아는 사람이 있는가? (욥기 17:1~3, 11~15)

나는 피골이 상접하여 뼈만 앙상하게 드러나고,

잇몸으로 겨우 연명하는 신세가 되었다.

너희는 내 친구들이니, 나를 너무 구박하지 말고 불쌍히 여겨다오.

하느님이 손으로 나를 치셨는데,

어찌하여 너희마저 마치 하느님이라도 된 듯이 나를 핍박하느냐?

내 몸이 이 꼴인데도, 아직도 성에 차지 않느냐?

아, 누가 있어 내가 하는 말을 듣고 기억하여 주었으면!

누가 있어 내가 하는 말을 비망록에 기록하여 주었으면!

누가 있어 내가 한 말이 영원히 남도록 바위에 글을 새겨 주었으면!

그러나 나는 확신한다. 내 구원자가 살아 계신다.

나를 돌보시는 그가 땅 위에 우뚝 서실 날이

반드시 오고야 말 것이다.

내 살갗이 다 썩은 다음에라도,

내 육체가 다 썩은 다음에라도, 나는 하느님을 뵈올 것이다.

내가 그를 직접 뵙겠다.

이 눈으로 직접 뵐 때에, 하느님이 낯설지 않을 것이다.

내 간장이 다 녹는구나! (욥기 19:20~27)

주님께서 나를 이렇게 할 것이라면

왜 나를 모태에서 살아 나오게 하셨습니까?

차라리 모태에서 죽어서 사람들의 눈에 띄지나 않았더라면,

좋지 않았겠습니까?

생기지도 않은 사람처럼,

모태에서 곧바로 무덤으로 내려갔더라면, 좋았을 것입니다.

내가 살 날도 이제 얼마 남지 않았습니다.

나를 좀 혼자 있게 내버려 두십시오.

내게 남은 이 기간만이라도, 내가 잠시라도 쉴 수 있게 해주십시오.

어둡고 캄캄한 땅으로 내려가면, 다시는 돌아오지 못합니다.

그리로 가기 전에 잠시 쉬게 해주십시오.

그 땅은 흑암처럼 캄캄하고,

죽음의 그늘이 드리워져서 아무런 질서도 없고,

빛이 있다 해도 흑암과 같을 뿐입니다. (욥기 10:18~22)

이 말들은 욥이 한 말 중에서도 가장 음울하고 인상적인 말들이다. 본문을 읽는 사이사이 회중은 욥기에서 발췌한 구절을 응송으로 노래하거나 말했다. 대표적인 구절로는 욥기 19장 25절이 있다.

나는 확신합니다. 내 구원자는 살아 계심을 믿습니다.

"아는" 것이 아니라 "믿는" 것이다.

욥, 다윗의 말과 회중의 말은 상호 작용을 일으키면서 공동체의 연극 같은 효과를 낸다. 욥은 죽은 이를 대변한다. 장례 의식에서 19장 25절("나는 확신한다. 내 구원자가 살아 계신다")을 고백하는 것은 신자가 죽음을 맞이할 때 그 사람이 지닌 믿음의 정당성이 입증될 것임을 암시한다. 한편, 다윗의 말을 통해 메아리치고 증폭되는 욥의 목소리는 모든 필멸하는 영혼을 대변하는 목소리이기도 하다. 연극과도 같은 이 의식은 우리가 절망에 빠지지 않으려면 서로가 필요하다고 말하는 듯하다. 흥미롭게도 이 모든 과정에 신학적 논증을 펼치는 욥의 친구들은 들어있지 않다. 교회는 전례를 하는 가운데 욥의 이야기가 울려 퍼지는 것을 허용함으로써 욥과 같은 처지에 있는 공동체 구성원들에게 참된 위안을 주려 했다.

욥기 독서는 이야기의 시간을 따라 이루어졌다. 이것은 우리가 이 과정을 통해 하느님의 뜻을 좀 더 분명하게 깨닫게 됨을 암시한다. 하지만 마지막에 극적인 반전이 있다. 독서를 할 때 처음 여덟 편의 본문은 욥이 언젠가 부활한 몸으로 구원자를 볼 것이라고 확신하게 되는 과정을 담고 있다. 그러나 의례는 여기서 머무르지 않는다. 독서는 욥기 10장으로 되돌아가 끝난다. 즉 하느님에 대한 두려움, 그리고 하느님에게 버림받았다는 느낌을 상기하는 것이다. 위령 성무일도는 어둠에서 빛으로, 의심에서 확신으로 나아가는 움직임이 결코 안전한 과정이라고 이야기하지 않는다. 욥은 공포의 자리, 부활없는 죽음에 대한 두려움의 자리로 되돌아간다.

주님께서 나를 이렇게 할 것이라면
왜 나를 모태에서 살아 나오게 하셨습니까?
차라리 모태에서 죽어서 사람들의 눈에 띄지나 않았더라면,
좋지 않았겠습니까?
생기지도 않은 사람처럼,
모태에서 곧바로 무덤으로 내려갔더라면, 좋았을 것입니다.
내가 살 날도 이제 얼마 남지 않았습니다.
나를 좀 혼자 있게 내버려 두십시오.
내게 남은 이 기간만이라도, 내가 잠시라도 쉴 수 있게 해주십시오.
어둡고 캄캄한 땅으로 내려가면, 다시는 돌아오지 못합니다.
그리로 가기 전에 잠시 쉬게 해주십시오.
그 땅은 흑암처럼 캄캄하고,
죽음의 그늘이 드리워져서 아무런 질서도 없고,
빛이 있다 해도 흑암과 같을 뿐입니다. (욥기 10:18~22)

학자들은 이 음울한 말들이 어떻게 여기에 배치되었는지 의견의 일치를 보지 못하고 있다. 어떤 학자는 13세기 《진노의 날》Dies Irae이 등장한 이후 추가되었을 것이라고 짐작한다. 이렇게 되면 부활을 깨닫는 단계에 이른 누군가가 새로운 공포, 진노의 날에 대한 공포를 마주한다는 뜻이 된다.[14] 이유가 무엇이든 장례 의례에서 울려 퍼지는 욥의 목소리(죽음에 직면한 모든 이를 대변하는 목소리)는 자신감에 가득 찼다가 이내 절망에 빠진다. 여기에는 심리학의 차원에서 깊은 의미가 있다. 이러한 배치를 통해 의례는 확실한 앎 대신 힘겨운 분투를 통해서만 얻을 수 있는 희망과 연대의 가치를 공동체에 전한다.

욥 이야기는 참되고 확실한 깨달음에 도달하는 이야기인 것 못지않게 거짓 위안과 감언이설을 헤쳐 나가는 이야기이기도 하다. 이러한 맥락에서 위령 성무일도가 10장에서 마무리되는 것은 확신의 취약함을 상기하기 위해서라고도 볼 수 있다. 구원에 대한 믿음은 섭리에 대한 확신과 인내만큼이나 성취하기 어렵고 유지하기 힘들다. 신앙의 덕목들 가운데 간단한 것은 없다. 이 덕목들은 이곳저곳 여백을 남긴 채 반복되는 이야기와 같다. 모든 것에 종지부를 찍는 논리적 증명이나 일회성 신앙의 서약으로는 이들을 삶에서 구현할 수 없다. 우리는 끊임없이 분투해야 한다. 절망에서 확신으로 나아가는 여정, 비탄에서 희망으로 나아가는 여정은 거듭 방해받는다. 우리는 거듭 분투하고 거듭 실패한다. 위기에서 벗어났다고 생각하는 순간 우리

---

14   Philippe Rouillard, 'The Figure of Job in the Liturgy', 9.

가 디디고 있는 땅은 다시금 무너진다.

의례 공동체에 속해 있을 때 우리는 불가해한 창조주가 개별 인간의 절망을 헤아려 줄 것이라는 연약한 희망을 새길 수 있다. 우리는 이 구조물이 기복이 심하다고 해서 놀라서는 안 된다. 이론가들은 의례가 함께 생각할 수 없는 이념들을 함께 수행함으로써 효과를 발휘하게 하는 것이라고 오랫동안 이야기했다. 현상학의 측면에서 오래된 가톨릭 미사는 직선의 운동이 아니라 현존하는 하느님을 향해 나아갔다 제자리로 돌아오기를 반복하는 운동이다. 이때 우리는 종종 아무런 진전 없이 원점에 돌아오는 경험을 한다.[15]

욥의 절망과 희망에 동참하는 일은 누군가의 죽음과 마주하는 것처럼 아찔한 일이다. 그리고 바로 그러한 점에서 이 일은 가치가 있다. 욥은 언약의 경계선에 선 인물이다. 욥기에서 욥이 의례를 준수하는 모습은 간략하게 나올 뿐이다. 의례는 욥과 하느님의 암묵적이고 개인적인 합의로 보인다. 욥이 고통스러워한 이유는 부분적으로 자신이 하느님과 맺은 관계가 끊어졌다고 생각했기 때문이다. 욥에게는 한때 하느님이 자신의 편이라고 여길 타당한 이유가 있었다. 그러나 이제 하느님은 욥을 적으로 대한다. 욥은 자신의 삶이 붕괴해 버렸다고 느끼는 이들을 대변해서 말한다.

보통 신자들에게 위안을 주는 구약 속 인물은 욥이 아니라 다윗이다. 평상시 신자들은 자신과 하느님의 관계가 욥과 하느님의 관계보

---

15 Catherine Pickstock, *After Writing: On the Liturgical Consummation of Philosophy* (Oxford and Malden, MA: Blackwell, 1998)

다는 다윗과 하느님의 관계와 가깝다고 여긴다. 신자들에게는 전례 전통과 율법, 언약이 있다. 다윗은 많은 죄를 저질렀지만, 속죄했고 언약에 따라 하느님에게 용서를 받았다. 그러나 아무런 희망도 보이지 않을 때, 이해할 수 없는 고통에 시달려 분노에 휩싸일 때 사람들은 욥과 같은 처지가 된다. 이때는 이전에는 이치에 맞던 것도 더는 이치에 맞지 않게 된다. 이러한 상황에 몰린 이들은 욥처럼 자신이 애초에 태어나지 않았기를 바랄 수도 있다.

위령 성무일도는 비통함을 비통함으로 치유하는 강력한 약이다. 이 의례는 버림받았다는 느낌이 초월자인 하느님과 맺은 관계의 일부임을 인정하고 겉보기에 불의한 하느님의 신비로운 활동 때문에 자신이 애초에 태어나지 않았기를 바라게 될 수도 있음을 인정한다. 좀 더 나아가 이러한 분노와 비통함이 적절한 반응이라고 인정해 준다. 위령 성무일도에 담긴, 온갖 감정이 흘러넘치는 욥기의 구절들은 인간의 비탄과 혼란, 절망에 언어를 제공한다. 이로써 인간은 쓰라린 마음을 붙들고 축복받은 공동체 안에서 자신의 감정을 표현한다.

그러나 이내 로마 가톨릭 전례와 신앙생활은 욥의 음울하고 절박한 말들이 지닌 극적 치유력을 거부했다. 제2차 바티칸 공의회에서는 이미 전례에서 제외한 욥기를 위령 성무일도 아침기도 본문에서도 대부분 삭제했다.[16] 본문의 욥기는 바울의 고린토인들에게 보낸 편지로 대체되었다. 이제는 응송에서만 욥기의 흔적(19:25~27)을 발견할

---

16 Philippe Rouillard, 'The Figure of Job in the Liturgy', 11.

그림 7. 욥이 한 말은 위령 성무일도의 중심이었다. 수도원에서 시작된 이 오래된 그리스도교 의례는 기도서를 통해 독실한 평신도들에게까지 퍼졌다. 여기에 있는 영어 기도서는 사룸 의례Sarum Rite를 본따 1538년 프랑스에서 인쇄된 것으로, 욥기 10장에 나오는 욥의 고뇌에 찬 말이 운율을 맞춘 영어로 번역되어 있다. © 뉴욕 피어폰트 모건 도서관

수 있을 뿐이다. 전통적으로 성취하기 가장 어렵다고 여겼던 신앙, 의례에서 명멸하며 절정을 이룬, 신앙에 대한 깊은 성찰의 표현들이 익숙하고 상투적인 표현으로 바뀌었다. 신앙을 갖기가 쉬워진 것일까? 아니면 (토착어로 전례를 할 수 있게 된 상황에서) 전례를 정하는 이들이 욥의 끈질긴 요구가 신앙을 흔들리게 만든다고 염려한 것일까?

욥이 된 개인들

중세 유럽에서 위령 성무일도는 수도원에서만 바친 것이 아니었다. 평신도들을 위한 성구집과 기도서Books of Hours에도 종종 위령 성무일도가 있었고 토착어로 번역되기도 했다(그림 7). 교회는 성직자들

뿐 아니라 독실한 평신도들(많은 경우 여성)에게도 매일 위령 성무일도를 바치라고 권고했다.

중세 기도서는 그 화려한 삽화로 널리 알려져 있다. 하지만 비교적 적은 수의 간단한 삽화만을 담고 있는 기도서라 할지라도 많은 경우 위령 성무일도가 있었으며 그 옆에는 잿더미, 혹은 오물더미 위에 앉은 욥의 삽화가 실려 있었다. 애도하는 이들이 전례를 통해 산 자와 죽은 자의 공동체를 맴도는 욥의 소리를 들었다면, 개인 독서에서는 독자가 홀로 그의 목소리를 들었다. 이러한 면에서 욥의 목소리는 곧 독자의 목소리였다. 욥과 그의 이야기가 홀로 우리의 상상력에 자리 잡게 된 것은 주석 없는 성서가 나타났기 때문이기보다는 가장 사적인 환경에서 독자가 욥과 만났고 그의 말을 자신의 말로 익혔기 때문이다.

그리스도교 신자들은 위령 성무일도 아침기도에 들어있는 욥기 본문을 따로 쓰기도 했다. 15세기 초 잉글랜드인들은 이 구절들을 모아 「작은 욥기」Pety Job로 알려진 긴 기도문, 혹은 참회시를 만들었다. 위령 성무일도라는 맥락을 벗어난 까닭에 「작은 욥기」에는 응송이나 계응이 없었고, 이에 상응해 효과를 증폭하는 시편도 없었다. 하지만 그 덕분에 독자들은 욥과 자신을 좀 더 동일시할 수 있었다. 이 시는 57개 연으로 이루어져 있으며 각 연의 마지막 행은 모두 욥기 7장 16절에 나오는 "주님, 저를 내버려 두십시오"로 통일되어 있다. 이로써 성서의 욥과 독자 사이의 거리는 허물어진다. 위령 성무일도와 마찬가지로 「작은 욥기」 역시 욥과 관련된 구체적인 세부사항은 전혀 언급하지 않았으며, 덕분에 독자는 손쉽게 욥과 자신을 동일시했다. 그리고 그 결과 독자는 자신을 잊어버리게 된다. 독자는 개인으로서 자신의 모든 특징을 벗어던지고, 죽어 없어지기를 소망하는 성서 속 욥의 바람을 받아들인다. 처음에는 욥의 확신을 따른다.

나는 알고 있다네, 나의 구원자께서
살아 계심을, 그리고 영원히 계실 것임을!
그리고 나는 일어나리라, 언제인지 모를 그때,
최후의 날에 땅으로부터,
그리고 나의 본래 색을 입으리라,
살과 가죽의 모습으로, 진흙을 뒤집어쓰고.
그리고 나의 구세주를 보리라,
경이롭게 세상을 심판하시는 모습을.

그다음에는 위령 성무일도를 따라 두려움으로 돌아간다.

아, 주님, 어찌하여 저를
제가 있던 모태에서 나오게 하셨습니까?
하느님께서 나를 나의 어머니의 몸 안에서
숨지게 하셨더라면!
그랬다면 나의 눈이

지금까지 본 것을 보지 않았을 텐데!¹⁷

태어나지 않았기를 소망하는 것은 「작은 욥기」로 대표되는 기도의 핵심 요소였다.¹⁸ 「작은 욥기」는 한편으로는 살기 싫은 마음, 그러면서도 이를 기록으로 남기고 싶은 마음을 모두 표현하는 것처럼 보인다. 이처럼 욥기 19장 23~24절에 나오는 (자신의 말이 기록으로 남기를 바라는) 욥의 말은 모든 공적, 사적 전례에 스며들었다.

기도서 덕분에 그리스도교인들은 집에서 위령 성무일도를 바칠 수 있게 되었으며 위령 성무일도의 메시지는 개인의 삶에 더 깊게 반영되었다. 평신도는 욥 이야기가 없는 욥, 대화자로서 친구와 사탄, 심지어 하느님도 없는 욥을 만났다. 물론 당시에도 성무일도는 근본적으로 공동체라는 맥락에서 이루어졌으며 신자들은 자신이 필멸하는 존재임을 깨닫고, 이 피할 수 없는 운명 앞에 몸을 움츠리고서 서로를 위로하고, 서로를 위해 기도했다. 성무일도를 따르는 개인 기도는 멀리서 이 공동체의 의례에 참여하는 것이었다. 이 의례에는 다윗이 있었고 그리스도도 있었다. 하지만 「작은 욥기」 같은 각색물을 통해 욥기는 (아마도 처음으로) 1인극이 되었다. 가장 거대한 고립의 순간 고통받는 영혼이 내면에서 하는 독백의 언어로 욥기를 활용하게 된 것이다. 공동체의 차원에서 행하는 위령 성무일도 아침기도가 우리

---

17 50, 53연, 591~598, 626~631행. 다음을 보라. 'Pety Job', *Moral Love Songs and Laments* (Kalamazoo, MI: Medieval Institute Publications, 1998)

18 Fein, 'Pety Job: Introduction'

가 서로를 위해 무엇을 할 수 있고 무엇을 해야 하는지를 알려 주었다면, 기도서가 널리 퍼지면서 가능해진 개인 기도와 「작은 욥기」 같은 본문은 신자 개인이 하느님과 함께함에도 일어나는(혹은 함께하지 않기에 일어나는) 고독을 의식하게 만들었다.

이때 욥은 개인을 자각하게 해주는 이였고, 자기 자신에 대해 표현할 말을 찾지 못하는 이들을 대변하는 이였다. 고립된 개인은 욥의 말을 읊조리면서 외로움을 떨쳐냈다. 욥은 고엘, 즉 자신을 변호하는 이, 옹호해 주는 이를 원했다(욥기 19:25). 독자에게는 욥이 자신을 변호해 주는 고엘이었다. 욥이 성인으로 공경받았음을 기억한다면 이는 글자 그대로 이해해도 좋을 것이다. 본래 성인은 과거에 어떤 깊은 인상을 남긴 인물일 뿐만 아니라 여전히 살아서 사람들을 돕고, 사람들을 위해 탄원하는 존재이기 때문이다.

앞서 욥이 특정 질병에 걸린 이들의 성인임을 이야기한 바 있다. 그리고 이 지점에서 우리는 성인의 역할과 기능에 대해 좀 더 깊이 알게 된다. 고통받는 이들에게 위령 성무일도와 그 파생 문헌들을 통해 만나는 욥보다 더 친근한 존재는 드물었다. 그들에게 욥의 목소리는 죽음이라는 신비에 관해 말하는 인간의 목소리였다. 그렇기에 거대하고 불가해한 슬픔과 고통에 시달리는 이들은 언제나 욥에게 커다란 매력을 느끼고 공감했다. 이는 오늘날도 마찬가지다. 물론 과거에 사람들이 믿었듯 욥이 우리를 나병이나 기생충으로부터 구제해 줄 수는 없을 것이다. 그러나 욥은 우리가 깊은 슬픔에 잠겨 있을 때 여전히 중요한 본이 되어 준다. 그는 암흑과도 같은 절망, 슬픔이라는 경험들을 심오한 방식으로 인간으로서 자기 자신을 긍정하는 계기들로 바꾸어 놓기 때문이다. 욥은 성인도 비통함에 잠길 때가 있으며 미성숙하게 분노할 때가 있다고 우리를 안심시키는 데서 그치지 않는다. 그가 슬픔과 절망을 터뜨리는 모습을 보며 우리는 우리 감정의 분출이 나약함의 표지가 아니라 강인함의 표지가 될 수 있다는, 더 나아가 희망의 표지일 수 있다는 희망을 갖게 된다.

무대에 오른 인내

욥과 대화 상대들의 주장은 학자들의 분석 대상이 되었고 욥이 극심한 고통에 외친 울부짖음은 전례 의식에서, 두려움에 사로잡혀 있으면서도 희망을 품기를 원하는 개인의 방에서 울려 퍼졌다. 여기서 우리가 기억해야 할 것이 또 하나 있다. 바로 욥의 '이야기'다. 욥기에 나오는 대화, 욥의 발언들과는 별개로 욥기는 그 자체로 매우 흥미진진한 이야기다. 사람들은 이 이야기를 그림과 문학 작품, 공연으로 재연했다. 하지만 여기에는 위험 요소가 있다. 욥의 열변을 들으면 이야기의 결말은 억지스러워 보이기도 한다. 가장 아끼는 종을 이처럼 잔인하게 시험한 하느님은 도대체 어떤 분인가? 그리고 욥의 말이 하느님의 영감을 받았다 해도, 그를 둘러싼 상황을 고려하면 그 말들은 부적절해 보일 수도 있다. 욥은 망가진 삶이 회복된 유일한 인간일까? 욥보다 덜 사랑받는, 좀 더 정확하게 말하면 그보다 신실하지 못한 우리에게는 희망이 있는가?

신비극 《욥의 인내》La Pacience de Job는 이러한 질문들을 녹여 낸 대표적인 작품이라 할 수 있다. 이 작품은 적어도 17세기 초까지 약 150년 동안 프랑스어를 사용하는 지역들에서 상연되었다.[19] 이 극은 욥기, 욥의 전설뿐만 아니라 위령 성무일도에 있는 전례문까지 받아들였다.[20] 욥의 유언이 그랬듯《욥의 인내》역시 욥기와 긴장 관계를 이룬다. 《욥의 인내》는 이야기의 시간과 배경을 더 상세히 묘사했고, 욥 이야기와 유사한 성서 이야기들도 추가했다. 이 극은 욥이 자신의 운명에 어떻게 모범적으로 대처하는지를 부각하기 위해 만들어졌음이 분명하다. 하지만 이를 통해 관객들은 욥 이야기에 나오는 다른 이들의 고통 또한 볼 수 있게 되었다.

현재 남아 있는《욥의 인내》필사본은 15세기 필사본 하나뿐이다. 하지만 그보다 200년 뒤에 나온 인쇄본들도 있다는 사실로 미루어 이 극이 널리 상연되었음을 짐작할 수 있다. 극의 규모는 꽤 커서 등장인물만 해도 50명이 넘었다. 욥의 아들들과 딸들 모두 이름이 있고 각자 말하는 부분도 있다. 욥의 종들, 양치기들, 농부들(이들도 모두 이름이 있다)은 익살극을 펼치며 악마의 꼬임에 넘어간 스바 사람들, 갈대아 사람들은 소란을 일으키다 서로 치고받기에 이른다. 사탄의 법정에는 하급 악마들(그중 한 악마의 이름은 레비아단이다)도 있고, 대천사 가브리엘, 라파엘, 미카엘과 신앙, 희망, 인내라는 미덕(신앙, 희망, 사랑이라는 전통적인 그리스도교 덕목을 흥미롭게 변형했다)들이 이들을 견제한다. 서막은 꽤 긴데 그리스도와 성모 마리아를 언급하며 이야기의

---

19 *La Patience de Job. Mystère anonyme du XVe siècle* (Paris: Klincksieck, 1971)

20 Lawrence L. Besserman, *The Legend of Job in the Middle Ages*, 107.

교훈이 무엇인지 설명한다. 여기서 인내는 귀중한 덕목이다. 하느님이 주시는 시험과 마주했을 때 우리는 인내를 통해 영원한 행복으로 나아갈 수 있기 때문이다. (이집트 우스의 왕이며 극심한 고통을 겪고 있는 이로 등장하는) 욥은 그 본이다.

연극은 욥의 두 종이 대화를 나누는 장면으로 시작한다. 한 종이 현세에서의 삶에 대해 불평하고 다른 종은 자기 삶이 더 나아질 가망이 없다고 답한다. 길게 늘어난 연회 장면에서 욥의 아들들이 먹고 마시며 덕에 관한 경건한 설교를 늘어놓는 동안 한 농부는 기사가 되기를 꿈꾸고 동료 농부는 그에게 자신이 맡은 일에 충실하라는 격언을 받아들이라며 조언한다. 춤과 노래가 어우러진 목가풍의 장면이 끝나면 욥의 양치기들은 변변찮은 평민의 삶이 얼마나 고단한지를 이야기한다. 그리고 장면은 악마들의 회의로 넘어간다. 루키페르는 하급 악마들에게 하느님을 낚을 함정을 설치하라고 명령한다. 뒤이어 등장하는 하느님의 법정에서 하느님은 욥을 칭찬한다. 욥이 아무런 이유 없이 하느님을 경외하겠느냐는 사탄의 말을 듣고 하느님은 악마들이 욥을 시험하는 것을 허락한다. 이는 하느님의 종 욥이 더 많은 덕을 쌓을 기회가 된다.

극은 욥의 가족과 재산이 파괴되는 모습을 웅장하게 연출한다. 사탄은 스바 왕의 꿈에 나타나 위험에 처한 욥에게 군대를 보내 (야곱의 후손이자 모세의 율법을 따르는) 욥을 궤멸하라고 설득한다. 왕은 말한다.

그의 나라가 파괴되지 않으면, 우리의 법이 무너지고, 금세 끝장나
리라.[21]

그는 무함마드(!)의 이름을 외치며 선제공격을 하고 현세의 삶을 불평
하던 종을 포함한 많은 이가 죽는다. 스바 사람들이 갈대아 사람들과
힘을 합쳐 욥의 낙타들과 양치기들을 죽이고 하늘에서는 불이 떨어
져 욥의 양들을 몰살하며 욥의 자녀들도 모두 죽는다. 욥에게 이 소
식을 전하는 사람은 평범한 백성이다. 소식을 들은 욥과 그의 아내는
한탄한다. 하지만 아내는 죽기를 바라는 것으로 묘사되는 반면, 욥은
깊은 슬픔에 잠긴 영웅으로 그려진다. 이스라엘 백성의 일원으로서
그는 아내에게 하느님이 모리아산에서 아브라함을 시험한 사건을 떠
올려 보라고 한다.[22] 사탄은 이번 판에서는 자신이 졌음을 인정한다.

　한편, 스바 군대의 지휘관들 사이에서 내분이 일어난다. 그 와중
에 최고 지휘관이 죽고 그의 영혼은 지옥에 간다. 악마들은 이를 반
기고 그가 지옥에 오자마자 그에게 고문을 가한다. 사탄은 다시 한번
하느님을 찾아가고 욥의 몸을 공격해도 좋다는 허락을 받는다. 상급
자인 루키페르 및 다른 악마들과 함께 사탄은 욥을 무자비하게 공격
하며 무대를 그의 피로 흠뻑 적신다. 이에 종들은 욥을 잿더미로 옮
기며 그의 몰락을 한탄한다(이때 그들은 성서에 나오는 욥의 말을 그대로 한

21　*Pacience de Job*, 2268~2287. 그리고 다음을 참조하라. Lawrence L. Besserman,
　　Legend of Job in the Middle Ages, 98.

22　*Pacience de Job*, 3285~3329.

다). 그리고 그들은 욥을 버린다. 욥의 아내는 욥에게 하느님을 저주하라고 충고한다. 엘리바즈, 빌닷, 소바르는 욥과 잠시 대화를 나누지만, 욥이 구원자가 자신을 변호해 줄 것이라고 말하자 그를 떠나 버린다.

이제 사탄은 가장 강력한 시험을 꾸민다. 그는 거지로 변장한 다음 욥이 자기 몸에서 꺼낸 벌레 몇 마리를 금 조각으로 바꿔서 이를 욥의 아내에게 보여 준다. 자신이 구걸하고 다니는 동안 욥이 몰래 부를 쌓았다고 믿게 된 욥의 아내는 욥을 저주하고 떠난다. 모두에게 버림받은 욥은 마침내 쓰라린 영혼을 붙들고 하느님을 향해 자신이 왜 이러한 운명을 맞이하게 되는지를 묻는다. 하느님은 이런저런 수사들로 욥에게 질문하는 식으로 답하고 겸손한 욥은 이에 굴복하고 더는 아무런 말도 하지 않는다. 욥의 태도에 만족한 하느님은 자신이 금을 정련하듯 그를 시험했으며 그는 오래도록 기억될 것이고 모두의 본이 될 것이라고 말한다.[23]

그다음 하느님은 욥의 친구들을 꾸짖고(욥의 말을 칭찬하지는 않는다), 욥의 건강과 재산을 회복시켜 줄 것이라고 엘리바즈에게 공언한다. 친구들이 욥의 번제를 위한 제물을 준비하는 동안 신앙과 희망이 욥을 대신해 하느님에게 탄원한다. 하느님은 자신의 "전사"이자 "투사"를 위한 그들의 청원에 기꺼이 응한다.[24] 미카엘, 가브리엘, 라파엘은 사탄을 쫓아 버리고, 사탄은 지옥에서 벌을 받는다.

---

23 *Pacience de Job*, 5855~5858.

24 *Pacience de Job*, 6230~6231.

이어서 천사들과 덕목들은 욥의 삶을 회복한다. 자신을 "모든 덕의 왕"이라고 부르는 인내는 욥에게 예복을 입히고 삶의 고난을 겸손으로 받아들인 욥을 본받으라고, 하느님이 상실을 내리더라도 기쁨으로 맞이하라고 관객에게 명령한다.[25]

천상의 존재들이 하늘로 돌아가자, 욥의 친구들은 그가 회복되었다는 소문을 퍼뜨린다. 욥의 아내는 돌아와 욥에게 용서를 구한다. 종들도 돌아와 욥과 함께 기뻐하며 춤춘다. 욥의 형제, 사촌, 자매들이 이야기의 교훈을 한 번 더 설명한다. 이 짧은 생에서 고통을 겪는다고 계속 애통해하고 불평하는 것은 바보나 하는 짓이다. 현명한 이들은 이 세계라는 "깊은 구렁텅이"를 순례하는 동안 인내심을 기른다.[26] 욥이 보여 주듯 하느님은 자신이 사랑하는 이를 벌하고 회복시켜 주며 고통을 통해 그의 죄를 씻어 준다. 마지막으로 (관례를 따라) 《테 데움》Te Deum이 연주되고 극은 막을 내린다.

《욥의 인내》는 욥의 전설이 얼마나 오랫동안 생명력을 유지했는지를 입증한다. 《욥의 인내》가 주목한 부분과 그 부분에 할애한 분량은 욥기와는 전혀 다르다. 《욥의 인내》는 욥 이야기에 대담한 상상력과 당시 상황을 반영한 내용을 덧붙였고 이 분량이 전체의 7분의 6을 차지한다. 비애와 유머를 동반한 극은 이야기의 다양한 세부 요소를 조정한다. 죽음을 맞이한 양치기들에게도 인격을 부여하고, 욥의 재산을 약탈한 스바 사람들과 갈대아 사람들에게 벌을 내리며, 대천사

---

25 *Pacience de Job*, 6430~6431.

26 *Pacience de Job*, 6997.

및 덕목들과 대비를 이루는 악마들을 등장시켜 우주의 균형을 맞춘다. 그리고 전쟁으로 유럽이 분열된 상황을 반영해 사탄(과 당시 사탄의 대리인 격이었던 무함마드)에 대한 투쟁을 설정한다.

여기서 욥이 발휘하는 인내는 욥의 유언에 나오는 요밥의 인내보다 더 설득력이 있다. 요밥은 고통의 의미를 너무나 잘 알고 있었기에 그에게 인내는 참는 것 이상이 될 수 없었다. 하지만《욥의 인내》에서 욥은 무고한 이사악이 제물이 되었던 선례를 알고 있고, 장차 자신이 어떤 운명을 맞이할지 알지 못하며, 그렇기에 육체뿐만 아니라 영혼 역시 고통받는다. 이와 관련해 중요한 점은 욥이 자신의 괴로움을 토로할 때 위령 성무일도 아침기도에 나오는 표현들을 쓴다는 것이다. 극에서 이 표현들은 기적과도 같은 효과를 발휘해 하느님의 응답을 끌어낸다. 욥의 재산은 바로 회복된다. 위령 성무일도를 잘 알고 있던 이들에게 이 신비극 속 영웅이 내뱉는 (다윗과 그리스도를 연상시키는) 말들은 특별한 울림을 주었을 것이다. 현세를 초월한 말들로 자신의 삶을 변모시킨 욥을 보며 관객들은 자신들의 삶도 변모되기를 바랐을지 모른다.

그러나 이 해결책은 그리 안정적이지 않다. 욥의 유언에서도 그랬지만,《욥의 인내》의 저자들 역시 욥의 위험한 불만들을 완전히 억누르지는 못했다. 이 극에서는 욥이 직접 불평하지는 않지만, 다른 인물들이 그의 가장 날카로운 말들을 받아 삶의 비참함을 노래하며 이 여운은 욥이 회복된 뒤의 축제 같은 분위기로도 완전히 사라지지 않는다. 이러한 와중에 관객들은 욥처럼 회복될 것이라는 약속 대신 삶의 고통 가운데 즐거움을 찾으라는 말을 들을 뿐이다. 그렇게 하지 못하면 불평하던 농부와 같은 운명에 처하게 될 것이라고 극은 암묵적으로 이야기한다. 이러한 맥락에서 《욥의 인내》는 인내를 칭찬하는 작품이 아니라 하느님에 대해 불만을 갖지 말라고 경고하는 작품이다.

희극처럼 묘사되기는 하나 욥 주변의 평민들은 불만이 가득하다. 기본적으로 이는 욥의 인내와 대조를 이루기 위해 배치되었을 것이다. 하지만 욥의 유언에 나오는 시티도스의 고난이 그랬듯 극의 사실성을 높이는 것은 바로 이 평민들의 불만이다. 희화화되고 있음에도 불구하고 주인공과 불화하는 인물들의 사실성은 극에 비애감을 더한다. 욥은 대다수 사람이 따르기에는 너무 어려운 본이 아닌가? 그리고 많은 이가 욥의 종과 친척들처럼 수탈을 당하고 있던 시대에, 욥이야기의 영광스러운 결말은 너무나도 행복해서 오히려 비현실적이지 않은가? 군주 혹은 왕이 지위를 회복하기를 바라는 것이 평민인 우리가 할 수 있는 최대의 소망인가? 그리고 같은 맥락에서 하느님은 아무런 불만도 갖지 않고 고통을 감내해야 하는 운명인 우리 평민들의 삶에는 별다른 관심을 기울이지 않는 것인가? 봉건 유럽, 특히 전시의 봉건 유럽이라는 현실에서 이는 충분히 제기할 수 있는 물음이었다.

그러나 바로 이 맥락에서 《욥의 인내》는 다른 종류의 카타르시스를 관객들에게 선사했는지도 모른다. 대다수 사람의 삶에서 뚜렷하게 발견되는 고통에 대해 불만을 갖는 것이 현실에서는 허용되지 않아도, 극장에서는 허용되었다. 온갖 불평을 내뱉고 싶어 입이 근질거리는 평민들에게 《욥의 인내》는 간접적으로나마 불만을 토로하는 장이 되어 주었다. 극 중에서 이 세계를 "깊은 구렁텅이"라고 말한 것은 관객들이 세계에 대한 애착을 버리고 고통을 받아들이게 하기 위해서였는지도 모른다. 물론, 이는 하느님이 불의할지도 모른다는 의심을 자아낼 수도 있다. 하지만 만인이 함께하는 극장에 이 모든 내용이 상연됨으로써 사람들은 어느 정도 자신의 불만을 해소하거나, 적어도 이를 직접 표출하지는 않게 되었을 것이다.

지금까지 살펴보았듯 《욥의 인내》는 우리가 욥기의 핵심이라고 여기는 부분들을 상당 부분 생략했다. 하지만 이 작품은 고유한 아이러니를 지니고 있으며 대중은 오랫동안 이 작품을 사랑했다. 이는 욥기만큼이나 욥의 전설도 복잡하고 다양한 영향을 미쳤음을 알려 준다.

의심과 함께 살아가기

16세기에 《욥의 인내》를 본 누군가 하느님은 힘 있는 이들만 챙기는 변덕스러운 폭군이라고 결론 내리고 무신론자가 될 수 있었을까? 《욥의 인내》가 상연된 16세기 프랑스에 관해 쓴 역사학자 뤼시엥 페브르Lucien Febvre는 당시 프랑스에는 우리가 상상하는 것보다 훨씬 더 회의주의가 만연했음을 발견했다. 하지만 그에 따르면 현대적인 의미의 "무신앙"은 불가능했다.

오늘날 우리는 그리스도교인이 될지 말지를 선택할 수 있다. 그러나 16세기 유럽인들에게는 선택의 여지가 없었다. 누구든 그리스도교 인이었다. 누군가 그리스도교와 거리가 먼 생각을 할지라도 이는 어 디까지나 공상 혹은 지적 유희였을 뿐 현실에 영향력을 행사하지는 못했다. 의례에 불참할 수조차 없었다. 원하든 원하지 않든, 명확히 이해하든 이해하지 못하든, 사람들은 태어나자마자 그리스도교라는 욕조에 몸을 담갔고 죽어서도 빠져나오지 못했다. 모든 사람은 죽을 때도 그리스도교적인 죽음을 맞이했다. 누군가 죽기 직전에 반항하 더라도, 눈을 감기 직전에 그리스도교를 조롱하고 조소하더라도 죽 음을 맞이한 뒤에는 그리스도교 의례가 이어졌다. 당시 모든 사람의 죽음은 사회적 의미에서 그리스도교적이었다.[27]

페브르가 수사적 효과를 내려고 주장을 과장하기는 했지만, 핵심 논 점은 중요하다. 모든 시대의 모든 사람이 똑같이 철학적, 종교적 입 장들을 취할 수 있는 것은 아니다. (2장에서 검토한 것처럼) 악이라는 문 제에 무신론에 입각한 방식으로 접근하지 않고 난문을 제기하는 방 식으로 접근한 것은 의도적 선택이 아닌 경우가 많았다. 사회는 물론 이고 자연 세계와 초자연 세계 모두 하느님으로 가득 차 있는 세상에 서 무신론은 선택지가 될 수 없었다.

---

27 Lucien Febvre, *The Problem of Unbelief in the Sixteenth Century: The Religion of Rabelais* (Cambridge, MA: Harvard University Press, 1982), 336. 『16세기의 무신앙 문제』(문학과지 성사)

"어리석은 사람은 마음속으로 "하느님이 없다" 하"(시편 14:1)지만, 지혜로운 자가 하느님의 존재에 대해 아무런 의심도 하지 않는 것은 아니다. 다만 근대 이전 사상가들은 필멸하는 인간이 세계에 대한 확신, 세계의 안정성, 세계에서 우리의 위치에 대한 확신을 스스로 얻고 유지할 수 없다고 보았다. 그들은 고통이 정신을 어떻게 흐트러뜨리는지, 앎에 대한 모든 믿음이 얼마나 불안정한지 우리보다 더 깊이 알고 있었다.

의심을 단번에 제거할 수는 없지만, 관리할 수는 있었다. 《욥의 인내》처럼 일종의 의례와도 같은 오락거리에 의심을 가두어 놓으면 위험은 미연에 방지할 수 있다. 이를 통해 타락한 세계에 사는 타락한 인간들은 자연스럽게 생겨날 수밖에 없는, 끓어오르는 불평을 가라앉혔다. 철학자들은 이성 너머 저편에서 오는 도움이나 통찰을 받아들이기 위해, 혹은 적어도 고결한 습관을 갖기 위해 하느님에 대한 의심을 다른 의심으로 대치하곤 했다. 근대성이 발흥한 후에야 의심이라는 경험은 인류를 해방할 수 있는 잠재성을 지닌 것이 되었다. 그전까지 사람들은 하느님과 함께 사느냐 마느냐가 아니라 하느님과 함께 어떻게 살아갈 것이냐는 물음만을 던졌다.

어떤 면에서 하느님과 악의 양립 가능성 문제는 이혼에 관한 물음과 비슷하다. 원칙상 이 물음은 결혼을 하면 언제라도 성립할 수 있다. 그러나 이혼을 하겠다는 생각이 공상에 그치지 않으려면 혼인 관계를 끊을 수 있어야 하고, 이혼한 이들이 사회에서 그 전과 변함없이 활동할 수 있어야 한다. 다음 장에서는 근대에 이루어진 악의 문제에 관한 논의를 살펴볼 것이다. 이 시기에 이르러 사람들은 인간이 하느님의 방식을 판단할 자격(하느님이 인간을 대하는 방식이 정당한지를 물을 수 있는 자격)을 갖고 있을 뿐 아니라 하느님의 방식이 부적절하다고 생각되면 무언가를 할 수 있다고 전제한다. 인간에게 하느님 말고도 갈 곳이 생긴 것이다. 하지만 하느님이 어디에나 있다면, 하느님이 만물의 창조주이자 세계를 유지하는 존재라면 우리는 하느님을 떠날 수 없다. 창조주라고 여겨지는 존재와 세계가 갈라서는 모습을 상상하기 위해서는 세계가 자립적 실재라는 생각이 자리 잡고 있어야 한다.

세계를 바라보는 관점, 경험을 이해하는 관점이 확립됨으로써 악에 대한 무신론적 접근이 가능해진 과정을 설명하려는 것이 아니다. 강조하고픈 점은, 근대 이전에 사람들이 하느님의 불가해함과 고통의 문제를 두고 진지하게 씨름한 이유는 무신론에 이를 만큼 대담하지 못해서가 아니라 자신이 선택하지 않은 관계 속에서 자신의 존엄성을 잃지 않기 위해서였다는 것이다. 욥기와 그 영향을 받은 작품들은 이러한 난제에 대해 분명히 이야기한다.

전근대적 이해의 깊이를 가장 심오하게 표현한 시몬 베유Simone Weil에 따르면 욥은 자유로운 행위자가 아니라 "산채로 표본첩에 못으로 꽂힌 채 몸부림치는 나비"다. "그러나 그는 그 끔찍한 일을 겪으면서도 어떤 쪽을 향할지 선택"할 수 있다. 그녀에 따르면 우리는 오히려 못에 박혀 있을 때 우리의 궁극적 상황을 깨달을 수 있다. 궁극적으로 우리는 우리 자신이 "우주의 중심에 못 박혀 있음"을 발견할 수

있다.[28]

이 같은 역설을 매우 흥미롭게 파고든 작품이 그리젤다의 이야기 Story of Griselda다. 일종의 여자 욥이라 할 수 있는 그녀의 고통과 승리는 "유럽 문화의 뗄 수 없는 부분"이 되었다.[29] 어떤 면에서 욥기는 아주 오랫동안 사회적 성gender 문제와 연관이 있었다. 욥의 아내가 의식적으로, 혹은 모르는 채로 사탄의 대리인이 되는 전설이나 주석들이 나오기 전부터 욥의 변함없는 경건함과 아내의 "어리석은 여자들처럼 말하"(욥기 2:10)는 모습을 대비한 해석들이 있었다. 물론 다른 저자들, 특히 욥 이야기를 말하거나 묘사하거나 연출할 방법을 찾던 이들은 욥의 아내도 욥과 똑같은 고통을 겪었음을 알아차렸다(다음 장에서 살필 욥기 삽화들을 그린 윌리엄 블레이크William Blake는 그녀를 욥의 가장 든든한 친구로 그렸다). 아주 오랜 기간 서구 사회는 사회적으로 낮은 지위에 속해 있던 여느 사람들처럼 여성들에게도 인내를 요구했지만, 동시에 여성은 인내라는 덕목을 성취하기 힘들다고 생각했다. 한편, 욥기의 시적 운율을 고려하면 욥기를 서사시로 볼 수도 있다고 확신한 해석자들은 성서의 영웅들 중 가장 수동적인 주인공을 하느님을 위한 전사로 만들기 위해 남성의 덕목을 재정의해야만 했다.[30]

---

28 Simone Weil, *Waiting for God* (New York: Harper & Row, 1951), 135, 124. 『신을 기다리며』(이제이북스)

29 Henri Lamarque, *L'Histoire de Griselda: une femme exemplaire dans les littératures européennes, tome I: prose et poésie* (Toulouse: Presses Universitaires du Mirail, 2000), 11.

30 Ann W. Astell, 'Translating Job as Female', *Translation Theory and Practice in the Middle Ages* (Studies in Medieval Culture, 38) (Kalamazoo, MI: Medieval Institute Publications, 1997), 59~70.

그리젤디스 혹은 그리젤다 이야기는 사회적 성과 연관된 인내의 본성 문제부터 변덕스럽고 잔인해 보이는 주인에게 올바로 처신하는 방법까지 다양한 문제를 검증한다. 보카치오Boccaccio의 『데카메론』 Decameron 맨 마지막을 장식하기도 하는 이 이야기는 그리젤디스라는 이름의 가난한 여인을 아내로 맞은 왕 괄티에리가 그녀의 순종을 시험하기 위해서 그녀에게 커다란 시련을 안기는 과정을 전한다. 괄티에리는 그리젤디스에게서 얻은 자녀들을 숨긴 다음 자신이 그들을 죽였다고 그리젤디스가 믿게 하며, 끝내 그녀를 버리고 높은 신분의 신부를 얻겠다고 말한다. 결말에 이르러 그리젤디스의 겸손과 순종은 괄티에리를 감동케 한다. 그는 흡족한 마음을 드러내면서, 자녀들이 살아 있고 잘 지낸다는 사실을 밝힌다. 대다수 독자는 괄티에리의 행동에 착잡함과 분노를 느끼며 그리젤디스의 순종에 감동했을 것이다. 설령 그리젤디스의 순종이 비굴해 보여 진저리를 쳤던 독자일지라도 그녀에게 돌을 던지기보다는 그녀가 더 나은 남편을 얻어야 한다고 생각했을 것이다.

페트라르카Petrarch는 『아내들에게 보내는 조언』Advice to Wives이라는 제목으로 이 이야기의 라틴어 요약본을 펴냈다. 여기서 그는 이 세속 이야기에 신학적 덕목을 접목하고 노골적으로 그리젤다 이야기에 욥 이야기를 나란히 놓는다. 페트라르카는 괄티에리의 행동이 올바르다고 이야기하지는 않았다. 하지만 그럼에도 그리젤다의 대응은 칭찬할 만하다고 그는 주장했다. 그리고 페트라르카는 그리젤다가 "알몸으로 아버지 집에서 나온 이 몸, 알몸으로 그리 돌아가리라"라고 말했다고 이야기한다. 이를 통해 독자들은 그녀가 욥처럼 확고한 태도를 가졌을 뿐만 아니라 그녀가 겪어야 했던 시험이 욥과 같은 수준이었음을 알게 된다. 이렇게 페트라르카는 그리젤다를 본으로 세우기 위해 욥을 불러낸다.

이 이야기는 새로 짜는 게 더 좋을지도 모르겠습니다. 오늘날 부인들이 이 여인의 인내를 본받기보다는(부인들이 그녀를 본받기란 거의 불가능해 보입니다) 이 책을 읽는 모든 이가 이 여인의 변함없음을 본받는 것이 더 유익한 일이기 때문입니다. 이 여인이 그녀의 남편을 대하듯 독자들이 하느님을 대하기를 바랍니다. 사도 야고보의 말처럼 하느님께서는 악의 유혹을 받으실 분도 아니시지만, 악을 행하도록 사람을 유혹하실 분도 아니십니다. 하지만 그분은 종종 우리가 자신을 증명케 하시고 여러 통탄할 만한 고난을 우리에게 안겨 주십니다.[31]

여기서 그는 야고보의 편지 1장 13절을 언급함으로써 독자들이 "욥의 인내"를 칭송하는 야고보의 이야기를 떠올리게 한다. 페트라르카는 하느님은 우리를 위해 우리를 시험하시고 이를 통해 우리는 자신의 나약함을 깨닫게 된다고 설명한다(하느님이 우리를 알기 위해 시험할 필요는 없다). 다른 곳에서 그는 그리젤다를 낮은 신분으로 선택받은

---

31   Petrarch, 'A Fable of Wifely Obedience and Devotion', *A Chaucer Handbook* (New York: Appleton-Century-Crofts, 1947), 291~311, 특히 310~311.

또 다른 여성인 성모 마리아에 빗대며 신성한 고난을 받아 공공의 희생양이 된 예수에 빗대기도 한다. 하지만 그리젤다 이야기에 가장 커다란, 그리고 지속적인 영향을 미치는 것은 단연 욥이다. 페트라르카는 이렇게 책을 마무리한다.

> 이 미천한 시골뜨기 여인이 필멸자인 그녀의 남편을 위해 견딘 것을 본받아 하느님을 위해 불평 없이 견디는 이는 누구든, 흔들리지 않는 신앙인의 목록에 그 이름을 올리게 될 것입니다.[32]

제프리 초서Geoffrey Chaucer의 『캔터베리 이야기』Canterbury Tales에서 옥스퍼드의 교회 서기가 들려주는 그리젤다 이야기는 천사 같은 주인공과 거의 악마 같은 남편의 대립을 통해 하느님의 냉담함을 비판한다. 베스의 여인 앨리슨이 성직자들은 성스러운 여성들의 이야기는 할 줄도 모른다고 비난하자(688~691), 서기는 이에 응수하며 "프랜시스 페트라르크"(31~32)에게 배운 이야기를 들려주겠다고 한다.[33] 여기서 욥을 닮은 그리젤다 이야기는 이중으로 적절한 대답이라 할 수 있다. 그것은 성스러운 여성의 이야기이면서 동시에 베스의 여인이 언급한 욥의 인내를 떠올리게 하는 이야기이기 때문이다. 초서는 욥을 다룬 책과 욥의 전설이 제기한, 욥과 욥의 아내 중 누가 더 인내심이 있느냐는 물음을 부각한다. 하지만 동시에 그는 인내가 그렇게 칭찬할 만한

---

32   Petrarch, 'A Fable of Wifely Obedience and Devotion', 311.

33   *The Riverside Chaucer* (Boston: Houghton Mifflin, 1987) 『캔터베리 이야기』(현대지성)

자질인지도 묻는다.

서기의 이야기 속 그리젤다는 페트라르카의 그리젤다보다 더 많은 말을 한다. 물론 서기의 이야기 속 그리젤다도 시험에 모범적으로 반응한다. 하지만, 그녀는 기계적으로 인내하는 존재가 아니다. 그리젤다는 말로 죄를 짓지는 않지만, 그녀가 하는 말은 양면성을 지니고 있다. 겉으로 보기에 하느님에 대한 헌신을 표현한 듯한 말들은 달리 보면 두려움과 죽음에 대한 열망을 담고 있다.

죽음은 당신의 사랑과는
비교도 될 수 없을 거예요. (656~657)

나의 죽음이 당신을 기쁘게 하리란 걸 안다면,
나는 아주 기꺼이 죽음으로써, 당신을 기쁘게 할 테니까요. (664~665)

괄티에리가 더 훌륭한 새 아내를 맞고 그리젤다를 놓아 주겠다고 말하자, 그리젤다는 답한다.

하느님께서는 이처럼 고귀한 영주의 아내가
다른 남자를 남편이나 배우자로 맞지 못하도록 하셨지요! (839~840)

페트라르카는 그리젤디스가 자신이 얼마나 용기 있는 사람인지를 깨달아야 한다고 말했지만, 초서가 그리는 그리젤다는 자기 자신에 대해 깨달아야 할 것이 없다. 굳이 찾자면, (서기의 말에 따르면) 그녀는 사냥을 즐기고 애초에 아내를 원하지도 않았던 남편(78~80)을 사랑하는 법을 익혀야 한다.

그리젤다는 결코 불평하지 않는다. 하지만, 욥 이야기를 각색한 다른 작품들과 마찬가지로 불평은 남아 있다. 다른 등장인물들이 그리젤다를 대신해 불만을 토로한다. 괄티에리가 그리젤다에게 말한 바에 따르면 한낱 평민이 영주의 아내이자 영주 자식들의 어머니라는 사실을 인정하기 싫어했던 신하들조차 괄티에리의 잔혹함에 불만을 쏟아 놓는다. (페트라르카의 이야기와 마찬가지로 초서의 이야기에서도) 그리젤다를 알몸으로 내보낸(871~872) 그리젤다의 아버지도 괄티에리가 그녀를 집으로 돌려보내자 자신이 태어난 날을 저주한다(902~903). 이야기를 들려주는 서기마저 괄티에리의 행동에 분개한다.

> 하지만 제가 보기에는, 그럴 필요가 없는데도
> 아내를 시험하고, 그녀를 고뇌와 두려움에 빠뜨리는 것은
> 적절하지 않습니다. (459~462)

초서는 『캔터베리 이야기』의 다른 부분에서도 욥기를 영리하게 끌어다 쓴다. 그는 꾸준히 욥 이야기의 도전적인 부분들을 독자들에게 상기시킨다. 서기는 괄티에리가 처음으로 그리젤다를 시험해야겠다고 마음먹었을 때 "기묘한 욕구"를 갖고 있었다고 강조하는데(454~462), 이는 구조상 사탄이 하느님에게 도전하고 내기를 청한 부

분과 유사하다. 이로써 서기는 암묵적으로 괄티에리 같은 존재는 자신의 주인이 아니라고 이야기하는 것이다. 괄티에리가 모든 일이 시험이었음을 밝히고 그리젤다에게 입을 맞추자 그녀는 "그가 그녀에게 한 말을 듣지 못"하고 망연자실한다(1058~1060). 그리고 그가 그리젤다 대신 아내로 삼겠다고 데려온 여자가 사실은 그들의 딸임을 밝히자 그녀는 다시 한번 까무러친다. 이후 이야기는 그녀가 오래오래 행복했다고 전하지만, 달변을 한껏 과시했던 여인은 더는 말하지 않는다. 혹자는 그리젤다가 두 번 실신한 대목을 두고 욥 이야기 구조에서 벗어났다고 생각할지도 모르지만 그렇지 않다. 구조상 두 대목은 하느님의 연설을 대신한다(초서는 이와 무관하다고 암시하지만 말이다). 그리젤다의 이 침묵은 욥의 침묵만큼이나 기이하다.

초서가 제시하는 결말에는 여러 목소리가 겹쳐 있다. 그리젤다가 말없이 행복한 결말을 맞이했다고 이야기한 뒤 서기는 하느님이 우리를 한계 너머까지 밀어붙이지는 않으니 인내하라는 페트라르카의 결론을 인용하지만, 이 결론을 지지하지는 못하는 듯하다. 이제 그리젤다는 본받아야 할 사례가 아니라 용납할 수 없는 사례이기 때문이다(1144).

이 지점에서 서기가 괄티에리에 관해 이야기하면서 "유혹"이라는 말을 두 번 사용했다는 점(452, 458)에 주목할 필요가 있다. 초서는 이 말을 악마와 관련해서만 사용한다. 초서는 '맺음말'에서 노래를 부르며 그리젤다 이야기를 마무리한다. 여기서 그는 모든 아내에게 그리젤다가 맺은 것과 같은 관계를 받아들이지 말라고 호소한다.

(부인들이여) 겸손함 때문에 당신들의 입에 못을 박지 말라,

또한 학자들이

인내심 많고 상냥한 그리젤다 같은 여자의

믿을 수 없는 이야기를 하게 하지 말라. (1184~1187)

유쾌하면서도 당황스러운, 다양한 의미를 담고 있는 결말이다. 페트라르카는 그리젤다가 괄티에리의 시험에 순종했듯 우리도 인내심을 가지고 하느님을 섬겨야 한다고 경건하게 권고했지만 초서는 다르다. 그에게 괄티에리는 변덕스러울 뿐만 아니라 거의 악마처럼 보이기 때문이다. 어쩌면 초서는 하느님과 인간의 관계는 남편과 아내의 관계, 영주와 평민의 관계와 같지 않음을 이야기하고자 했는지도 모른다. 그러나 (인간 사회의 위계를 옹호할 생각이 없는) 초서가 서기로 하여금 이야기를 전달하게 하는 방식은 이야기의 모든 부분에 의문을 제기하게 만든다. 사람들은 괄티에리가 그리젤다에게 한 것과 같은 대접을 받을 때 참아서는 안 된다. 가능하다면, 그러한 관계는 아예 피하는 것이 현명한 일이다.

왜 누군가는 괄티에리 같은 하느님의 대우를 받아들여야 하는가? 옥스퍼드의 서기인 화자는 칼뱅에게 반대하는 주의주의적 논증을 암묵적으로 제시하고 있는지도 모른다. 하느님은 괄티에리처럼 불의하거나 잔인하거나 변덕스럽지 않지만, 완벽한 올바름을 유지한 채 그렇게 될 수도 있다. 하느님은 괄티에리가 그리젤다에게 저지른 일을 우리에게 할 수도 있다. 욥에게 그렇게 했으니 말이다. 중요한 것은

사람들이 하느님이 괄티에리 같다고 생각할 수 있게 되었다는 점이다.

페트라르카는 불편한 질문을 던졌고 불편한 대답을 제시했다. 야고보는 하느님이 우리가 누구인지를 알기 위해 우리를 시험하실 필요가 없다고 말했지만, 우리가 우리 자신을 이해하기 위해서는 시험이 필요할지도 모른다고 말이다. 더 나아가 초서의 그리젤다는 (입을 다무는 것 말고는) 아무것도 배우지 않고 배울 필요도 느끼지 않는다. 초서의 이야기에서 확신을 얻고 (바라건대) 변화한 인물은 오히려 괄티에리인 것 같다. 그리고 그리젤다는 자신을 시험한 사람보다 자신이 더 도덕적이고 확고하다는 사실을 보여 준다. 그렇게 보면 이 이야기를 다르게 이해해야 할지도 모른다. 즉 "인간에게 하느님은 괄티에리에게 있어 그리젤다 같은 존재다".[34]

그리젤다 이야기는 왜 하느님이 인간에게 관심을 갖는지 궁극적으로 이해할 수 없지만 어떻게든 이를 받아들이고 환대해야 한다는, 우리는 이 관계를 선택하지 않았으나 이 관계에 못 박혀 있다는 생각 안에서 몸부림친다. 이 이야기는 욥기가 수 세기 동안 언급한, 하느님의 올바름이라는 문제를 남편과 아내의 관계에 빗댐으로써 이 문제를 이해하기 수월하게 만든다.

"인내하는 그리젤다" 이야기는 현대 독자들에게는 그리 매력적이지 않다. 그리젤다가 지나치게 수동적인 인물로 보이기 때문이다. 그

---

34 Edward I.Condren, 'The Clerk's Tale of Man Tempting God', *Criticism* 26/2 (Spring 1984), 99~114, 특히 100.

러나 그리젤다는 약자가 어떠한 무기를 가질 수 있는지를 가르쳐 주었고 하느님과 함께하는 삶을 살아가는 가운데서도 자신의 고유함과 이해를 지킬 수 있다는 확신을 보여 주었다.

04

신정론과 욥기

종교전쟁과 세속화는 근대 서양에서 성서, 전통, 전례가 지닌 권위를 약화했다. 그 결과 새로운 관심사들, 즉 신정론(악의 문제), 윤리, 개인의 종교적 경험 등이 종교 이론과 실천의 주요 문제가 되었다. 처음부터 성서 전통에서 다소 벗어나 있던 욥기는 새로운 문제가 전개되는 과정에서 결정적인 역할을 맡았으며 중요한 본보기와 사례를 제공했다. 욥기는 종교를 옹호하는 이들뿐만 아니라 종교를 비판하는 이들도 정당화했다. 성서를 이루는 책 중 하나인 이상 욥기 또한 종교의 권위에 대한 도전에 영향을 받았다. 하지만 욥기는 성서가 새로운 시대에 맞게 거듭나도록 도왔다. 이 장과 다음 장에서 살펴보겠지만, 욥은 고뇌하면서도 열정적인 근대적 종교성의 모범이 되었다.

신정론

근대에 이르자 종교는 새로운 물음들과 마주하게 되었다. 그중 핵심은 18세기에 제기된, '신정론'이라는 이름을 가진 악에 관한 물음이다. 물론 악과 고통은 인간에게 언제나 중요한 문제였다. 하지만 신정론은 이를 새로운 방식으로 진술한다. 2장에서 살핀 마이모니데스, 아퀴나스, 칼뱅의 섭리 탐구와 근대 사상가들이 악과 관련해 종교에 제기한 물음 사이에는 근본적인 차이가 있다. 근대 이전의 사상가들은 하느님이 세계에서 어떻게 활동하는지, 인간이 하느님과 함께 어떻게 행동해야 하는지를 물었다. 하지만 근대 사상가들은 신이 세계에서 진정으로 활동하는지, 설령 활동한다 해도 신이 정녕 예배할 만한 가치가 있는 존재인지를 물었다.

중세 섭리에 관한 논쟁과 근대 신정론에 관한 논쟁이 지닌 차이를 식별하는 한 가지 방법은 중세는 '난문을 제기하는 방식', 근대는 '무신론에 입각한 방식'이라고 보는 것이다. 18세기 회의주의자 데이비드 흄David Hume은 악의 물음이 아주 오래된, 비유일신론non-monotheism에 입각한 물음이라고 보았다.

> 에피쿠로스가 오래전에 던진 물음들은 여전히 답을 듣지 못했다. 신은 악을 없애고자 하나 그럴 수 없는 것인가? 그렇다면 그는 무능하다. 그렇게 할 수 있지만, 그렇게 하지 않는 것인가? 그렇다면 그는 사악하다. 신은 악을 없앨 수 있으며 악을 없애려 하는가? 그렇다면

어째서 악이 있는가?[1]

'난문을 제기하는 방식'은 하느님의 속성과 악의 본성에 대한 주장들을 재해석하고 이들이 어떻게든 조화를 이루는 길을 모색함으로써 이 같은 선택의 길에 오르지 않으려 저항했다. 근대 이전 사상가들에게는 간단하게 전제들 중 하나를 기각해 고르디아스의 매듭을 끊는 것은 선택지가 아니었다. 그들의 접근은 다양한 권위 있는 주장들이 어떻게 동시에 참인지를 이해하기 위해 창의성을 발휘했다는 점(어쩌면 악은 그저 결핍이 아닐까? 하느님이 개별자들에 대해서는 모를 수 있지 않을까?)에서 고대 성서 해석자들과 유사한 부분이 있다. 이와 달리 무신론에 입각한 방식을 택한 근대 사상가들은 여러 주장이 조화를 이룰 수 없다면 이 중 하나는 틀린 것이므로 기각해야 한다고 결론을 내린다. '하느님과 악이 어떻게 함께 있는가?'라는 문제를 '신인가, 악인가?'라는 문제로 바꾼 것이다.

근대 이전에 무신론은 가능한 철학적 선택지가 아니었다. 유대교와 그리스도교 독자들은 "어리석은 사람은 마음속으로 "하느님이 없다" 하는구나"(시편 14:1)라는 시편 구절을 읽었다. 지나친 회의주의는 어리석음이나 병의 결과라고 그들은 생각했다. 갈레노스Galen[*] 의학에

---

1 David Hume, *Dialogues Concerning Natural Religion*, 63. 흄은 피에르 벨Pierre Bayle을 참조했는데, 벨은 락탄티우스Lactantius의 『하느님의 분노에 관하여』De Ira Dei에서 이전까지 알려지지 않았던 에피쿠로스의 삼도논법三段論法을 발견했다. Mark Larrimore, *The Problem of Evil: A Reader* (Oxford and Malden, MA: Blackwell, 2001), xviii~xxii, 46~52.

* 갈레노스는 기원후 2세기에 활동한 그리스의 의사로, 히포크라테스의 개념을

서는 흑담즙이 과도하게 나와 우울증이 생기면 삶의 의미, 심지어 하느님의 현존과 의미까지도 의심하게 된다고 이야기했다. 로버트 버턴Robert Burton은 널리 알려지고 큰 영향력을 행사한 책『우울의 해부』Anatomy of Melancholy에서 종교적 우울을 논의하기는 하나 악의 문제에 대해서는 아주 잠깐만 다룬다. 여기서 그는 누군가 악의 문제를 파고들면 무신론에 이른다고 생각하지 않고 오히려 그 반대로 생각했다. 즉 버턴은 하느님의 현존을 의심할 정도로 정신이 나가면 세상의 악을 무신론의 논거로 삼게 된다고 이야기했다. 마르틴 루터도 이와 유사한 생각을 하면서 우울감을 "악마의 욕조"라고 불렀다. 그들에게 에피쿠로스가 던진 물음들을 진지하게 받아들이는 것은 그 자체로 정신이 흐트러졌음을 드러내는 징후였다.

17세기 말에 이르자 (여전히 많은 사람이 공개적으로 자신이 무신론자라고 주장할 수 있는 시기는 아니었지만) 무신론은 점차 다른 위상을 지니기 시작했다(이 당시 누군가를 무신론자라고 부르는 것은 가장 심한 모욕이었다). 두 가지 심대한 문화적 전환이 섭리와 인간 본성에 관한 논의에 변화를 일으켰기 때문이다.

첫째, 종교전쟁으로 인해 교회의 권위는 분열되고 훼손되었으며 교회의 성서 해석 또한 마찬가지였다. 안정적인 교회의 권위에 근거한 우의적 해석은 신뢰를 잃었다. 이에 상응해 고대 학문이 부활하면

수용하여 인간의 신체 건강이 혈액, 점액, 황담즙, 흑담즙이라는 네 가지 체액의 균형에 좌우된다고 믿었다. 그의 생리학 이론은 그 뒤로 1,400년 동안 유럽에서 영향력을 행사했다.

서 세계와 세계 안에서 인간의 지위에 대한 자연주의적 이해가 생기를 얻기 시작했다. 그리고 원죄 개념에 근거하지 않고 이를 다룰 교회 제도와 기관도 필요로 하지 않는 새로운 정치학이 등장했다.

둘째, 과학혁명으로 인한 발견들이 이어지면서 인간의 능력에 대한 신뢰가 높아졌고 이 세계를 안식처로 삼을 수 있다는 낙관주의적인 생각이 힘을 얻었다. 과학자들이 발견한 예외 없는 자연법칙은 이 세계가 인간이 번영을 누리기에 충분히 안전하고 믿을 만한 곳임을 보여 주었다. 17세기 기계론 철학은 아리스토텔레스가 제시한 네 가지 원인 중 한 가지만 제외하고는 모든 것을 쓸모없게 만들었다. 근대 자연과학이 '작용인'을 너무나 성공적으로 밝혀낸 덕분에 '질료인', '형상인', '목적인'은 무의미해졌다. 하느님과 세계의 관계에 대한 개념들이 변화했고 이에 뒤따라 하느님의 형상으로 창조된 인간에 대한 이해 역시 변화했다.

순탄하지는 않았지만, 혼돈이라는 삶의 위협에 대한 두려움은 악마적 힘들에 대한 두려움과 함께 사라져 갔다. 과학은 종교적 믿음을 대체한 것이 아니라 재구성했다. 이제 사람들은 하느님이 자비로운 자연법칙들을 통해 경이로운 활동을 펼친다고 생각했다. 하지만 그 결과, 섭리를 따라 운행되는 세계에서 (특히 인간의) 악은 더 설명 불가능한 예외가 되었다. 하느님은 왜 악을 용납하는가? 사람들이 악을 당연하고 보편적인 경험으로 여기지 않게 되자 악은 독특한 철학적 문제가 되었다. 역설적인 일이다.

1710년 독일 철학자 고트프리트 빌헬름 라이프니츠Gottfried Wilhelm

Leibniz는 그리스어로 '신'을 뜻하는 '테오스'theos와 올바름을 뜻하는 '디케'diké를 합쳐 '신정론'theodicy이라는 말을 만들었다. 이후 사상사에서는 '이 세계가 모든 가능한 세계 가운데 최상'이라는 그의 주장을 인정하기보다는 주로 경멸했다. 그러나 오늘날 신정론이라고 알려진 문제는 근대 종교 생활의 핵심 물음이었다. 라이프니츠는 '신정론'이 무엇인지 정의한 적이 없지만, 오늘날 사람들은 『실낙원』Paradise Lost(1667) 도입부에 나오는 표현을 빌려 신정론을 설명한다. 여기서 밀턴John Milton은 약속한다.

영원한 섭리를 증명하여, 인류에 대한
하느님의 뜻이 옳음을 밝히리라. (I.20~24)

이로부터 70년 뒤 알렉산더 포프Alexander Pope가 밀턴의 저 말을 상기하며 「인간에 관한 시론」An Essay on Man에서 "하느님께서 인간을 대하시는 방식을 옹호"(I.16)하겠다고 말했을 때 이미 상황은 바뀌어 있었다. 『실낙원』에서 밀턴은 익히 알고 있는 그리스도교 신앙을 대변했다. 즉 타락한 세계는 예수 그리스도의 성육신, 희생으로서의 죽음, 부활로 구원받았다. 최초의 인간인 아담은 인류를 원죄로 몰아넣기도 전에, 자신의 죄가 두 번째 아담인 그리스도를 불러오리라는 것을 알게 된다. 따라서 그의 타락은 절망스럽지 않다. 섭리를 밝히는 이 서사에서 욥은 등장하지 않는다(그는 상대적으로 덜 알려진 속편 『복낙원』 Paradise Regained에 나오는데, 여기서는 그리스도가 욥을 영감을 주는 인물로 언급한다). 밀턴의 정당화가 성공했는지는 열린 물음으로 남아 있다. 널리 알려져 있듯 낭만주의 시인들은 밀턴이 본인도 모르게 악마의 편을 들었다고 주장했다. 이들이 이렇게 생각한 이유는 시라는 매체가 밀턴이 이야기하고자 하는 그리스도론을 무색하게 만들었거나 대체했기 때문일 것이다. 어떻게 보든 이는 신의 방식을 정당화하는 것이 예술의 과제가 되었음을 뜻한다.

신정론에 관한 알렉산더 포프의 작품 「인간에 관한 시론」(1734)은 성서의 서사보다는 루크레티우스Lucretius의 서사를 더 많이 차용했지만, 당대 독자들은 이 작품을 욥기에 나오는 하느님의 모습을 철학적으로 요약하고 새롭게 다듬은 것으로 여겼다. 욥기에 나오는 하느님의 현현을 시로 각색하는 것은 하나의 중요한 문학 양식이 되어 있었다. 이 작품의 절정부에서 포프는 통속 철학과 종교, 예술을 결합한다.

그러니 더는 질서를 불완전함이라 부르지 말라.

우리의 참된 행복은 우리가 비난하는 바로 그 질서에 달려 있으니.

너의 자리를 깨달아라.

너의 본성을 깨달아라. 네가 보지 못함을 깨달아라.

너의 나약함을 깨달아라. 하늘이 너에게 준 것을 깨달아라.

순종하라. 이곳에서든 다른 곳에서든.

네가 품을 수 있는 최대의 축복을 받으라.

하나의 질서를 짓는 힘의 손 안에서

날 때든 죽을 때든 안심하라.

모든 자연은 네가 모르는 예술이요,

모든 우연은 네가 보지 못하는 계획이요,

모든 불화는 네가 이해하지 못하는 조화요,

모든 부분적인 악은 보편적인 선이니.

인간이 이해할 수 있는 것은 이 정도밖에 없다. 하지만 포프는 시의 힘을 통해 독자들을 설득해 아래와 같은 내용을 긍정하기를 희망했다.

이성이 교만과 오류를 빚어냄에도 불구하고

하나의 진리가 있으니, "존재하는 것은 무엇이든 옳다". (I.281~294)

포프의 언어는 현기증을 일으키는 면이 있다. 악의 문제에 대해 너무 원대한 답변을 제시하기 때문이다. 철학적 낙관주의로 악을 해명할 수 있다고 이야기할수록 우리의 시선은 악을 향한다.[2] 욥기에서 하느님은 이미 욥에게 새벽 별뿐만 아니라 무시무시한 베헤못과 레비아단을 생각해 보라고 말했다.

　라이프니츠, 포프와 연관된 철학적 낙관주의는 그리 오래가지 않았다. 훨씬 더 큰 영향력을 행사한 작품은 참회한 낙관주의자 볼테르

2　Arthur Lovejoy, *The Great Chain of Being: A Study of the History of an Idea* (Cambridge, MA: Harvard University Press, 1961), 208~210. 『존재의 대연쇄』(탐구당)

Voltaire의 저작이었다. 1755년 발생한 리스본 대지진은 이 프랑스 사상가의 신념을 뒤흔들었고 그는 열정을 담아 뉴스를 전하듯 "세계에는 악이 있다!"il y a du mal sur la terre!라고 선언했다. 1759년 널리 알려진 소설 『캉디드』Candide에서 볼테르는 지진과 그 외에 인간과 신이 저지른 수많은 악행을 하나로 엮는다. 지적으로 순진하고 "순박한"candide 주인공은 자신을 둘러싼 끔찍한 고통에 대한 답을 찾으려 애쓴다. 그의 선생이자 라이프니츠에 깊이 공감하는 것처럼 보였던 철학자 팡글로스 박사는 실은 신정론에 설득된 척했을 뿐임을 밝힌다.

> 팡글로스는 자신의 삶이 끔찍한 고통으로 점철되어 있었다는 점을 인정했다. 그러나 기왕에 모든 것이 최선이라고 주장했으니까 그냥 그 주장을 고수하겠다고 말했다. 물론 이제는 이를 전혀 믿지 않지만 말이다.[3]

이 작품에서 고통에 대한 볼테르의 심정을 대변하는 이는 성마른 이슬람 수도자다.

> 수도자가 퉁명스럽게 대답했다. "악이 있건 선이 있건 그게 뭐 대수인가? 황제 폐하께서 이집트로 배를 보낼 때 배 안에 사는 쥐의 안위를 신경 쓰신다던가?"[4]

3　Voltaire, *Candide* (Boston and New York: Bedford/St. Martin's, 1999), 117. 『캉디드』(열린책들)

4　*Candide*, 118.

삶의 의미는 분명히 밝힐 수가 없다. 이야기 막바지에서 캉디드는 "이제 우리는 우리의 밭을 갈아야 한다"고 말한다. 많은 학자는 이 작품이 낙관주의에 대한 볼테르의 비판, 에피쿠로스적 도덕을 담고 있다고 말한다. 하지만 욥이 이 작품에 기여한 바에 대해서는 잘 이야기하지 않는다. 포프가 제시한 전망에 맞선 볼테르의 전망은 욥기의 한 근대적 번안물에 대한 또 다른 번안물의 응답이라 할 수 있다. 프로이센의 프리드리히 대제Friedrich II에게 보낸 편지에서 볼테르는 『캉디드』가 "최신판 욥기"라고 말했다.[5] 『캉디드』는 에피쿠로스 전통이 매혹적으로 뒤섞인 욥기로 18세기 사람들이 악의 문제와 씨름한 방식을 표현한다. 욥의 친구들, 아내, 사탄은 모두 무대에서 사라졌다. 이제 신과 대면하는 인간만이 남았다. 언약, 공동체, 그리스도까지 그 어떤 중재자도 이들 사이에 서지 않는다. 폭풍 가운데 울려 퍼지는 목소리는 포프로 하여금 역설적인 세계에 대한 찬가를 부르게 했다. 볼테르가 보기에 그런 노래는 (그리고 그런 노래를 부르는 시인은) 이 세계, 그리고 자신과 무관했다. 하느님이 온 우주 만물을 다스린다는 생각은 붕괴했다. 이슬람교 수도자의 입을 빌려 볼테르는 욥기 속 하느님의 현현을 무참히 깎아내렸다.

윤리

18세기 말에 이르자 철학적 낙관주의에 바탕을 둔 신정론은 사라

---

5 Nancy Senior, 'Voltaire and the Book of Job', *The French Review* 47/3 (December 1973), 340~347, 특히 344.

졌다. 하지만 악이라는 문제와의 대결은 엄밀히 말해 철학으로는 해결할 수 없는 문제로서 근대 의식의 구성 요소가 되었다. 이 시기 신에 대한 믿음은 세계를 도덕적으로 이해할 수 있다는 생각에서 출발하지 않았다. 오히려 세계를 도덕적으로 이해할 수 없다는 데서 출발했다. 이는 어떤 면에서 전근대적 입장으로 되돌아간 것이며, 하느님이 철학을 절망에 빠뜨리는 방식으로 세계를 설계했다는 루터의 견해와 비슷하다. 그러나 새로운 측면도 있다. 종교를 성서나 성사가 아닌 도덕적 의무라는 의식 위에 정립했다는 점에서 그렇다. 이 같은 전환의 중심에는 독일 철학자 이마누엘 칸트Immanuel Kant가 있다. 그의 비판 철학은 1780년대에 철학적 신학의 토대를 무너뜨리고 종교를 윤리 위에 정초했으며 1790년대에는 (욥기의 도움을 받아) 새로운 신정론을 정립했다.

어떤 이들은 칸트가 욥기에 관심을 가졌다는 사실에 놀라워할지도 모른다. 그는 권위의 원천으로서 성서의 지위를 철저하게 깎아내렸기 때문이다. 칸트는 인간이 종교 제도 및 기관, 문헌에 의존하는 것을 "타율성"이라고 비판했다. 그에게 타율성이란 합리적 존재인 인간이 자기 자신을 다스리는 "자율성"을 성취하지 못한 상태를 뜻한다. 칸트는 개인이 스스로 도덕 법칙을 입법해야 한다고 주장했다. 그가 1792년부터 1793년 사이에 쓴 『순전한 이성의 한계 안에서의 종교』Die Religion innerhalb der Grenzen der bloßen Vernunft에서 논하듯, 복음서와 같은 성서의 가르침이나 교회의 가르침은 사람들이 도덕적 요구에 집중하도록 해 준다는 점에서 도움을 줄 수 있다. 그러나 먼저 성립해야 하는 것은 도덕 법칙이다. 칸트가 보기에 성서는 결코 권위의 원천이 될 수 없으며 증거 본문도 될 수 없었다. 하지만 그는 욥기에서 가져다 쓸 만한 것을 발견했다. 그는 욥기를 성서, 교회 전통에 의해 규정되지 않은 채 도덕적 자율성을 지니고 신과 대면하는 한 인간의 이야기로 보았다.

1791년에 칸트가 쓴 「신정론에 관한 모든 철학적 시도의 실패에 관하여」Über das Mißlingen aller philosophischen Versuche in der Theodicee는 2장에서 살펴본 마이모니데스의 논의와 구조상 유사하다. 칸트와 마이모니데스 모두 해당 문제와 관련해 가능한 모든 철학적 견해를 검토하고 그 견해들에 문제가 있음을 밝힌 다음 일종의 "부정의 지혜"를 표현한다. 칸트는 철학적 신정론에는 아홉 가지 가능성이 있다고 이야기하며 논의를 시작한다. 그는 세 가지 문제(죄, 고통, 그리고 이들 간의 불균형)에 대해 세 가지 다른 방식(그것은 실제로 존재하지 않는다. 그것은 신이 의도하지 않은 결과다. 그것은 또 다른 의지의 결과다)으로 접근할 수 있다고 말한다.[6] 칸트는 이 모든 가능성은 설득력이 없으며 철학적 혹은 "교조적" 신정론은 불가능하다고 결론 내린다. 이어서 그는 말한다.

그러나 우리는 신정론이라는 이름을 완전히 폐기할 수는 없다. 신성한 지혜에 대한 모든 반박을 기각하는 것도 신정론이라고 부를 수 있기 때문이다. 이는 이 기각이 신의 명령, 또는 (이 경우에는 같은 결

---

6 Immanuel Kant, *Religion and Rational Theology* (Cambridge and New York: Cambridge University Press, 2001), 26.

론으로 귀결되지만) 이성의 표명일 때, 즉 필연적이고 모든 경험에 앞

서 우리가 도덕적이고 지혜로운 존재인 신이라는 개념을 형성하도

록 이끄는 이성을 통해 이루어질 때 그러하다. (31)

칸트는 이를 "진정한 신정론"authentic theodicy이라고 부른다.

칸트가 『순수 이성 비판』Kritik der reinen Vernunft에서 주장한 바에 따르
면 신에 대한 믿음은 "도덕적 증명"만을 근거로 삼을 수 있다. 우리가
경험하는 세계는 순전히 비도덕적이며, 비인간적인 법칙들에 바탕을
두고 움직이는 것처럼 보인다. 그러한 와중에 우리의 도덕적 행위는
이 세계에 아무런 영향도 주지 못하는 것처럼 보인다. 그러니 도덕
법칙이 환상에 불과하다고 생각하기란 그리 어려운 일이 아니다.

도덕 법칙이란 존재하지 않으며 자유란 잔혹한 환상일 뿐이라고
일축하지 않으려면 우리는 신을 상정할 필요가 있다. 철학적 신정론
자들의 주장과 달리 도덕적 증명은 도덕 세계와 자연 세계 사이에 잃
어버린 조화가 있다는 생각에 바탕을 두고 있다. 무엇이든 이치를 내
세우기 위해서는 신에 대한 믿음(이에 대해서는 그 어떤 앎도 가능하지 않
다), 즉 우리는 상상할 수 없는 이 세계의 조화를 가능케 하는 신에 대
한 믿음을 가져야 한다. 그 외에는 무엇도 신에 대한 믿음과 연결되
지 않는다. 신 존재와 관련해 가능한 유일한 주장은 비윤리적인 세계
에 윤리가 성립하기 위해서는 신이 필요하다는 주장이다. 이를 두고
베버는 세계의 윤리적 비합리성ethical irrationality이라고 불렀다.

"진정한 신정론"은 옛 신정론이 불가능하다는 입장을 표하며 왜

그러한지도 설명할 수 있었다. 근본적으로 칸트가 철학적 신정론을 반대한 이유는 어떤 논증의 문제가 아니라 태도의 문제였다. 그는 "자신의 의심을 숨김없이 인정하는 정직함"을 추구했으며 "아무것도 느끼지 못하면서 확신을 가장하는 것"을 "혐오"(33)했다. 칸트는 자신이 새로운 것을 발견했다고 주장하지 않았다. 그는 "오래된 신성한 책"인 욥기가 진정한 신정론을 "우의로 표현"(32)했음을 발견했다. 적어도 1770년대 이후 칸트에게 욥은 정직함의 상징과도 같았다.

칸트는 욥을 풍족하고, 행복하고, "다른 무엇보다 (가장 중요한) 선한 양심을 가지고 자족"(32)하는 사람이라고 생각했다. "그를 시험하기 위해" 재앙이 닥쳤을 때, 욥은 친구들에게 한탄했다. 뒤이어 신정론을 주고받던 친구들은 "각자가 특정한 사고방식을 따라, (그러나 무엇보다도 자신이 처한 위치에 따라) 말했다"(32). 친구들은 합리주의적 논증을 제시하고, 욥은 좀 더 주의주의적인 논증을 제시하지만, 이들이 '무슨' 말을 하는지는 사실 그리 중요하지 않다. 중요한 것은 이들이 '어떻게' 말하는가다.

> 욥은 자신이 생각하는 바대로, 그리고 그와 같은 상황에 처한 사람이라면 누구든 가질 법한 심정대로 말한다. 반대로 욥의 친구들은 마치 이와 관련해 판결을 내리는 권력자의 심복인 것처럼 보인다. 그리고 그들은 자신들이 판결을 내림으로써 권력자의 총애를 얻는 것을 진리보다 더 중시하는 것처럼 보인다. (32)

욥은 친구들이 뻔뻔하게도 "불의하게 신을 변호"하는 "악행"을 저질 렀다며 비난한다(욥기 13:7~11,16 참조).* 신은 누가 위선자이고 아첨꾼 인지 잘 알고, 그들을 벌할 것이다. 그다음 신은 욥에게 나타나, 합목 적적인 동시에 "반목적적인" 자신의 방식을 설명한다. 욥은 "그에게 는 너무나 높고 그가 이해하지 못하는 것들에 관해서 경솔하게 이야 기했음을 인정한다. 이는 교만한 행동은 아니며 다만 현명치 못한 행 동이었을 뿐이다"(33). 신은 욥의 친구들을 심판한다.

그들은 신의 종 욥만큼 신에 관해서도 올바로 말하지 못했다. (33)

칸트는 이야기를 여기까지 읽고 마친다. 그는 욥이 행복할 자격을 갖 고 있지는 않음을 이미 (각주에서) 내비쳤다.

자신이 해야 할 일만 하는 사람은 신이 자신에게 자비를 베풀어야 한다고 정당하게 주장할 수 없다. (26)

---

* "너희는 왜 허튼소리를 하느냐? 너희는 하느님을 위한다는 것을 빌미 삼아 알맹 이도 없는 말을 하느냐? 법정에서 하느님을 변호할 셈이냐? 하느님을 변호하려 고 논쟁을 할 셈이냐? 하느님이 너희를 자세히 조사하셔도 좋겠으냐? 너희가 사 람을 속이듯, 그렇게 그분을 속일 수 있을 것 같으냐? 거짓말로 나를 고발하면, 그분께서 너희의 속마음을 여지없이 폭로하실 것이다. 그분의 존엄하심이 너희 에게 두려움이 될 것이며, 그분에 대한 두려움이 너희를 사로잡을 것이다." (욥기 13:7~11)
"적어도 이렇게 하는 것이, 내게는 구원을 얻는 길이 될 것이다. 사악한 자는 그 분 앞에 감히 나서지도 못할 것이다." (욥기 13:16)

욥은 그가 겪은 고통 때문이 아니라 그가 한 일 때문에 모범이 된다.

"나는 죽기까지 내 결백을 주장하겠다. 내가 의롭다고 주장하면서 끝까지 굽히지 않아도, 내 평생에 양심에 꺼림칙한 날은 없을 것이다."(욥기 27:5~6) 이러한 신조를 바탕으로 그는 자신의 믿음 위에 도덕을 세운 것이 아니라 도덕 위에 믿음을 세웠음을 입증했다. 이 경우 믿음은 아무리 연약하다 할지라도 순수하고 참된 믿음이다. 이 믿음으로 이루어진 종교는 신에게 무언가를 간청하는 종교가 아닌 선한 삶을 빚어내는 종교다. (33)

종교 문제에서 앎은 불가능하다. 우리가 할 수 있는 최선은 진실하게 사는 것이다. 이는 세계의 도덕적 불투명성을 인정하는 것을 포함한다. 세계에서 신의 섭리와 계획을 경험함으로써 종교적 믿음이 지탱된다는 생각은 완전히 뒤집혔다. 정직한 종교적 양심은 현실이 이해되지 않을 때 이를 순순히 인정한다. 자신의 도덕적 판단과 자연 세계에 대한 이해를 확신하는 종교적 양심은 죄와 고통 사이의 불균형을 있는 그대로 인정한다. 현실에 눈을 감거나 신의 특별한 호의를 바라지 않고 이성과 자유를 지닌 존재로 자신의 운명을 살아간다.

칸트의 독해에 따르면 욥기는 악의 문제가 완전히 봉합되지 않은 열린 상처로 남아 있어야 함을 보여 준다. 그가 생각하기에 욥의 무고한 고통을 보고도 아무런 문제가 없다고 주장함으로써 신에게 아첨한 친구들의 위선은 도덕에 뿌리내리지 않은 종교의 위험성을 보

여 준다. 친구들은 사실 아무런 생각도 하고 있지 않다. 그들은 생각
한다는 것이 무엇인지조차 이해하지 못하고 있다. 이들의 "불순한 마
음"을 두고 칸트는 『순전한 이성의 한계 안에서의 종교』에서 "인간
본성의 근본적 악"이라고 불렀다. 자신의 동기를 명확하게 알지 못하
고 자기 이해의 한계를 정직하게 받아들이지 못하면 인간은 자기기
만에 빠진다. 한나 아렌트Hannah Arendt의 '악의 평범성'banality of evil은 바
로 여기에 뿌리를 두고 있다. 칸트를 따르는 이들은 인간 본성이 삶
의 도덕적 역설들을 호도하는 경향이 있다고 보는 까닭에 반신정론
anti-theodicy을 강하게 주장한다.

위대한 유대인 칸트주의자 헤르만 코헨Hermann Cohen은 이러한 종
교-윤리적 욥기 독해를 더 강하게 밀고 나아갔다. 그에 따르면 모든
신정론은 신에 대한 모욕일 뿐 아니라 더 나아가 다른 사람들에 대한
모욕이다. 인간의 선한 삶, 선한 행동과 행운 혹은 불운 사이에 모종
의 균형이 있을 수 있다고 가정하는 것 자체가 이미 윤리를 무너뜨리
는 오류다. 욥의 친구들이 거부한 일, 즉 다른 이의 고통을 마주하는
일이야말로 참된 삶의 출발점이다. 그러나 이는 현실에서 찾아보기
힘들다. 코헨은 참으로 고귀한 일은 고통과 마주했을 때 스스로 책임
을 지는 일이라고 말했다.

그는 욥이 자신의 발언을 철회하고 참회한 일을 칸트보다 더 깊게
파고든다. 욥은 자신이 어리석게 말한 것을 참회한 데서 그치지 않고
고통을 받아들이며 신을 향한 소송을 철회한다. 코헨에게 윤리적, 종
교적 의무는 매우 중요하다. 고통은 그릇된 행동에 대한 처벌이 아니

지만, 어떤 이에게 고통은 좋은 계기가 될 수도 있다. 종교는 도덕 법칙을 신의 명령으로 받아들이는 것이라는 칸트의 정의에 더해 코헨은 (욥기에서 영감을 받아) 종교란 인간이 자신의 도덕적 연약함을 극복하기 위해 기꺼이 고통을 감내하는 것이라고 말한다.

고통은 인간이 자신을 위해 자기 자신에게 요구하는 처벌이다.[7]

신정론, 그리고 신정론에 입각해 인간의 고통을 도덕적으로, 종교적으로 해석하는 것은 윤리에 반한다는 칸트의 생각은 코헨의 후계자인 에마뉘엘 레비나스Emmanuel Levinas를 통해서 우리 시대에도 영향력을 유지하고 있다. 레비나스는 욥기를 언급하며 이야기했다.

이웃의 고통을 정당화하는 것은 모든 부도덕의 근원이다.[8]

근대 종교 사상은 신정론과 윤리학 사이의 갈등, 인류가 발견한 세계를 받아들이기를 거부하려는 노력과 이 세계에서 도덕의 원천을 발견하려는 노력 사이의 긴장에서 나왔다. 좀 더 나아가 근대 사상 전체는 악의 문제라는 도전으로부터, 세계가 마땅히 취해야 할 모습과

---

7 Hermann Cohen, *The Religion of Reason Out of the Sources of Judaism* (New York: Frederick Ungar, 1972), 226.

8 Emmanuel Levinas, 'Useless Suffering', *The Provocation of Levinas: Rethinking the Other* (London and New York: Routledge, 1988), 156~167, 특히 163.

는 다르다는 생각으로부터 나왔다고 할 수 있다.[9] 이때 윤리적 비판자들과 종교적 신정론자들은 자기 방식대로 욥과 친구들의 역할을 맡곤 했다. 그러나 정치경제학, 역사철학, 사회생물학이라는 세속적 신정론에 대한 종교적 비판은 이를 다른 방식으로도 할 수 있음을 보여 준다.

숭고함

칸트가 제시한 '진정한 신정론'은 욥기에 영감을 얻은 철학적 신정론이 실패로 돌아간 것에 대한 여러 응답 중 하나일 뿐이었다. 다른 이들은 욥기에서 칸트보다 더 많은 부분을 참조했고 (과거의 관점을 그대로 따라 답을 제시할 수는 없지만) 욥의 물음에 어떻게든 답할 수 있음을 발견했다. 그리고 그 단서는 다름 아닌 욥의 마지막 발언이었다. 철학적 논증이 실패함에 따라 개인에게는 자신의 진정성, 그리고 도덕의 범주를 넘어서는 신과의 만남에서 오는 경외감과 만족감만이 남는다. 하느님의 두 번째 연설을 들은 욥은 말한다.

> 깨닫지도 못하면서, 함부로 말을 하였습니다. 제가 알기에는, 너무나 신기한 일들이었습니다. … 주님이 어떤 분이시라는 것을, 지금까지는 제가 귀로만 들었습니다. 그러나 이제는 제가 제 눈으로 주님을 뵙습니다. (욥기 42:3,5)

---

9   Susan Neiman, *Evil in Modern Thought: An Alternative History of Philosophy* (Princeton: Princeton University Press, 2004)

철학적 탐구를 넘어선 신을 제시한다는 측면에서 욥기는 그 자체로 하나의 신정론이다.

변절한 칸트주의자 요한 고트프리트 헤르더Johann Gottfried Herder는 이를 좀 더 노골적으로 말했다.

> 신의 속성과 통치에 관한 가장 탁월한 서술, 가장 설득력 있는 위안의 근거, 이에 대한 반대 의견까지 섭리와 인간의 운명에 관해 이야기할 수 있는 모든 것이 욥기라는 책 전체에 흩어져 있다. 이 책의 구상, 계획을 통해 신은 우리를 위로하고 우리에게 교훈을 전한다. … 욥기는 인간 본성을 그린 일종의 서사시다. 이 책은 신의 도덕적 지배를 설명하지 않고 일련의 사건들을 통해 이를 펼쳐 보인다.[10]

헤르더는 욥 이야기가 "일련의 사건들을" 통해 "신의 도덕적 지배"를 "펼쳐 보인다"며 칭송한다. 여기에는 과거 (그리고 후대) 독자들이 욥기의 문제라고 본 요소들도 포함된다. 이를테면 괴테Johann Wolfgang von Goethe가 "천상에서의 서막"이라고 부른 하느님과 사탄의 내기(욥기 1:12, 2:6) 장면이 그렇다. 여기서 욥은 자신을 두고 내기가 벌어진다는 사실을 알지 못한다.

욥은 천사들과 천상의 모든 이들의 구경거리가 된다. (I.116)

---

10 J.G.Herder, *The Spirit of Hebrew Poetry* (Burlington: Edward Smith, 1833), I. 120.

욥은 자신이 개인적으로 겪는 고통의 의미에 대해 듣지 못한다. 대신 그는 자연을 통해 드러나는 신의 숭고함을 시적으로 이해함으로써 위안을 얻는다.

헤르더는 욥기를 시로 간주하고 그 흐름을 좇았다. 그리하여 그는 처음에 빌닷(욥기 8:9~10, 25:2~6)이, 이윽고 욥(26:2~14)과 엘리후(36:22~33, 37:1~12)가, 그리고 마침내 하느님(38:2~23, 31~38)이 노래하는, 거대한 파도가 일어나듯 커지는 자연시를 발견했다. 그가 보기에 이 시는 입에서 입으로 전해지는 것만 같았다. 헤르더는 이 시가 등장인물들과 서로 다른 판단들을 가로질러 자연에서 펼쳐지는 장엄한 신의 섭리를 드러낸다고 보았다. 그리고 이 섭리는 온갖 인간들과 그들의 삶 가운데에서도 펼쳐지고 있다고 생각했다. 우리는 욥이 하느님의 영광을 위해 고통을 감내했음을 안다. 욥은 하느님이 위대하고 경이로움을 안다. 그리고 신성한 자연은 만물을 통해 이를 펼쳐 보인다. 여기에 패자는 없다. 시를 포함해 모두가 승리한다.

성서를 시로 간주하고 접근하는 방법은 계몽주의라는 널리 알려진 철학 운동과 동시에 일어난, 성서를 문화의 산물로 보는 시도의 일부였다.[11] 점차 사상가들은 성서는 철학 문헌이 아니고 역사 연대기도 아니며 과학 저술도 아니라고, 영감을 받아 쓴 문학 작품이라고 생각했다. 따라서 성서를 올바로 이해하는 방법은 성서에 나오는 주장이나 성서가 그리는 사건을 분석하는 것이 아니라 표면 너머 핵심

11　Jonathan Sheehan, *The Enlightenment Bible: Translation, Scholarship, Culture* (Princeton: Princeton University Press, 2005)

에 있는 시적 진리poetic truth를 꿰뚫어 보는 것이라고 그들은 생각했다. 여기서도 욥기는 중심이 되었다.

욥기를 시로 이해하려면 그 아름다움과 힘을 음미하는 것으로는 충분하지 않았다. 그 양식이 무엇인지 알아야 했다. 이는 오래된 관심사로 앞에서 이야기했듯 히에로니무스는 욥기가 서사시의 6보격을 지녔으니(사실은 그렇지 않다) 서사시임이 분명하다고 주장했다. 이는 수 세기 동안 혼란을 일으켰다. 말 그대로 아무것도 하지 않는 인물이 어떻게 서사시의 영웅이 될 수 있는지 이해가 되지 않았기 때문이다. 이 문제를 해결하기 위해 전통적인 해석자들은 우의적 접근을 했다. 그들은 욥이 한 말을 사탄과 전투를 하는 가운데 일어나는 일종의 불꽃으로 이해했다. 그들에게 인내는 영웅이 지녀야 할 덕목 중에서도 가장 성취하기 어려운 덕목이었다.

1740년대에 로버트 로스는 히브리 시의 특징을 발견했다. 히브리 시는 '병렬법'parallelism, 즉 행들이 쌍을 이루며 효과를 내는 구조를 갖고 있었다. 이는 성서학 역사에서 매우 중요한 사건이었다. 한편 이는 초월적 물음과 인간의 관계를 심오한 방식으로 표현해내는 활동, 인간 창조 행위의 고유한 영역으로서 근대적 문학 개념을 알리는 사건이기도 했다. 성서가 시라면, 시는 성스러워질 수 있다. 욥기는 로스의 기획에 영감을 주었다. 그에게 욥기는 "히브리인들의 성스러운 시"가 지닌 숭고함을 분명하게 보여 주는 대표적인 사례였다.[12]

---

12 Robert Lowth, *Lectures on the Sacred Poetry of the Hebrews* (London: J. Johnson, 1787, repr. London: Routledge/Thoemmes Press, 1995)

그전에도 많은 이는 욥기를, 이를테면 욥기 39장 19~25절에 등장하는 말들에 대한 묘사를 숭고함이 무엇인지를 보여 주는 대표적인 예로 꼽았다. 하지만 로스는 롱기누스Longinus처럼 좀 더 심오한 것에 관심을 가졌다.

> 나는 장엄한 모습과 시어를 제시해 위대한 대상들을 보여 주는 것만을 숭고함이라 부르지 않는다. 정신을 압도하고 강한 인상을 남기는, 열정을 불러일으키고, 생각들을 명료하게 표현하며 고양하는, 이 모든 것을 이루어 내는 힘이라면 그 무엇이든 숭고함이다. (2:307)

로스는 욥기 3장에 나오는 저주에 주목한다. 여기서 그는 욥의 말이 1인칭에서 2인칭으로 바뀌며 욥이 "격렬한 감정"에 사로잡힌 사람이 되어 자기 자신의 말을 가로막는 것처럼 보인다는 사실을 알아차렸다. 로스에 따르면 이것이 바로 히브리 시의 특징이다. 그가 보기에 생생한 언어를 덜 사용하는 후대인들에게 이는 선물임과 동시에 도전이다. 후대인들의 시는 세련되고 예술 작품으로서 더 훌륭할지도 모른다. 하지만 성서는 시의 힘과 목적을 가장 진실한 형태로 제시한다.

> 히브리 시는 다름 아닌 도덕의 원리 그 자체를 영혼에 불어넣거나, 혹은 밀어 넣는다. (1:35~37)

히에로니무스와 마찬가지로 로스는 고대 문학을 비평할 때 쓰는 범주들이 성서 각 문헌의 양식을 파악하는 데 도움을 준다고 생각했다. 그가 보기에 히브리 시는 애가, 교훈시, 서정시, 전원시, 희곡을 비롯한 모든 문학 양식의 조건을 만족하면서 동시에 이를 넘어선다. 욥기는 희곡이다. 하지만 욥기에는 아리스토텔레스가 이야기한 어떤 고결한 '행동'이 나오지 않는다. 욥기에서 가장 중요한 것은 인물을 시험하는 것이다. 욥의 이야기는 가장 고결한 영혼도 극한에 몰리면 절망이 담긴 말들을 내뱉게 됨을 보여 준다(2:378). 하지만 욥기에 나오는 등장인물들이 한 말은 모두 너무나 진실하고, 욥과 친구들의 말은 자신이 처한 상황에 충실하기 때문에(2:393), 우리는 그들을 용서하게 된다.

> 자신의 결백을 드러내려는 저 극렬하고 성마른 언명들, 위태롭게 고결함을 유지하는 욥이 나중에서야 인정하는 하느님의 섭리에 반해 나오는 저 불평들은 일시적인 격정의 산물이다. (2:410)

아리스토텔레스는 진실로 선한 인간의 고통은 희곡의 주제로 적절하지 않다고 여겼다. 그러나 이는 히브리 시의 장엄함을 접해 보지 못한 사람의 한계를 보여 줄 뿐이다.

> 철학자의 이러한 견해는 인간의 덕에 관한 부당하고 비현실적인 평가에서 나온 것처럼 보인다. 욥기의 의도이자 목적은 바로 인간의

덕을 올바르게, 현실적으로 평가하는 것이다. 욥은 덕을 완성한 것처럼 보이지만, 인간 특유의 결함이라는 불순물을 갖고 있다. 그 덕분에 욥기는 개연성을 상실하지 않으며 욥이 겪는 경험은 독자에게 두려움을 불러일으킨다. 가장 올바른 인간이 극심한 고난에 짓눌릴 때 하느님이 정녕 자신을 올바르게 대하고 있는지 불평하는 것이 극악무도한 악이라면 과연 누가 하느님 앞에 설 수 있겠는가? (2:416~417)

욥기는 덕 있는 인간이 고난받는 이야기가 어쩌면 희곡의 가장 심오한 주제일 수도 있음을 우리에게 알려 준다고 로스는 말한다. 심오한 희곡은 고결한 인물이 돌아섰다가 다시금 자신을 바로잡는 이야기를 다룬다. 욥기의 맥락에서 친구들과의 대화는 "유혹의 도구일 뿐이며, 욥의 가장 내밀한 감정을 설명하고 그의 영혼에 잠재하는 교만을 드러내기 위해 쓰인다"(2:396). 로스는 하느님의 현현에 대해서는 거의 이야기하지 않는다. 욥이 하느님에게 기꺼이 귀를 기울일 태도를 갖추었다는 것이 하느님의 발언 내용보다 더 중요하다. 욥기가 전하는 진리는 어떤 비범한 선견지명이 아니다. 이러한 맥락에서 로스는 욥기 19장 25~27절이 "시의 주된 계획에 별다른 도움이 되지 않고 목적과도 일치하지 않는다"(2:357, 386~387)고 말한다. 그가 보기에 욥기에 담긴 신의 선물은 욥기가 표현하고 또 빚어내는 인간의 감정이다.

계몽주의 시대가 저물고 낭만주의 시대가 오자 사람들은 욥기를 신의 숭고함을 드러내는 초상화로 여기기 시작했다. 계몽주의 사상가들은 종교가 합리적이어야 한다고, 그렇지 않으면 사라져야 한다고 생각했다. 하지만 인간 경험을 검토한 낭만주의자들은 종교의 중요성을 새롭게 이해하는 법을 찾았다.

19세기가 밝아올 무렵 프리드리히 슐라이어마허Friedrich Schleiermacher*는 종교의 핵심은 교리나 윤리가 아니라 경험이라는 생각을 제시해 커다란 영향을 미쳤다. 그에 따르면 종교는 다른 무엇보다 절대자에게 의존하는 경험이었고, 무언가를 전적으로 따르게 되는 경험이다. 이러한 수동성의 경험은 힘을 상실하는 경험이 아니라 발견하는 경험, 불안하고 무력해지는 경험이 아니라 위로받고 높임 받는 경험이다.

낭만주의자들은 욥기를 이러한 논의와 연결했다. 그중 특히 주목할 만한 논의를 한 사상가는 그리스도교 신학자이자 비교종교학자인 루돌프 오토Rudolf Otto다. 대표작 『성스러움의 의미』Das Heilige(1917)에서 그는 욥기에 나오는 하느님의 연설이야말로 진정한 신정론이라고 주장한다. 신을 옹호하는 것은 욥기의 이야기가 아니라 창조주가 피조물 욥에게 묘사하는 창조 그 자체다. 하느님의 연설을 들은 욥은 마음을 가라앉힌 뒤 티끌과 잿더미 위에서 뉘우치고 위로받으며 만족한다. 어떻게 그럴 수 있는가? 헤르더는 만족할 만한 목적을 보여 주

---

* 프리드리히 슐라이어마허(1768~1834)는 독일의 개신교 신학자, 철학자로 현대 신학과 해석학의 선구자로 평가받는다. 베를린 대학교 설립에 관여했으며 이곳에서 신학을 가르쳤다. 저작으로 『그리스도교 신앙』Der Christliche Glaube, 『종교론』Über die Religion 등이 있다. 한국에는 『기독교신앙』(한길사), 『종교론』(대한기독교서회) 등이 소개되었다.

었기 때문이라고 생각했지만 오토가 보기에는 아니다. 물론 하느님은 하늘과 땅의 토대를 보여 준다. 하지만, 여기서 더 주목해야 하는 부분은 독수리, 타조, 유니콘, 악어, 하마에 대한 이야기다.[13] 오토가 보기에 이 짐승들은 창조의 목적을 입증해 주는 그리 좋은 예가 아니다. 오히려 이 짐승들은 경이로우며, 아름답다기보다는 무시무시하다. 하지만 바로 그렇기에 이들은 신의 신비를 증언한다.

> 타조가 날개를 재빠르게 치기는 하지만,
> 황새처럼 날지는 못한다.
> 타조가 땅바닥에다가 알을 낳는 것은,
> 흙이 그 알을 따스하게 해 주기를 바라기 때문이다.
> 그러나 그 알이 발에 밟혀서 깨어질 수 있음을 알지 못한다.
> 들짐승이 그 알을 짓밟을 수도 있음을 알지 못한다.
> 타조는 알을 거칠게 다루기를
> 마치 제가 낳은 알이 아닌 것같이 하고,
> 알을 낳는 일이 헛수고가 되지나 않을까 하고 걱정도 하지 못하니,
> 이것은 나 하느님이 타조를 어리석은 짐승으로 만들고,
> 지혜를 주지 않았기 때문이다.
> 그러나 타조가 한 번 날개를 치면서 달리기만 하면,
> 말이나 말 탄 사람쯤은 우습게 여긴다. (욥기 39:13~18)

---

13 39장 9절은 이제 "유니콘"이 아닌 "들소"라고 번역된다. 베헤못(40:15~24)과 레비아단(41:1~34)은 악어와 하마를 토대로 했을 것이다.

폭풍 가운데 하느님이 욥을 향해 말하는 장면을 두고 오토는 "보기 드물게 순수하고 완전하게" 신비라는 요소가 드러난 순간이라고 말했다.[14] 신비mysterium는 성스러움에 대한 경험, 즉 오토가 "거룩함"the numinous이라고 부르는 것에 속한다. 신비는 종교의 "비합리적"non-rational 요소이며 이는 합리적 요소보다 훨씬 더 오래되고 심오하다. 이 신비는 두려움과 이끌림이라는 요소를 갖고 있다. 오토는 욥기에 나오는 하느님의 연설이야말로 "회의에 시달리던 그의 영혼을 내면 깊숙이 평온하게 하는 … 진정한 신정론"(78)을 제시한다고 주장한다. 이 "평온", 즉 확신의 성격에 대한 오토의 설명은 불분명하다. 그에 따르면, 하느님의 연설에 대한 응답으로 "욥은 자신이 완전히 압도당했음을, 진실로 그리고 올바로 압도당했음을, 우월한 힘 때문에 입을 닫은 것이 아님을 고백한다". 오토가 보기에 욥이 티끌과 잿더미 위에서 뉘우치는 것은 "무력한 좌절이자 단순히 우월한 힘에 대한 굴종"이 아니라 "내면의 확신, 그리고 압도당함에 대한 인정"(78)이다. "압도당함"이란 무엇을 뜻하는가? 그것은 무언가 우리를 능가한다는 사실을 인정할 수밖에 없는 상태를 뜻한다.

오토는 의심스러울 정도로 자신의 주장을 강하게 밀어붙인다. 그는 자신의 주장과 다른 기존의 견해들을 질타한다. 물론 이를 통해 오토가 전하고 싶은 바는 분명하다. 욥에게 일어난 일, 욥이 전하고

---

14 Rudolf Otto, *The Idea of the Holy: An Inquiry into the Non-rational Factor in the Idea of the Divine and Its Relation to the Rational* (New York: Oxford University Press, 1950), 78. 『성스러움의 의미』(분도출판사)

자 하는 바는 합리적인 믿음이 아닌 무언가 다른 것이다. 인간이 이를 말로 표현하기는 어렵다. 이는 어떤 힘에 대한 굴복도 아니고 논증에 설득당하는 것도 아니다. 하지만 굳이 둘 중 하나를 택한다면 차라리 전자에 가깝다. 오토는 이러한 굴복이 어떻게 확신으로 연결되는지 말하지 않는다. 그저 욥이 깨달았으며 확신했다고만 말할 뿐이다. 그가 할 수 있는 최선의 길은 숭고함을 중시하는 전통에 속한 글을 씀으로써 간접적으로 욥기의 핵심을 밝히는 것이다. 욥기는 진정한 신정론을 제시하지만, 인간은 이를 말로 전할 수 없다.

> 신비는 … 눈에 보이는 개념들에 있지 않고, 어조, 분위기, 전체 이
> 야기의 흐름에 있다. … 이를 통해 우리는 이해할 수 없고 말로 표현
> 할 수도 없는 무언가에 이끌리고 신비에 내재한 가치를 의식할 수
> 있게 된다. 이 가치는 인간의 합리적 사고나 목적을 추구하는 사고
> 와는 비교될 수 없고 동화될 수도 없다. 이 가치는 신비 안에 머물러
> 있다. 이 신비를 체험함으로써 하느님은 정당화되고 욥의 영혼은 평
> 안을 얻는다. (80)

오토의 견해는 종교사 분야에서 오랫동안 영향력을 발휘했다. 특히 미르치아 엘리아데Mircea Eliade는 그가 모든 종교적 경험의 핵심에 있는 보편적인 것, 합리적 사고를 넘어서지만 여전히 감지할 수 있고 이론화할 수 있는 어떤 것을 정립하기 위해 비교종교 방법을 쓴 점을 높이 평가했다. 그리고 호교론 전통, 숭고함을 중시하는 전통에서 유래

한 신념, 즉 비합리적인 것은 범속한 언어로 말할 수 없다는 신념에 바탕을 둔 그의 글쓰기 방식도 후대 사상가들에게 영향을 미쳤다.[15]

종교의 가치를 알리고자 종교 연구를 하는 경향은 오늘날 미미해 졌지만, 오히려 몇몇 철학자들과 작가들은 과감하게 이를 이야기하고 있다. 오토와 동시대 인물이며 다작가인 G.K.체스터턴은 1916년에 출간된 영문판 욥기에 특유의 번뜩이는 해설을 달았다. 여기서 그는 대표작 『정통』Orthodoxy의 주요 논의를 반복했다. 체스터턴에 따르면 욥기는 구약의 다른 책들이 감히 던지지 못한 물음을 던진다.

신의 목적은 무엇인가? 신의 목적은 우리의 비참한 인간성을 희생할 만큼 가치 있는가? 물론 더 크고 더 선한 의지를 위해서 우리 자신의 하찮은 의지를 지워버리는 것은 쉬운 일이다. 하지만 정말 더 크고 더 선한가?[16]

체스터턴은 욥기가 이러한 물음에 답한다고, 신을 의심하는 모든 이에게 답한다고 주장한다. 즉, 욥기는 과감하게 판돈을 올린다는 것이다.

의심을 품은 오만한 이들에게 의심을 멈추라고 말하는 것은 올바른

---

15 Lynn Poland, 'The Idea of the Holy and the history of the sublime', *Journal of Religion* 72/2 (April 1992), 175~197.

16 G.K.Chesterton, *Introduction to The Book of Job* (London: Cecil Palmer & Hayward, 1916), ix~xxvii, xvi

방법이 아니다. 오히려 계속 의심하라고, 조금 더 의심하라고, 하루 하루를 이 세계를 살면서 더 새롭게, 더 무섭게 다가오는 것들을 의심하라고 말해 주어야 한다. 그렇게 의심이 계속되면, 마침내, 어떤 기이한 깨달음에 힘입어, 그는 자신에 대한 의심을 시작할지도 모른다. (xxi)

체스터턴이 보기에 용기의 중요성은 인간은 "불가해한 것"을 단순히 보는 것만으로도 "갑작스레 만족한다"는 것, 인간은 "말로 표현할 수 없을 정도로 두렵고, 또 선한 무언가가 자신을 둘러싸고 있음을 깨달을 때 얼얼한 느낌을 받게"(xxi) 된다는 것을 알려 준다는 점에 있다. 즉, "인간은 역설을 통해 가장 큰 위안을 얻는다"(xxvii). 이미 『정통』에서 체스터턴은 전적으로 합리적인 인간이 되려는 노력은 일종의 광기라고 조심스럽게 이야기한 바 있다. 그에 따르면 인간이 온전한 정신을 유지하기 위해서는 신비를 받아들여야 한다.

하느님은 욥이 말도 안 되는 세계를 볼 때만 이 세계의 경이를 알 수 있게 만든다. 인간을 놀라게 하기 위해 하느님은 일시적으로 신성 모독자가 된다. 달리 말하면, 하느님은 잠시 무신론자가 된다. (xxiii)

최근 무신론자인 슬라보예 지젝Slavoj Žižek은 체스터턴의 이 간결하고도 인상적인 사유에 주목했다. 그에 따르면 삶과 사유가 제기하는 수수께끼, 도전에 대한 참된 해답은 신에 대한 신앙을 내려놓은 그리스

도교 신학이다.[17]

낭만주의자들은 욥기를 숭고함에 관한 책으로 간주함으로써 인간 정신 그 자체가 불굴의 것임을 드러냈다. 어쩌면 그들은 이 불굴성을 표현하는 시와 역설로 신을 대체했는지도 모른다. 하지만, 누군가는 욥기에서 신과 인간이, 서로 단절된 현실들이 관계를 맺고 이어진다는 데 초점을 맞출 수도 있다. 욥기에서 하느님은 체면을 차리지 않고 피조물에게 말을 건넨다. 고압적인 존재가 아닌 것이다. 어쩌면 폭풍 가운데 하느님이 욥에게 나타나 말을 건넸다는 것은 의문의 대상이 되곤 하는 신과 인간의 통약 가능성을 드러내는 것인지도 모른다. 고통받는 욥은 폭풍을 향해 질문을 던진 것이 아니다. 그 가운데 있는 하느님을 향해 질문을 던졌다.

전망

어쩌면 욥의 체험을 가장 잘 표현하는 것은 말이 아닌 심상이다. 근대인의 삶과 상상력에 욥기가 미친 영향을 알기 위해서는 윌리엄 블레이크의 욥기 삽화들을 살펴야 한다. 미켈란젤로Michelangelo가 천지창조를, 레오나르도 다 빈치Leonardo da Vinci가 최후의 만찬을 자기 것으로 만들었듯 블레이크는 욥기를 자기 것으로 만들었다. 하지만 블레이크의 욥기 연작들에 담긴 의미를 알고 있는 이는 거의 없다. 블레이크의 연작은 계몽주의 철학자들이나 낭만주의 시인들의 그 어떤

---

17 Slavoj Žižek and John Milbank, *The Monstrosity of Christ: Paradox or Dialectic?* (Cambridge, MA and London: MIT Press, 2009), 54~56. 『예수는 괴물이다』(마티)

작품보다 더 전근대적이고 더 심리적이며, 더 신화적이고 더 개인적이다. 그리고 이론가들과 개혁가들뿐만 아니라 신비주의자들과 혁명가들에게 그리스도교 전통의 가치를 되새겨 볼 수 있게 해 주었다는 점에서 더 신학적이다. 블레이크는 참된 그리스도교는 귀로 듣는 것을 넘어 눈으로 올바르게 보는 데까지 나아가야 한다고 생각했다. 그리고 이와 관련해 욥기가 특별한 힘을 지니고 있으며 욥 이야기 또한 말로만 전달할 것이 아니라 심상을 통해 전달해야 한다고 생각했다.

욥기는 물론이고 악의 문제를 다룬 다른 책들의 표지에서도 블레이크의 삽화는 우리의 시선을 사로잡는다. 박쥐 날개를 단 무시무시한 사탄 아래서 욥의 아들들이 무너지는 건물에 깔려 죽는 모습을 담은 그의 삽화는 올리버 리먼Oliver Leaman의 『유대 철학에서 악과 고통』 Evil and Suffering in Jewish Philosophy 표지를 멋지게 장식한다. 욥을 비난하는 친구들의 손가락이 키질하는 도구처럼 펼쳐진 그림은 브루스 주커만 Bruce Zuckerman의 『침묵하는 욥』Job the Silent, 로버트 알터Robert Alter가 최근 번역한 지혜 문학 영문판을 비롯한 많은 책이 표지로 삼았다. 폭풍 속에서 하느님이 욥에게 팔을 뻗는 그림은 해럴드 블룸Harold Bloom이 편집한 블레이크 작품집뿐만 아니라 수많은 자아에 관한 정신분석 연구서의 표지가 되었다. 오에 겐자부로大江 健三郎가 쓴 히로시마 사건에 관한 에세이집 표지에도 이 그림이 쓰였다. 새벽 별들의 행렬은 스티븐 미첼이 시로 각색한 욥기 표지와 융이 쓴 『욥을 위한 답변』 Antwort auf Hiob 50주년 기념판 표지에 쓰였다. 둥근 테두리에 베헤못과 레비아단을 묘사한 그림은 심리학 서적부터 SF 작품까지 다양한 분야의 책들이 표지로 사용했다. 레이먼드 샤인들린Raymond Scheindlin의 욥기 운문 번역판은 처음에는 중세의 어느 그림을 표지로 삼았으나 이후에는 친구들을 위해 기도하는 욥을 묘사한 블레이크의 판화를 표지로 썼다.

블레이크의 욥기 연작 스물 한점은 원래는 1805~1810년에 수채화 연작으로 만들어졌다가 1825년에 증보판 판화 연작으로 제작되었다 (현대인들은 판화보다 수채화 연작을 더 잘 알고 있지만 실제로 블레이크가 더 널리 알려지기를 바란 것은 판화였다). 언뜻 보기에 이 작품들은 익숙한 욥기 이야기를 전하는 것 같다. 연작 시작과 끝 작품은 욥이 자녀들과 양들에 둘러싸여 있는 모습을 그린다. 그다음으로 어두운 모습을 한 사탄이 하느님의 법정에 기세 좋게 나타나 하느님에게 욥의 자녀들과 가축들을 파괴하고 그의 몸을 공격해도 좋다는 허락을 받는다. 친구들이 도착하고, 처음에는 만신창이가 된 친구의 모습에 고통스러워 팔을 치켜들지만, 이내 비난을 쏟아 내며 팔을 뻗는다. 하느님이 나타나자 이들은 얼굴을 가리는데, 폭풍이 이들을 땅바닥으로 짓눌러 버리는 것처럼 보인다. 하느님이 피조물 가운데 경이로운 것들과 무시무시한 것들을 보여 주자, 욥은 모든 것을 인정하고, 친구들을 위해 번제를 드린 다음, 다시 가족과 단란한 모습을 보이며 연작은 마무리된다.

미켈란젤로풍의 인간과 드루이드교, 고딕, 고전 양식의 건축물이 담긴 풍경은 한데 어울려 특정 시대로 한정되지 않는, 신화 같은 분위기를 자아낸다. 이를 통해 블레이크는 전통적인 욥기 묘사와는 적절히 거리를 두면서 시대를 넘어선 호소력을 작품에 담아내려 했다.

블레이크가 보여 주는 욥 이야기는 몇 가지 특이한 점이 있다. 꿈 그림이 두 개 있는데 하나는 '엘리바즈의 꿈'이고 다른 하나는 '밤에 고통을 겪는 욥'이다. '밤에 고통을 겪는 욥'에서 흐트러진 머리를 하고 오른발에 굽이 있으며 뱀이 다리를 휘감고 있는 인물은 욥을 아래로 누르고 욥 밑에는 어떤 이들이 욥을 아래로 끌어내리려 팔을 뻗고 있다. 욥이 참된 하느님을 보는 장면에서 하느님은 팔을 들어 욥과 그의 아내를 축복하는데, 마치 그리스도처럼 보인다(그림 8). 여기서

그림 8. 윌리엄 블레이크는 욥기에서 영감을 받아 그린 《욥기를 위한 삽화》에서 여러 정교한 상징을 성서 구절과 함께 제시한다. 이는 본문과 삽화의 전통적인 관계를 전복한 것이다. 욥기 42장 5절("주님이 어떤 분이시라는 것을, 지금까지는 제가 귀로만 들었습니다. 그러나 이제는 제가 제 눈으로 주님을 뵙습니다.")에 관한 삽화에서 욥과 그의 아내는 그리스도와 (그리고 욥과) 아주 닮은 신을 바라보고, 욥의 친구들은 옆에서 겁에 질려 웅크려 있다.

블레이크는 모든 전통적 해석과 묘사를 깨부순다. 그의 그림에서 욥의 아내는 가장 충실한 친구다. 그녀는 줄곧 욥의 곁에 있고, 욥이 하느님을 볼 때 그녀도 두려워하지 않고 하느님을 본다. 연작 도입부 그림에서 악기는 경건한 사람에게 적절치 않다고 여겨져 참나무에 걸려 있지만, 마지막 그림에서는 사람들이 즐겁게 모여 있는 가운데 악기를 연주한다. 이것은 삶이 회복됨을 뜻하는 동시에 삶의 여러 부분이 서로 화해를 이룸을 뜻한다. 예술은 회복되어 예배가 되고, 창조성은 회복되어 종교가 된다. 가장 놀라운 점은 블레이크가 욥의 얼굴과 하느님의 얼굴을 같게 그린다는 사실이다.

삽화 연작에서 강조되는 주제들은 블레이크의 저술들에서도 반복되어 나타난다. 이러한 맥락에서 그의 작품들은 하나의 거대한 전망을 여러 방식으로 표현한 것이라고 할 수 있다. 블레이크의 예언시 「밀턴」Milton과 「예루살렘」Jerusalem을 잘 아는 이에게 그의 욥 이야기는 그리 낯설지 않다. 욥은 「예루살렘」의 주인공 앨비언을 닮았고, 욥의 옛 신은 시공간의 환각과 이성을 상징하는 눈먼 유리즌을 닮았다. 앨비언도 욥과 같은 고초를 겪는데, 편협하게 남을 재단하는 종교 때문에 그의 자녀들이 그를 떠나게 된다. 두 주인공 모두 자신의 도덕주의를 투사한 신 아래 고통을 겪다가 돌이켜 삶의 경이에 눈을 뜨고, 인간은 신성하다는 사실, 자신의 본성이 하느님을 닮았다는 사실을 깨닫는다.

욥이 사탄처럼 보이는 하느님 아래 고통을 겪으며 몸부림치는 꿈 장면은 블레이크의 전작인 아담의 창조 장면과 매우 유사하다. 여기서 아담은 마치 포박되는 것처럼 보인다. 영지주의자처럼 블레이크는 창조를 육체와 성, 공간과 시간이라는 환상에 불과한 현실로 고통스럽게 밀어 넣는 것이라 여긴 것이다. 다른 한편, 젊고 활기 넘치는 사탄은 「밀턴」에 나오는 사탄과 유사하다(앞서 언급했듯 밀턴은 의도하지는 않았으나 악마의 편을 든다는 평을 들었다).

《욥기를 위한 삽화》에 등장하는 인물들의 모습, 구도, 상징을 분석하다 보면 블레이크가 욥에게는 별 관심을 기울이지 않는 것처럼, 블레이크가 생각하는 종교에 욥을 끼워 맞춘 것처럼 보일 수도 있다. 하지만 블레이크는 욥기에 오랫동안 심취했다. 좀 더 깊게 연구해 보면 블레이크의 삽화들은 고전적인 욥기 해석 전통은 물론 성서 삽화 전통에 충실하다. 우리가 보기에 기이해 보이는 요소들도 마찬가지다. 이를테면 나무에 걸려 있는 악기들은 시편 137편 2절과 바빌론 유수를 떠올리게 하는데, 이는 많은 학자가 욥기가 저술되었다고 추정하는 시대다. 욥의 번제 장면에 담겨 있는 드루이드교의 요소들은 드루이드들이 성서에 나오는 족장들과 동시대인이자 친족이라는 견해를 반영한다. 이는 블레이크가 살던 당시 급진적인 사상가들이 공유하고 있던 생각이었다.[18]

블레이크가 자신의 판화집을 출판하면서 제작한 그림 주변부, 전체 그림의 외곽 틀을 보면 그가 성서에 얼마나 깊이 빠져 있었는지를 알 수 있다. 선으로 그린 상징들은 이야기의 흐름을 보여 주는데, 여

---

18 Bo Lindberg, *William Blake's Illustrations to the Book of Job* (Turku, Finland: Abo Akademi, 1973)

기에는 사탄의 전조인 뱀의 비늘, (폭풍이 휩쓸어 버리는) 오류가 자라나는 숲, 욥이 종기를 긁는 장면에 나오는 토기 조각 등이 있다. 그리고 여러 성서 인용구가 두루마리, 책, 단어 타래의 형태를 띠고 상징들과 엮인다. 글이 가득한 테두리는 전통적인 채색 성서의 구조와 논리를 뒤집는다.

> 그림이 언어를 해설하기보다는 언어가 그림을 해설한다.[19]

욥기의 많은 부분이 이 틀에 등장한다. 많은 사람이 욥기의 주요 구절로 간주한 모든 구절이 곳곳에 쓰여 있다. 그리고 28장 28절("주님을 경외하는 것이 지혜요, 악을 멀리하는 것이 슬기다")과 같은 의미심장한 구절도 있다.

욥기 삽화 연작은 분명 그리스도교적인 기획의 산물이다. 블레이크는 자신의 시대에 많은 사람이 이미 낡은 유산, 잃어버린 유산으로 간주하던 방식을 택했다. 그는 창세기부터 요한의 묵시록에 이르기까지 온갖 성서 본문들을 가로지르며, 짐짓 예언자적인 태도로, 심지어는 (약간 비틀기는 했으나) 예형론까지 활용하며 당대 문화를 거스르는 욥기 이해를 선보인다. 블레이크에 따르면 극한의 상태에 처한 욥은 참된 신, 용서하는 신을 발견하며 이로써 신성한 인간의 본성을 재발견한다(혹은 자신의 본성과 다시금 연결된다). 이 급진적인 사상은 정

---

19 Christopher Rowland, *Blake and the Bible* (New Haven, CT: Yale University Press, 2010), 5.

통은 아니었으나 명백히, 그리고 진지한 그리스도교 신앙의 산물이다. 무고한 고통의 문제를 다룬 한 신학자는 블레이크의 욥기 연작이 "과거 그리스도교 전통의 흐름을 온전히 반영"하면서도 독특한 방식으로 근대적 신앙에 들어맞는 신-인 이해를 표현한다고 말했다. 블레이크가 보기에 우리 눈에 보이는 현실은 "신이 직접 설계"하지 않았다. 대신, 무의미해질 수 있는 현실을 창조적으로 승화하는 과정에서 우리는 신성함을 발견한다.[20]

블레이크는 자신이 그린 판화의 기획을 첫 번째 도판 아래쪽 제대에 글로 새김으로써 분명히 밝힌다.

> 문자는 사람을 죽이고, 영은 사람을 살린다.
> 영적인 것은 영적으로만 분별할 수 있다.[21]

이러한 맥락에서 블레이크의 모든 작품은 결국 분별하는 법에 대한 가르침이다. 시와 그림을 통해 그는 자연 종교와 도덕 법칙, 그리고 공간과 시간이라는 환상 너머의 참된 실재를 보는 법을 가르쳐 준다. "욥의 인내"를 언급하는 야고보의 편지 구절은 욥의 친구들이 도착한 장면 아래 배치되어 "우리가 누리는 복도 하느님께로부터 받았는데, 어찌 재앙이라고 해서 못 받는다 하겠소?"(욥기 2:10)라는 구절과 균형

---

20 David Brown, *Discipleship and Imagination: Christian Tradition and Truth* (Oxford: Oxford University Press, 2000), 221.

21 2고린 3:6, 1고린 2:14, S. Foster Damon, *Blake's 'Job': Blake's 'Illustrations of the Book of Job'* (Providence, RI: Brown University Press, 1966), 55.

을 이룬다. 욥이 악마 같은 하느님에 대한 꿈을 꾸는 그림 아래는 "나는 확신한다. 내 구원자가 살아 계신다"(욥기 19:25)라는 구절이 배치되어 있는데 이는 도발적이면서도 깊은 울림을 준다. 새벽 별들의 행렬에 나오는 하느님은 세계의 창조주다. 블레이크는 이 그림 양편에 창세기에 나오는 6일 동안의 창조를 배치한다.

그리스도를 닮은 하느님을 바라보는 욥(과 그의 아내) 장면은 블레이크가 이 연작을 판화로 만들면서 추가한 작품인데 그림 주위로 책과 두루마리 형태를 띤 사도 요한의 글이 여기저기 흩어져 있으며("그리스도께서 나타나시면, 우리도 그와 같이 될 것임을 압니다. 그때에 우리가 그를 참모습대로 뵙게 될 것이기 때문입니다", "나를 본 사람은 아버지를 보았다", "나와 아버지는 하나이다"), "그 날에 너희는, 내가 내 아버지 안에 있고, 너희가 내 안에 있으며, 또 내가 너희 안에 있음을 알게 될 것이다"에서 절정에 이르는 요한복음서 14장 내용 대부분이 들어 있다.[22] 남자가 팔을 뻗은 모습은 욥이 친구들을 위해 기도하는 다음 삽화에서도 등장한다. 이제 욥의 팔은 십자가에 못 박힌 예수처럼 뻗어 있고, 그림 아래에는 마태오복음서 5장이 제시되어 있다.

나는 너희에게 말한다.
너희 원수를 사랑하고, 너희를 박해하는 사람을 위하여 기도하여라.

---

22 1요한 3:2, 요한 14:9, 10:30, 14:20, Damon, *Blake's Job*, 63~64.

욥은 자신의 본성이 신성함을 배웠고, 그리스도의 희생으로 인해 (불가피하긴 했지만, 자진해서 짊어진) 유물론과 도덕주의라는 오류들을 초월할 수 있게 되었음을 깨달았다. 이와 관련해 노스럽 프라이Northrop Frye는 말했다.

> 블레이크는 신이 인간이 되지 않고서는 누구도 신을 '볼' 수는 없다고 생각했다. 그리고 그때도 우리 눈에 보이는 그대로는 아니다.[23]

지금까지 다룬 것은 욥기 삽화 연작에 담긴 의미의 극히 일부에 불과하다. 블레이크는 자신의 다른 작품들을 이해하지 못한 대중도 이 연작을 통해 자신의 전망을 이해하게 되기를 바랐다. 분명 이 작품들은 여전히 보는 이에게 강력한 인상을 남긴다. 성서 해석의 측면에서 블레이크의 욥기 연작은 본문의 문자 그대로의 의미에 충실한 측면이 있다. 이는 어떤 면에서 놀랍고 또 흥미롭다. 그는 욥이 정말로 육체를 입은 하느님을 보았다고 생각한다. 그는 욥이 "주님이 어떤 분이시라는 것을, 지금까지는 제가 귀로만 들었습니다. 그러나 이제는 제가 제 눈으로 주님을 뵙습니다."(욥기 42:5)라고 말할 때 이를 진실로 받아들인다. 또한, 그는 천상에서 하느님과 사탄의 내기를 표현할 방법을 찾으며 고대 랍비들이 그랬듯 내기 이전에 사탄이 지상을 돌아다녔다는 이야기를 설명할 방법도 찾아낸다. 그에 따르면 욥이 시험

---

23 'Blake's reading of the Book of Job', *Northrop Frye on Milton and Blake* (Toronto, Buffalo, London: University of Toronto Press, 2005), 387~401, 특히 392.

을 받은 것은 불안감에 경건해짐으로써 스스로 의로운 자가 되려 했기 때문이다. 그는 자신의 경건함으로 하느님과 자기 사이의 거리를 좁히려 하면서도, 경건함 때문에 하느님과 자기 사이의 거리를 인정했다. 바로 그 사이에서 사탄이 나왔다.

욥기를 한 영혼이 자신과 세계를 이해하지 못하게 막는 장벽을 극복하는 이야기로 본 블레이크의 입장은 앞선 전근대의 입장들처럼 신정론 문제를 피해 가는 듯 보인다. 혹자는 반문할 수 있다. '그렇다면 악은 환상에 불과한가?' 하지만 블레이크는 「천국과 지옥의 결혼」 The Marriage of Heaven and Hell에서 고유한 신정론을 제시한다.

> 반대들 없이는 진전도 없다.
> 끌림과 거부,
> 이성과 열정, 사랑과 증오는 모두
> 인간 삶에 필수적이다.
> 이것에서 선과 악이라 부르는 것들이 나온다.
> 선은 이성에게 복종하는 수동적인 것이다.
> 악은 열정에서 솟아오른 능동적인 것이다.

블레이크는 욥기 연작 삽화에서 바로 이 신정론을 표현했다. 그리고 이는 성서 본문에 대한 그의 충실한 독해에서 나왔다. 그가 보기에 욥이 위기에 처하게 된 것은 욥이 악을 회피했기 때문이다. 그는 악의 창조성을 인정하지 않았기 때문에 고통받았다. 하지만 블레이크는 인간 현실이 불의로 가득 차 보인다는 것, 그리고 그 안에서 활동하는 신도 불의해 보인다는 욥기의 물음에는 답하지 않는다. 그에게 모든 고통은 인간이 자신의 본성과 신의 본성을 더 잘 이해하기 위해 요구되는 여정의 결과다. 결과적으로, 신은 궁지에 몰린다. 블레이크는 고통 가득한 세계는 너무나 끔찍해 악한 신과 그 추종자들의 작품으로 보아야 한다는 영지주의의 주장에 거의 다가간다.

블레이크의 삽화들을 본 사람들이 그의 개인적, 미학적 신정론, 독특한 방식으로 그리스도교적인 신정론에 동의할지는 모르겠다. 아니, 사람들은 그가 이를 말하고 있다는 사실을 알아채지 못할 수 있다. 이 그림들을 보았을 때 가장 분명하게 드러나는 것은 강렬하고 기이한 심상들이다. 이 심상들은 언어의 한계를 실토하게 만드는 세계, 영혼, 신에 대한 인간의 경험을 표현한다. 근대 자연주의, 합리주의, 도덕주의라는 그릇된 근대적 신앙을 무시하고 블레이크는 이 심상들을 우리에게 결정적인 답으로 제시했다. 이를 선언으로 바꾼다면 다음과 같을 것이다. '모든 사람은 세계를 다르게 본다.' 이는 다른 무엇보다 욥기의 경우에 참이다. 모든 사람은 욥기를 새롭게 이해했고 새롭게 표현했다.

05

추방당한 욥기

지금까지 나는 욥기를 하나의 통일된 본문으로 간주하고 논의를 전개했다. 근대 역사 비평의 성과들이 성서에 대한 이해를 바꿔 놓기 전까지 사람들은 성서의 모든 책을 그런 식으로 이해했다. 오늘날 우리는 성서 본문에서 이상한 부분이나 내용이 충돌하는 부분을 발견하면 저자가 다수이기 때문이라고, 저자들의 견해 차이 때문이라고 여기지만, 과거 해석자들은 그러한 부분들을 인지하고도 그렇게 해석할 수 없었다. 그들에게는 그러한 선택지가 없었다. 일말의 모호함도 허락하지 않는 해석 공동체에 속해 본문을 파고든 사람이든, 아니면 모호함을 더 깊게 읽으라는 일종의 초대로 여기고 기뻐했던 사람이든, 성서를 성서로 본 고대 해석자들의 유산은 이후에도 지속적인 영향을 미쳤다. 그러나 이러한 전략을 바탕으로 번성했던 독해 방식은 근대인들, 특히 그리스도교인들 사이에서 점차 신뢰를 잃었다.

이 장에서는 20세기 격변기에 사람들이 욥기를 어떻게 읽었는지를 살펴보려 한다. 해석자들은 앞다투어 역사 비평의 발견들을 설명하려 했고, 대담하게 욥기를 이러저러한 방식으로 편집하고 해석했다. 유례없는 일이었다. 많은 이는 "욥기와 관련해 가장 먼저 알아 두어야 할 것은 욥기가 두 가지(이야기와 시)라는 사실이다" 같은 견해를 갖게 되었으며 욥기를 해석하기 위해서는 둘 중 하나를 선택해야 한다고 생각했다.[1]

20세기는 끔찍한 역사적 사건들이 발생하고 유대-그리스도교 전통이 등장하며 유대교인과 그리스도교인 모두가 욥이 본질적으로 유대인임을 처음으로 인정한 시기기도 했다. 욥기를 초월적 유일신론을 다룬 가장 순수한 희곡으로, 신앙을 위한 분투를 가장 진실하게 그린 작품으로 보게 된 것이다.

본문의 문제들

성서를 읽는 새로운 방식은 르네상스 인문주의자들이 그리스-로마 고대 문헌과 관련해 이룩한 문헌학적 발견들에서 영감을 받아 근대성과 함께 등장했다. 학자들은 매우 다양한 필사본 가운데 권위 있는 본문을 찾으며 왜 이러한 차이가 발생했는지 물음을 던졌다. 성서만으로 충분하다는 종교개혁의 신념('오직 성서'sola scriptura)을 현실화하

---

1 Harold Kushner, *The Book of Job: When Bad Things Happened to a Good Person* (New York: Schocken, 2012), 15. 『착한 당신이 운명을 이기는 힘』(까치)

기 위해서는 엄밀한 판본과 정확한 번역을 필요로 했다. 바뤼흐 스피노자Baruch Spinoza, 토머스 홉스Thomas Hobbes, 리샤르 시몽Richard Simon* 같은 17세기 저자들은 문헌이 만들어진 역사적 맥락을 따져 묻고 문헌이 전승된 역사의 우여곡절을 탐구하는 등 여느 고대 문헌과 똑같은 방법으로 성서를 읽기 시작했다. 이 같은 작업은 과거에도 시도된 바 있다. 이를테면 스피노자는 12세기 사상가 이븐 에즈라Ibn Ezra**의 작업에서 영감을 받았다. 하지만 시대를 거치며 악에 관한 논의가 바뀌었듯 문헌을 대하는 논의도 바뀌었다. 이제 사람들은 지금 여기를 향해 본문이 무엇을 말하는지 묻지 않았다. 대신 그들은 본문을 신뢰할 수 있는지, 우리에게 전하는 말이 애초에 있기는 한지를 물었다.

19세기 독일 개신교 대학교에 있던 학자들이 본격적으로 시작한 역사 비평 성서학은 이러한 접근 방식을 새로운 수준으로 끌어올렸다. 이 성서 연구는 권위를 자처하는 모든 주장을 비판하는 계몽주의자들의 산물인 동시에 천재의 작품과 기원에 열광하는 낭만주의자들의 산물이었다. 가장 널리 알려진 역사 비평의 성과는 율리우스 벨하우젠Julius Wellhausen의 '문서설'documentary hypothesis이다. 그는 히브리 성서 첫 여섯 권의 본문의 반복, 병렬, 모순처럼 보이는 부분들이 수많은 편집의 결과라고 보았다. 벨하우젠은 기존의 연대표에도 이의를 제

---

* 리샤르 시몽은 17세기 프랑스의 사제이자 신학자로, 모세 오경을 모세가 썼다는 통념에 의문을 제기한 『구약 성서의 비판적 역사』Histoire critique du Vieux Testament 등의 저작이 잘 알려져 있다.

** 이븐 에즈라는 11세기 에스파냐 출신의 유대인 철학자로, 신플라톤주의적 범신론의 입장에서 모세 오경, 욥기, 시편 등을 주석했다.

기했지만 문서설에 견주었을 때 그리 중요한 문제는 아니었다(게다가 여기에는 의례를 중시하는 유대교에 대한 그리스도교의 편견과 반유대주의가 작동했다). 이제 성서 본문은 하느님의 영감을 받은 개인의 산물이 아니다. 우리가 보는 성서 본문은 서로 다른 맥락에서, 서로 다른 작가와 편집자들이, 어쩌면 서로 다른 문제의식을 가지고 작업한 결과물이다. 물론 그렇다고 해서 계시로서 성서의 지위가 무너지게 되는 것은 아니다. 하느님이 광야에 있는 시인에게 영감을 불어넣을 수 있다면, 도시에 있는 편집 위원회를 인도할 수도 있기 때문이다.

그렇다면 욥기는 어떻게 되었을까? 학자들은 본문 비평을 통해 예레미야가 본래 한 시인의 작품이었다고 결론 내렸다. 그리고 산문 부분은 나중에 첨가한 것으로 보았다. 욥기의 운문과 산문 부분도 이와 같을까? 이 책을 한 사람의 저자가 한 번에 썼을 가능성이 있을까? 운문 부분이 먼저 쓰였을까? 아니면 산문 부분이 먼저 쓰였을까? 이 저자들은 어떤 사람들이었을까? 무엇을 의도했을까? 처음에 학자들은 시가 산문보다 더 오래되고 순수하다는 낭만주의자들의 확신을 따라 욥기를 다수의 저자가 썼으며 운문 부분을 먼저 썼다고 주장했다. 하지만 이는 19세기 말에 뒤집혔다. 오늘날 대다수 학자는 이런저런 형태의 욥 이야기가 (아마도 구전 형태로) 먼저 존재했다고 본다. 욥기의 산문 언어는 고어라기보다는 고어를 모방한 언어이며 운문 부분보다 늦게 기록되었을 수도 있다. 학자들은 언어, 구조, 의미를 분석함으로써 욥기가 매우 복잡한 합성물임을 분명히 했다.

욥기의 틀을 이루는 이야기 부분과 대화를 이루는 운문 부분은 여러 면에서 잘 들어맞지 않는다. 언어의 성질이 다르기 때문이다. 운문 부분은 장엄한데 산문 부분은 민중 설화의 양식을 따라 범속하다. 심지어 신의 이름도 다르다. 게다가 운문 부분에서는 산문 부분에 나오는 사건들에 대해 언급하지 않는다. 운문 부분에 사탄은 일절 등장하지 않으며 산문 부분의 결말에서도 모습을 보이지 않는다. 가장 골치 아픈 점은 운문과 산문이 다른 욥을 묘사하는 것처럼 보인다는 사실이다. 한 욥은 거의 말을 하지 않으며 결말에 이르면 아무 말도 하지 않는다(그나마 있는 말은 속담일 수도 있다). 다른 욥은 말이 넘친다.

욥기의 시 부분은 누군가 신의 올바름에 의문을 품고 분노 어린 말투로 쓴 것일까? 아니면 일종의 풍자로서 기존의 경건한 이야기를 뒤집어 신에 의한 시험을 신에 대한 재판으로 바꾼 것일까? 어떤 학자들은 욥기의 틀을 이루는 산문 부분에 본래 욥과 친구들의 다른 대화가 있었으며, 이를 재구성할 수 있다고 보았다. 아마도 친구들은 욥의 아내만큼이나 무기력했으며 욥을 질타했을 것이다. 그리고 신실한 욥은 이에 자신의 믿음을 굳건히 유지하는 방식으로 대응했을 것이다. 이러한 가정은 이후 친구들을 향한 신의 질책과 매끄럽게 연결된다. 이 가정 위에서 운문 부분은 신의 방식은 이해할 수 없고 신앙의 표준 공식은 공허함을 깨달은 한 탁월한 시인이 지나치게 감상적인 이야기에 자신의 창작물을 덧붙인 것이라고 볼 수도 있다.

아니면 너무나 많은 사람이 알고 있어 무시할 수 없는, 하지만 위험한 내용을 담고 있는 시가 먼저 있었고 이를 에워싸기 위해 틀 이야기를 덧붙였을 가능성도 있다. 성서의 또 다른 책인 아가가 그 대표적인 예다. 랍비들은 세속적 사랑을 담은 이 책을 금지하는 데 실패해 이를 정전으로 받아들였고 그 결과 성서 전통 안에서 하느님의 사랑에 대한 가장 인상적인 이해가 피어났다.[2] 마찬가지 맥락에서 시가 제기하는 위협을 제한하기 위해 욥기라는 틀을 고안한 것이라면 수천 년 동안 그 목표가 성공적으로 이루어졌다고 볼 수도 있다. 지금까지 살펴본 바대로 시에 담긴 욥의 선동성을 통해 인류는 혼란과 불의한 고통 같은 인간 경험을 풍부하고도 깊게 성찰했다.

욥기의 산문 및 운문 부분 저자들의 실제 의도가 무엇이든 간에, 그 결과로 나온 본문은 신앙과 인내의 본성에 관한 깊은 성찰을 자극한다. 명백히 이질적인 부분들로 이루어진 작품이 이를 너무 탁월하게 성취했기에 최근 한 학자는 욥기가 탁월한 단일 저자의 작품이라고, 한 사람이 (당시 널리 알려져 있던) 욥 이야기가 던지는 심오한 물음에 자극을 받아 친숙하면서도 상충하는 문학 양식들을 혼합해 하나의 본문을 만들어 냈다고 주장했다. 그에 따르면 욥기는 다성 음악과도 같아서 하나의 목소리가 최종 결정권을 갖지 못하게 하고 독자가 계속해서 질문하고 나름의 답을 내리게 하는 책이다.[3]

욥과 친구들의 대화 역시 본문 속 부조화를 잘 보여 준다. 욥은 친구들의 주장에 응하지 않거나 응하더라도 너무 늦게 응한다. 심지어 욥이 친구들에게 반대한다면서 친구들의 주장을 되풀이하는 것처럼 보이는 경우도 종종 있다. 어떤 연설은 구조상의 절충물인 것처럼 보

2   Bruce Zuckerman, *Job the Silent: A Study in Historical Counterpoint*

3   Carol A. Newsom, *The Book of Job: A Contest of Moral Imaginations*

인다. 빌닷의 세 번째 연설은 너무 짧아서 중간에 잘라낸 것이 아닌가 싶고, 소바르는 세 번째 연설이 없다. 그 뒤에는 긴 연설(25~31장)이 나오는데, 이는 분명 욥이 한 말이지만 내용을 살펴보면 한 사람의 목소리로 보기 힘들다. 이를테면 27장의 이야기는 욥보다는 친구들의 입장에 가깝다. 많은 경우 욥의 연설은 다른 이들의 말에 대한 신랄한 풍자로 가득한데 저 부분에는 그러한 흔적이 전혀 없다. 권위 있는 욥기 연구자들은 이같은 혼란을 이해하고 수습하기 위한 설득력 있는 제안들을 종합해 본문을 다시 배열해야 한다고 이야기했다.

> 가장 단순하면서도 만족스러운 방법은 25장에 있는 빌닷의 짧은 연설에 26장 5~14절의 하느님의 권능에 대한 찬가를 덧붙이고, 욥의 연설에서 어울리지 않는 부분인 27장 8~23절을 사라진 소바르의 연설로 간주하는 것이다. 여기에 24장 18~20절, 22~25절을 덧붙여도 좋다.[4]

학자들은 문헌학의 성과를 근거로 이를 강력히 주장했으며 널리 지지를 얻었다. 『유대교 학습 성서』도 이 주장을 언급하지만 다른 입장을 제안한다(그림 9 참조). 최근의 한 운문 번역자는 소바르의 마지막 연설을 사라진 것으로 보고 단념하는 것이 좋다고 생각했다.[5] 하지만

---

4 Marvin Pope, *The Anchor Bible: Job* (Garden City, NY: Doubleday & Co., 1965), xviii.

5 Robert Alter, *The Wisdom Books* (New York and London: Norton, 2010), 106~110, 특히 106.

7 He is who stretched out Zaphon over chaos,
  Who suspended earth over emptiness.
8 He wrapped up the waters in His clouds;
  Yet no cloud burst under their weight.
9 He shuts off the view of His throne,
  Spreading His cloud over it.
10 He drew a boundary on the surface of the waters,
  At the extreme where light and darkness meet.
11 The pillars of heaven tremble,
  Astounded at His blast.
12 By His power He stilled the sea;
  By His skill He struck down Rahab.
13 By His wind the heavens were calmed;
  His hand pierced the "Elusive Serpent."
14 These are but glimpses of His rule.
  The mere whisper that we perceive of Him;
  Who can absorb the thunder of His mighty deeds?

27 Job again took up his theme and said:
2 By God who has deprived me of justice!
  By Shaddai who has embittered my life!
3 As long as there is life in me,
  And God's breath is in my nostrils,
4 My lips will speak no wrong,
  Nor my tongue utter deceit.
5 Far be it from me to say you are right;
  Until I die I will maintain my integrity.

그림 9. 오늘날의 학습 성서들은 독자들에게 역사 비평의 중요한 발견들을 알려 준다 (해당 사진은 유대인 출판 협회에서 펴낸 『유대교 학습 성서』다). 여기에서 편집자들은 욥기 27 장이 "남은 글의 모음"이고 28장이 "별개의 작품"이라는 주류 견해를 언급하지만, "책을 하나의 완전한 작품으로 해석"하면 이 장들이 틀 이야기에서 제기되지 않은 물음들에 대한 욥의 때늦은 답변으로 볼 수 있다고 제안한다.

욥과 친구들의 대화가 중간에 끊긴 것을 두고 달리 해석하는 이들도 있다. 어떤 이는 대화의 흐름이 중단된 것은 주제를 철저히 검토해 더는 할 말이 없음을 전달하기 위해서라고 추정한다.[6] 이 추정이 맞다면 27장에서 욥의 입을 통해 나오는 말들은 친구들의 입장을 흠잡을 데 없이 표현한 연설로 볼 수 있다. 그는 친구들의 견해를 훤히 알고 있으며 심지어 친구들보다 더 정확하게 그 견해를 표현할 수 있다. 하지만 그 말들은 공허하다. 이러한 맥락에서 보면 지혜에 이를

---

6 12세기에 이미 이러한 효과에 대한 논의가 나타났다. *Jewish Study Bible*, 1501.

수 없음을 유창하게 노래하는 다음 장은 정화의 노래인지도 모른다.

28장의 '지혜 찬가' 역시 여러 의문점을 남긴다. 정확히 누가 누구를 향해 말을 건네고 있는 것인가? 이 연설은 아무도 묻지 않은 지혜에 관한 물음들을 다루고 있다. 욥이 더는 화자가 아니라는 표시가 없으므로 아마도 화자는 욥일 것이다. 그러나 29장이 "욥이 다시 비유를 써서 말을 하였다"고 시작하는 것을 보면, 그전까지는 다른 이가 말을 했다고도 볼 수 있다. 28장의 화자가 욥이라면 그는 다른 사람처럼 보인다. 그가 이러한 철학적 관점을 갖고 있다면 책의 나머지 부분이 굳이 필요할지 의문이다. 28장은 별도의 작품이거나 전혀 다른 맥락에서 가져온, 막간을 채우는 작품처럼 보인다. 어쩌면 이 장은 책의 나머지 부분들보다 먼저 만들어졌을 수도 있다.[7] 더 곤혹스러운 부분은 28장 마지막 절이다.

> 하느님은 사람에게 말씀하셨다. "주님을 경외하는 것이 지혜요, 악을 멀리하는 것이 슬기다." (욥기 28:28)

이 부분은 분명 서막의 핵심을 되풀이하고 있다. 추가된 내용에 또 내용을 추가한 것일 수 있는 것이다.

근대 이전에 해석자들은 28장과 여기에 짧게 나타나는 하느님의 현현을 전체 본문과 잘 어울린다고 생각했을 뿐만 아니라 욥기와 욥

---

7 James Kugel, *The Great Poems of the Bible: A Reader's Companion with New Translations* (New York: Free Press, 2008), 105.

의 성격을 규명하는 중요한 열쇠로 보았다. 그들은 이 부분에서 보이는 시적 기량과 빈틈없는 구성을 볼 때 욥이 다른 곳에서도 자신이 무슨 말을 하고 있는지 잘 알고 있다고 생각했다. 근대 해석자들도 마찬가지였다. 19세기 한 그리스도교 학자는 28장 28절이 욥기 전체를 열어젖히는 열쇠와 같다고 했으며,[8] 진보적 랍비이자 학자 레오 벡Leo Baeck도 이 구절을 욥기의 핵심 구절로 보았다.[9] 최근에 나온 복음주의적 성향의 『아프리카 성서 주석』 또한 이 구절이 "책의 핵심 문제 의식"을 포착했다고 주장한다.[10] 어떤 학자들은 28장을 욥기 서술자의 시적 묵상으로 보기도 한다(물론 이때 서술자는 욥이 아니다). 이를 시련 한가운데서, 혹은 자기 서술의 일부로 나온 욥의 목소리라 한다면, 그의 성격에 대한 이해가 전면적으로 바뀔 수밖에 없다.

엘리후의 연설은 가장 명백히 본문에 삽입된 부분이다. 그가 갑자기 등장하기 전까지는 산문 부분, 운문 부분 어디에서도 이 충동적인 젊은이를 언급하지 않는다. 그리고 욥은 그의 연설에 응답하지 않는다. 엘리후가 말을 마친 뒤에도 그는 다시는 말하지 않고 누구도 그를 언급하지 않는다. 하느님의 연설 이후 다시 산문 부분이 나올 때, 하느님은 자신이 엘리바즈와 그의 두 친구에게 분노한다고 밝힌다(욥

---

8 F. Delitzsch, *Biblical Commentary on the Book of Job*, 2 vols. (Edinburgh: T & T Clark, 1866, 1869), 2:114.

9 Nahum H. Glatzer, *Baeck-Buber-Rosenzweig Reading the Book of Job: Leo Baeck Memorial Lecture* 10 (New York: Leo Baeck Institute, 1966)

10 Tewoldemedhin Habtu, 'Introduction to the Wisdom Literature', *Africa Bible Commentary*, 569.

기 42:7).* 게다가 엘리후는 본문에서 유일한 히브리 이름이다. 그는 다른 등장인물들의 이름을 부르며 다른 인물들의 말을 인용하는 유일한 인물이다. 심지어 엘리후는 아직 나오지 않은 말도 예견한다(그는 하늘이 갈라지며 천둥과도 같은 하느님의 음성이 들릴 거라고 말한다). 많은 독자는 엘리후가 실없는 이야기만 조금 보탠다고, 갑자기 들어와 하느님의 응답을 뒤로 미루며 따분하고 짜증나는 말만 늘어놓는다고 생각했다. 그래서인지 욥기 요약본들은 엘리후의 연설을 생략하곤 한다. 널리 읽히는 스티븐 미첼의 운문 번역은 지혜 찬가와 엘리후 연설 전체를 생략했다.

그러나 고대와 근대 해석자들은 욥기 전체에 비추어 보았을 때 엘리후는 중요한 역할을 맡고 있다고 보았다. 앞에서 살펴보았듯 마이모니데스는 이처럼 불필요해 보인다는 사실 자체가 성서가 가장 소중한 교훈을 분별없는 독자들로부터 숨기는 방법이라고 주장했다. 이러한 맥락에서 엘리후의 말이 새로울 것 없어 보이는 것은 욥기 저자의 의도다. 실제로 엘리후의 해석은 욥의 고통에 관한 해석 중 (산문 틀에 따르면) 실제 일어난 일에 가장 근접해 있다.

그러므로 엘리후가 하느님의 판결 부분에 언급되지 않는다는 사실은 완전히 다르게 해석될 수 있다. 그가 발언을 마치고 현장을 떠났다는 언급은 없다. 그렇다면 하느님이 말할 때 엘리후도 그 자리에 있었고 잘못 말한 것에 대해 질책당하지 않았다고 생각해 볼 수 있

---

* "내가 너와 네 두 친구에게 분노한 것은, 너희가 나를 두고 말을 할 때에, 내 종 욥처럼 옳게 말하지 못하였기 때문이다." (욥기 42:7)

다. 많은 유대교 해석자가 그렇게 생각했다. 하지만 아퀴나스를 비롯한 그리스도교 해석자들은 하느님의 첫째 연설에 나오는 분노에 찬 말("네가 누구이기에 무지하고 헛된 말로 내 지혜를 의심하느냐?"(욥기 38:2))이 향하는 대상은 엘리후라고 해석했다(이로써 욥은 손쉽게 무죄가 된다). 근대 이전 해석자들만 엘리후에 관심을 보인 것이 아니다. 욥기의 핵심 주장이 운문 부분에 있다고 보는 한 현대 연구자는 엘리후가 이를 대변한다고 생각한다.[11] 또 다른 연구자는 엘리후를 욥기의 첫 번째 독자로 간주한다(물론 이 독자는 "불만족스러운 독자"이다). 그는 독자들이 자신을 본문에 이입할 수 있도록 엘리후를 본문에 삽입한 것으로 보았다.[12] 어떤 면에서 그의 말이 맞다. 우리의 처지는 엘리후와 비슷하다. 욥 이야기에 뒤늦게 합류한 사람으로서 우리의 위치는 이야기의 다른 인물들보다는 엘리후의 위치에 가깝다.

어떤 해석자들은 심지어 하느님의 연설도 더 앞선 본문에 추가된 내용일 수도 있다고 생각했다. 하느님이 이방인처럼 불쑥 끼어드는 것은 분명 사실이다. 이와 관련해 한 작가는 말했다.

욥기에서 신은 대본조차 숙지하지 않은 채 갑자기 무대에 뛰어든 사람처럼 보인다. 심지어 서막조차 말이다.[13]

---

11 Raymond Scheindlin, *The Book of Job* (New York: W. W. Norton, 1999). 최근의 또 다른 운문 번역가인 로버트 알터는 엘리후 연설의 시적 가치가 책의 나머지 부분보다 떨어진다고 주장한다.

12 Carol A. Newsom, *Book of Job*, 8장 참조.

13 Cynthia Ozick, 'The Impious Impatience of Job', *The Best American Essays 1999* (Boston

하느님은 욥의 물음에 답을 주기는커녕 욥의 물음을 아는 것 같아 보이지도 않는다. 그리고 왜 연설은 한 번이 아니라 두 번 이루어졌을까? 욥은 어째서 두 번 다시 말하지 않겠다고 한 다음 다시 말하는가?* 베헤못과 레비아단은 무슨 의미인가? 다시 한번 강조하지만, 이러한 물음들을 과거 해석자들이 고려하지 않았다고 생각해서는 안 된다. 많은 해석자는 하느님이 욥의 물음을 지나쳤다는 점이 중요하다고 생각했다. 사디아 가온과 마이모니데스는 하느님이 욥과 친구들의 범주와 물음에 전혀 응답하지 않았다는 사실이야말로 하느님의 연설이 지닌 가장 중요한 점이라고 말했다. 두 연설에 대한 욥의 응답 역시 각 연설이 서로 다른 기능을 가졌음을 암시한다. 하느님의 첫 번째 연설 이후에 망연자실하고 겁먹은 욥은 두 번째 연설 이후에는 체념하고 고분고분해진 것처럼 보인다(아니면 반대일 수도 있다). 어떤 이들은 욥이 첫 번째 하느님의 연설에 만족했고 두 번째 연설에 기뻐했다고 생각했다. 이는 결국 욥기 중 가장 모호한 구절인 그의 마지막 말(욥기 42:6)을 어떻게 해석하느냐에 달려 있다.

어떤 이들은 역사 비평은 근본적으로 회의주의라고 비판한다. 분명 그럴 수 있다. 하지만 역사 비평은 근대성이 우리에게 준 가장 좋은 도구를 활용해 성서를 이해하려는 선의를 담은 노력이라고 할 수도 있다. 역사 비평이 발견한 지식이 모두 사라지기를 바라기에는 너무 늦었다. 쿠걸이 말한 것처럼 무한한 공간을 발견함으로써 중세의

---

and New York: Houghton Mifflin, 1999), 209.

* "이미 말을 너무 많이 했습니다. 더 할 말이 없습니다."(욥기 40:5)

우주가 폭발적으로 확장되었듯 역사 비평을 사용함으로써 성서의 세계는 폭발적으로 확장되었다. 신뢰할 만한 본문을 찾으려는 노력은 성서를 넘어서려는 계몽주의자들의 유산이기도 하지만, 성서에 충실하려는 종교개혁가들의 유산이기도 하다.

물론 모든 이가 역사 비평을 반긴 것은 아니다. 오늘날 성서를 읽는 이들 중 다수는 (역사 비평에 대한 반응이라 할 수 있는) '성서 무오설에 가까운 문자주의' 입장을 취한다. 이 문자주의는 지적으로 헐거운, 순진한 접근법이다. 하지만 문자주의 입장을 보이는 이들은 자신들을

그림 10. 개신교 복음주의 독자들이 보기에 성서는 스스로 해명한다. 「라이리 학습 성서」에서 발췌한 이 부분을 살펴보면, 꿈에서 "사람이 창조주보다 깨끗할 수 있겠느냐?"(욥기 4:17)라고 묻는 한 인물을 보았다는 엘리바즈의 주장은 욥기 다른 부분에 나오는 엘리바즈, 빌닷, 엘리후, 하느님, 욥의 말은 물론이고, 시편, 잠언, 전도서, 이사야, 말라기, 사도행전과도 연관이 있다. 하느님이 나중에 올바로 말하지 못했다고 엘리바즈를 질책한 사실(욥기 42:7)은 중요하지 않다. 성서의 모든 말은 똑같이 하느님의 영감을 받았기 때문이다.

비판하는 이들이 생각하는 것보다 성서를 덜 '문자 그대로' 읽는다. 그리고 때로는 성서만을 이용해 많은 성서 지식을 갖게 되기도 한다 (그림 10의 『라이리 학습 성서』Ryrie Study Bible를 보라). 어떤 이들은 문자주의를 2장에서 살핀 '고대 해석'으로 되돌아가는 것으로 여길 수도 있다. 실제로 문자주의자들은 쿠걸이 묘사한 고대 해석자들의 가정들을 상당 부분 공유한다. 현대 문자주의자들은 성서 본문이 하느님이 주신 것이며 지금 이 순간에도 유의미하다고 믿는다(하지만 '성서가 완전하다'는 문자주의자들의 생각이 고대 해석자들의 생각과 같은지는 확실치 않다).

그러나 고대 해석자들과 달리 현대 문자주의자들은 성서의 의미가 감추어져 있다고 가정하지 않는다. 그리고 이는 커다란 차이를 낳는다. 이와 관련해 쿠걸은 말했다.

> 고대 해석자들이 성서가 말하는 모든 것이 문자 그대로 참이라는 근본주의자들의 이야기를 듣는다면 당황할 것이다. 물론 그들은 성서가 전하는 사건들이 실제로 일어났다는 생각에는 기꺼이 동의했을 것이다. … 하지만 그들은 이를 표면적인 의미, 뻔한 의미로 간주하고 별다른 무게를 두지 않았을 것이다. 그들은 성서의 중요한 메시지는 감추어져 있기 때문에 분명해 보이는 의미, 표면적인 의미를 넘어서야만 이를 발견할 수 있다고 말할 것이다. 그들은 바로 이 점을 근본주의자들이 놓치고 있다고 말할 것이다.[14]

---

14   James Kugel, *How to Read the Bible*, 673~74.

고대 해석자들이 보기에 성서는 초월자가 이 세계에 왔음을 보여 줄 뿐만 아니라, 이 세계의 인과율과 의미와는 전혀 다른 인과율과 의미로 이루어진 질서에 참여하는 법을 제시했다. 역사 비평의 '과학적' 가정들을 의심함에도 불구하고 문자주의자들은 역사 비평을 받아들이는 근대주의자들과 현실 이해를 공유한다. 이들에게는 현실은 하나고 이에 담긴 의미도 하나다. 무수한 인물들, 무수한 사건에 대해 이야기하기는 하지만, 그들에게 성서는 근본적으로 하나의 고정된 의미를 갖고 있는 책이다(이를 은유로 표현했다 할지라도 말이다).

어떤 면에서 역사 비평의 성과들은 성서를 읽고 그 뜻을 헤아리고 살아내는 방식을 영구적으로 바꾸어 놓았다. 우리가 역사 비평을 받아들이든, 아니면 신학적, 전통적, 혹은 문학적 이유로 우리 눈에 보이는 성서 본문에만 천착하든, 우리는 모두 역사 비평에 반응하고 결정을 내리고 있다. 이는 결코 가벼운 결정이 아니지만, 특정 예배 공동체, 특정 해석 공동체에 속한 가운데서 이루어지는 결정이기 때문에(혹은 그 공동체들의 결정 아래 이루어진 결정이기 때문에) 자신이 특정 입장을 선택하고 결정했다는 사실을 의식하지 못할 수도 있다. 그러나 다원화된 시대에 선택은 불가피하다. 그 선택이 의식하지 못한 선택, 날 때부터 자신을 둘러싼 전통을 받아들이는 일이라 하더라도 말이다.[15] 우리는 모두 성서를 읽는 방법을 선택하고, 성서를 읽는 가운데

---

15 Peter L. Berger, *The Heretical Imperative: Contemporary Possibilities of Religious Affirmation* (Garden City, NY: Anchor Press, 1979), Charles Taylor, *A Secular Age* (Cambridge, MA: Harvard University Press, 2007)

대화를 나누는 상대를 선택하며 성서 본문을 활용한다. 현대의 가장 큰 도전은 이를 인정하는 것이다. 이를 두고 다른 선택지를 택한 이를 비난해서는 안 된다. 이 부분을 인정한다면 우리는 좀 더 연대하고 서로에게 더 많이 배울 수 있게 될지도 모른다.

그리고 바로 이 지점에서 욥기는 많은 시사점을 남긴다. 욥기에서 욥도 자신의 세계를 이해하는 토대를 상실하는 고통을 겪었으며 과거의 지혜, 개인의 경험, 자연과 하느님의 헤아릴 수 없는 작용들에서 새로운 지혜의 원천을 찾고자 했다. 그가 친구들과 나눈 대화는 사람들이 만나 모두가 공유하는 의미를 만드는 일이 얼마나 어려운지를 보여 준다. 하지만 마이모니데스가 제안했듯 서로 양립 불가한 생각들을 모두 숙고할 때 우리는 더 깊은 통찰로 나아갈 수 있다. 욥과 마찬가지로 욥기는 단순한 확실성이 무너지고 완결이라는 안락함을 거부하는 가운데 고통에 시달려 왔다. 인내하며 욥기와 관계를 이어가다 보면, 우리는 세계와 삶에 대한 근대적 이해 모형과 그 그늘을 넘어서는 진리를 어렴풋하게나마 엿볼 수 있을지도 모른다.

인내하지 않는 욥기 해석자들

성서학의 성과가 널리 알려지면서 욥기에 관한 새로운 이야기가 정통의 자리에 오르려는 것처럼 보인다. 이 이야기에 따르면 욥기는 실제로는 두 개의 작품이며 서로 목숨을 건 싸움을 벌이는 중이다. 하나는 오랫동안 고통받았으나 신실하고 고분고분한 욥에 관한 산문체 이야기고 다른 하나는 결코 고분고분하지 않은 욥의 진심 어린 항의가 담긴 시다. 전자는 '인내하는 욥'이라 불리며 야고보의 편지 5장 11절까지 거슬러 올라가는 전통과 연결되어 있다. 이에 견주면 후자는 '인내하지 않는 욥'이다. 절규가 담긴 시를 덮기 위해 산문을 덧붙였다고 생각하든, 반대로 산문이 갑작스럽게 시의 공격을 받았다고 생각하든 오늘날 적잖은 이들은 두 이야기가 근본적으로 양립 불가능하다고 여긴다. 이 이야기들을 서로 다른 작가가 저술했음을 아는 독자들은 하나에 집중하고 다른 하나를 버릴 권리가 있다고, 아니, 그래야만 한다고 생각한다. 어떤 이야기가 참이든 한쪽 편을 택한 독자에게 다른 이야기는 욥이라는 인물에 대한 비방이다. 오늘날 특정 종교에 속한 해석자들뿐 아니라 세속적인 해석자 다수는 우리가 인내하지 않는 욥을 옹호해야 한다고 주장한다.

또한, 그들은 우리가 욥의 편에 서서 친구들을 반박해야 한다고, 더 나아가 욥을 괴롭히는 신에게도 반대해야 한다고 말한다. 그렇게, 인내하지 않는 욥의 옹호자들은 고엘, 즉 욥의 변호인이 되어 욥의 말을 책에 새겨 넣음으로써 이 세계가 그를 절대 잊지 못하게 만들려 한다. 이는 타인의 고통을 보고 안주하는 이들을 향한 연대의 요구이자, 지나친 종교심은 때로 무고한 이들의 절규를 잠재운다는 점을 일깨우는 신호일 수 있다.

하지만 욥기 본문 전체를 고려해 본다면 인내하지 않는 욥을 찬미하는 것은 지나친 단순화에 기초하고 있다. 그리고 이는 또 다른 단순화로 나아간다. 앞서 살펴보았듯 욥기는 적어도 세 개 이상의 부분들로 이루어져 있다. 오랜 역사 속에서 사람들은 이 중 특정 부분에 주목했다가 또 다른 부분에 주목하기를 반복했다. 오늘날 '인내하는 욥'과 '인내하지 않는 욥' 사이에서 하나를 택해야 한다는 사고는 근대 신정론과 윤리학 사이에 일어난 투쟁의 유산이다. 여기에는 암묵적으로 양심 있는 사람들이 전통 종교에 함몰된, 눈먼 신자들을 계몽해야 한다는 생각이 깔려 있다.

욥기가 종교 교리를 지지하는 것으로 해석하든 이에 반대하는 것으로 해석하든 간에 이는 근대 이전까지의 시대가 '암흑 시대', 즉 사람들이 변덕스럽고 압제적인 신에게 속박된 위선과 무기력의 시대라는 계몽주의의 고정 관념을 재생산한다. 이러한 생각을 지지하는 이들에게 욥기 서막에서 욥이 보여주는 '인내'는 억압에 의한 고분고분함의 상징이자 현실의 불의와 무의미함에 대한 해명을 신과 전통에 요구하지 못하고 요구하기조차 꺼리는 미개하고 무지몽매한 신자의 모습에 불과하다. 그리고 근대 이전의 해석자들은 산문의 욥으로 (진실을 말하는) 운문의 욥을 가리게 두었다. 근대 이전의 해석자들이 '인내하는 욥' 전통에 속았든, 아니면 애초에 더 멀리 볼 수 없었든 그들의 해석은 '신앙의 시대'에 속한 잘못된 신앙을 바탕으로 한 것이다. 그들은 과거 대다수 사람이 이해 가능한 세계와 도덕적으로 책임을 지는 신을 요구하지 않았으며, 공허한 경건에 도전한 이들을 침묵시켰다.[16]

이는 근대 이전의 욥기 해석과 이 해석이 보여 주는 종교 세계에

---

16 Nahum N. Glatzer, *The Dimensions of Job: A Study and Selected Readings* (New York: Schocken, 1969) 그리고 다음을 참조하라. Besterman, *Legend of Job.*

대한 왜곡된 이해다. 인내하는 욥 전통은 언제나 욥기와 함께했지만, 근대 이전에도, 적어도 일부 독자들은 욥기의 시 부분이 고결한 사람의 깊은 슬픔을 담고 있음을, 인내의 핵심은 근대인들이 상상하는 것보다 저항에 가까움을 알고 있었다. 근대적 사고를 하는 이들은 욥의 반항이 신체적 고통과 슬픔에서 나왔다고 단정하는 경향이 있지만, 근대 이전의 독자들은 그렇게 단순하게 생각하지 않았다. 그들 대다수는 근현대인 대다수보다 상실과 질병의 고통을 더 절절하게 겪은 이들이다. 이러한 점에서 근대 이전의 독자들은 근현대인들보다 욥의 말에 더 귀 기울였을 가능성이 있다. 그들은 욥에게서 인간의 육체와 정신 모두가 극한에 내몰렸을 때 나오는 고통의 목소리를 들었을 것이다. 근대 이전의 독자들에게는 욥이 어디까지 반항했는지가 중요하지 않았다. 그들에게는 욥이 어디서 반항을 멈추었는지가 중요했다. '지혜 찬가'가 욥이 한 말이라면, 이는 육체와 정신에 관해 어렵게 얻은 통찰이라고 볼 수 있을 것이다.

'지혜 찬가'가 첨가된 내용임을 알고도 '지혜 찬가'가 욥의 통찰을 보여 준다고 생각할 수 있을까? 지혜는 오직 하느님에게 있다는 진실을 (적어도 이때까지는) 받아들일 준비가 되어 있지 않은 욥의 앙다문 입 사이로 나온 목소리로 볼 수는 없을까? 이를 저자, 혹은 편집자가 의도했든 순전한 우연이든 말이다. 이어지는 장에서 나오는 욥은 이전 장들에서의 욥 못지않게 반항적이다. 지혜 찬가가 문제가 될 수 있다 하더라도 이를 그냥 없애는 선택지는 불가능하다. 특히 지난 2천 년 동안 사람들이 욥기와 나눈 대화에 참여하고자 한다면 더욱 그렇다.

어떤 현대 성서는 편집자의 오류, 혹은 의도로 인해 지혜 찬가가 아예 없는 경우도 있다. 현대 욥기 해설 중 상당수는 지혜 찬가 부분을 조용히 넘어가거나 아예 생략해 버린다. 어떤 해설자는 엘리후의 연설을 제외하고, 어떤 해설자는 틀 이야기를 대수롭지 않게 여기거나 생략하며, 어떤 해설자는 하느님의 연설 중 하나를 생략하거나 전부 생략해 버리기도 한다. 욥기가 전형적인 희생양 서사를 담고 있다고 주장한 르네 지라르René Girard도 위와 같은 방식으로 정제된 본문을 사용한다.[17] 이들은 모두 후대 첨가된 내용들이 진짜 욥의 이야기를 감춘다고 생각한다. 데이비드 로젠버그David Rosenberg는 최근의 시로 각색한 욥기에서 친구들과의 대화까지 생략함으로써 (오늘날 많은 해석이 그렇듯) 욥의 독백이 욥기의 본질이라고 웅변했다. 그가 보기에 욥의 절규는 친구들의 연설을 필요로 하지 않는다. 오히려 친구들의 연설들이 첨가되어 마치 욥의 독백이 대화의 일부처럼 되어 버렸다고 로젠버그는 주장한다. (로젠버그가 각색한) 욥은 자신의 쓰라린 마음을 토로한다.

오 대지여, 내 피를 덮지 말아다오!
무덤은 내 비참한 시를 위한
박물관이 되지 않기를

---

17   René Girard, *Job: The Victim of His People* (Stanford: Stanford University Press, 1987)

이렇게 가라앉으며 내뱉는 내 절규와

목소리가 덮이지 않기를

네 얼굴의 작은 흉터로

대지의 표면

우주로

하늘로 열린 곳에

정의가 기다리네

내면의 중재인처럼

누군가 발견해 주기를

양심의 저 깊은 자리에

창조주께서 앉으시고

바로 이 말들을 건네주시네.[18]

로젠버그는 욥기를 각색할 때 재즈풍의 미국식 영어를 선택한 이유
를 설명하면서 존 콜트레인John Coltrane의 유명한 말을 인용했다.

　　계속 말해야만 한다, 진짜이려면. (394)

「욥의 시」Poem of Job는 그 자체로 멋진 작품이고 특정 인간에 관한 특정
이야기보다 여러 측면에서 더 보편적이다. 로젠버그는 이 시에서 욥

---

18 David Rosenberg, *A Literary Bible: An Original Translation* (Berkeley: Counterpoint, 2009),
432. 욥기 16:18~19 참조

이 재산이 많았으며 명성을 누렸다는 내용, 그의 삶이 계속 파괴되어 가는 모습, (누군가 보기에는 어색하고 짜증 나는) 회복 같은 부분들을 제거했다. 욥은 이제 부당하게 고통받는 모든 이를 온전히 대변한다. 서막을 제거함으로써 로젠버그는 누구나 욥과 자신을 동일시할 수 있게 만들었다. 이제 그는 더는 도덕적인 귀감이 될 필요가 없다. 그저 점잖고 '진지한 사람'이면 그것으로 충분하다. 로젠버그가 그리는 욥은 율법에 비추어, 혹은 신이 보기에 선한 인물이 아니라 열정 어린 발언과 정직함 때문에 선한 인물이다.

하지만 아이러니하게도 욥기 서막에 관해 모르는 이는 「욥의 시」를 통해 로젠버그가 의도한 바를 충분히 음미할 수 없다. 그러한 면에서 이 시는 욥, 그리고 신을 헤아려 보게 해 주는 '인내하는 욥' 이야기에 의존한다(바바 바트라에서 이미 살펴보았지만, 욥 이야기가 없다면 우리는 하느님이 사탄과 내기를 한다고는 감히 상상하지 못했을 것이다). 서막이 없으면 우리는 욥이 옳았고 친구들이 틀렸다는 사실을 알 수 없다. 서막이 있기에 우리는 욥에 대한 서술자의 평가와 더불어 욥이 "흠이 없고 정직하다"(욥기 1:1, 1:8, 2:3)는 하느님의 평가도 알 수 있다. 그리고 독자들이 욥이 왜 고통을 겪는지 알게 됨으로써 얻을 수 있는 것이 있다. 하느님이 사탄과 내기를 했기 때문에 하느님을 향해 왜 자신에게 고통을 주었느냐는 욥의 질문은 전적으로 정당하게 된다. 하느님은 그런 욥이 "올바르게"(욥기 42:6) 말했다고 직접 이야기한다.

하느님에게 나름의 이유가 있음을 우리가 받아들이든 말든 인간은 아무리 노력하더라도 하느님이 활동하는 방식을 결코 온전히 혜

아릴 수 없다는 통찰은, 하느님이 폭풍 가운데 그 모습을 드러내기 전에 이미 서막에서 제시된 셈이다. 그렇게 서막은, 그리고 욥기 본문은 단순한 믿음이라는 해결책의 가능성을 차단한다. 이야기 속 등장인물들은 욥이 왜 고통받는지를 모르지만, 그 이야기를 읽는 독자는 욥이 왜 고통받는지를 안다. 이 모든 측면에서 서막은 욥의 '인내하지 않음'을 깎아내리지 않는다. 오히려 그가 왜 인내하지 않는지를 알게 해 준다.

서막보다 더 옹호하기 어려워 보이는 것은 결말이다. 많은 이는 욥의 재산이 (무려 두 배로) 회복된 것, 그리고 욥이 이를 말없이 받아들이는 모습을 보고 당혹스러워했다. 꼭 이렇게 결말을 지어야 했을까? 실제 삶에서 재난을 겪으면 회복은 불가능하다. 가축과 마찬가지로 욥의 죽은 자녀들도 다른 자녀들(그것도 "아리따운" 이들)로 대체되었다는 이야기는 터무니없어 보이기까지 한다. 욥기의 결말은 신이 잔인한 게임을 즐긴 뒤 리셋 버튼을 누르는 것처럼 보인다. 근현대 독자들이 이를 두고 잘못된 믿음 중에서도 최악의 사례라 여긴 것도 그리 무리는 아닌 듯하다. 욥은 어떻게 여기에 순응할 수 있는가? 하지만 많은 해석자는 욥의 삶이 계속 이어진다는 것 자체가 욥기가 던지는 가장 심오한 수수께끼이자 도전이라고 생각했다. 키에르케고어가 쓴 『반복』에서 화자는 욥이 삶을 이어간다는 점이야말로 시간 속에서 살아간다는 신비에 관한 가장 심오한 통찰이라고 말했다. 표도르 도스토예프스키Fyodor Dostoevsky가 쓴 『카라마조프가의 형제들』Братья Карамазовы에서 조시마 장로는 말한다.

하느님께서는 욥을 다시 일으켜 세우시고 다시 재산을 주시고, 다시 여러 해가 지나가니 이제 그에게는 새 아이들이 생겨나고, 그들을 사랑하는데 … 사람들은 이렇게 여겼을지도 모릅니다. "아니 이전의 아이들이 없고 그 아이들을 잃은 마당에, 어떻게 그가 이 새 아이들을 사랑할 수 있다는 말인가? 그 아이들을 떠올린다면, 아무리 새 아이들이 사랑스럽다 해도, 이 새 아이들과 함께 어떻게 예전처럼 오롯이 행복을 누릴 수 있겠는가?" 하지만 그럴 수 있습니다. 있고 말고요.[19]

결국 많은 이가 결말에 유감을 표하는 이유는 이 결말이 행복과 불행은 선한 행동과 악한 행동에 대한 하느님의 보답이라는, 하느님에 대한 친구들의 응보주의 견해를 입증하는 것 같아 보이기 때문이다. 하지만 서막과 결말이 응보주의를 별문제 없이 받아들이고 있으며 욥의 시적 연설은 이것과 완전히 별개의 본문이라는 견해는 지나치게 단순하고 성급하다. 오히려 서막에서 욥은 좋은 일도 나쁜 일도 모두 하느님의 선물로 받아들이는 반면(욥기 1:21, 2:10), 시 부분에서 욥이 하는 말들은 대부분 응보주의 성향을 보인다. 응보의 논리는 욥이 하는 반항의 기본 틀인 것이다. 하느님이 덕을 쌓은 이에게 행운을 가져다주는 존재가 아니라면, 욥은 애초에 하느님을 향해 불평할 이유가 없다. 하느님이 응보주의 신학에서 묘사하는 신이 아니라면 욥은

---

19 Fyodor Dostoyevsky, *The Brothers Karamazov* (Harmondsworth: Penguin, 1982), 343. 『카라마조프가의 형제들 - 1~3』(문학동네)

하느님에게 무엇을 요구할 수 있겠는가?[20]

그러므로 '인내하는 욥' 이야기와 '인내하지 않는 욥' 이야기를 분리하는 것은 (설령 가능하다 해도) 결국 두 이야기 모두를 빈약하게 만들 뿐이다. 앞서 살펴보았듯 욥이 보여 주는 '인내'는 그의 비판과 저항을 포함할 때 더욱 심오해진다. 마찬가지로 '인내하지 않는' 욥의 목소리도 외따로 울리지 않고 전체 욥기 가운데서 울려 퍼질 때 오히려 더 분명하게 들릴 것이다. 물론 이는 욥의 인내와 인내하지 않음이 궁극적으로 동일하다는 뜻은 아니다. 하지만 둘이 하나의 본문으로 엮여 있을 때 그 본문은 둘 모두에게 영향을 미친다. 욥기는 다성음악처럼 작동하는 본문이다. 그렇기에 욥기는 자신의 복잡성을 단순화하려는 모든 시도에 저항한다. 우리가 물려받은 이 본문은 모든 종류의 믿음을 반성하게 만든다. 그리고 여기에는 불신이라는 '믿음'도 포함된다.

모든 길에 있는 욥

인내하지 않는 욥이 나타난 것은 역사 비평 방법론 때문만은 아니다. 오늘날 서구의 종교 경험과 반성의 중심에는 나치의 유대인 학살이 있다. 아우슈비츠에서 신은 침묵했다. 그리고 그곳에서 끔찍한 경험을 한 유대인들은 신정론과 관련된 물음을 던질 수밖에 없었다(대다수 그리스도교인의 경우 이 정도는 아니었다). 기원후 20세기에 비로소

---

20 David J. A. Clines, 'Why Is There a Book of Job and What Does It Do to You If You Read It?'

욥은 유대인이 되었다. 그리고 모두가 '모습을 감춘 신'이라는 유대교의 물음을 던지게 되었다. '아우슈비츠의 욥'이라고 불리기도 하는 엘리 위젤은 1986년 노벨 평화상 수상 연설을 통해 욥을 모든 억압받는 이들의 대변자로 만들었다.

> 욥은 우리의 조상입니다. 욥은 우리와 동시대인입니다. 그의 시련은 온 인류와 관련이 있습니다. … 그는 신앙이 반역의 본질임을, 절망을 넘어 희망이 가능함을 보여 주었습니다.
> 욥에게 희망의 원천은 기억이었습니다. 우리도 기억해야 합니다. 나는 기억하기 때문에 절망합니다. 나는 기억하기 때문에 절망을 거부할 의무가 있습니다.[21]

이때까지 위젤은 50년 넘게 욥기를 읽었고 대재앙, 불의에 대한 침묵과 맞설 때 욥이 없어서는 안 될 동료임을 알게 되었다. 물론 그와 욥의 관계가 언제나 원만하지만은 않았다. 이들을 둘러싼 역사가 격변하면서 관계는 변화했고, 깊어졌다. 그가 오랜 시간 욥기를 읽으며 욥에 대한 이해가 어떻게 바뀌어 나갔는지를 살피면, 우리는 대참사와 만남, 기억의 의무, 생존의 요구라는 거대한 문제와 관련해 욥기가 어떠한 의미를 지니는지를 어렴풋하게나마 알 수 있다.

그는 어린 시절 아우슈비츠에 있었을 때를 회상한다.

---

21 http://www.nobelprize.org/nobel_prizes/peace/laureates/1986/wiesel-lecture.html

나는 기도를 멈추었다. 욥에게 공감했기 때문이다. 나는 하느님의
존재를 부인하지 않았다. 하지만 그분의 절대적 올바름을 의심했
다.[22]

위젤은 아우슈비츠에서 (욥기에서 욥이 바랐듯) 하시드파 랍비들이 하느
님을 두고 재판을 열었다고 증언했다. 결과는 충격적이었다. 랍비들
은 하느님이 유죄라고 판결했다. 하지만 그럼에도 불구하고 그들은
기도를 멈추지 않았다. 종전 후, 아우슈비츠에서 살아남은 이들은 욥
기를 숙독했으며 "모든 생존자가 그 내용을 쓸 수 있을 정도"였다.[23]
위젤도 1946년부터 프랑스에서 동료 생존자들에게 욥기를 강의했다.
당시 그는 욥의 절규가 성서에 나오는 어떤 목소리와도 다른, 남다른
울림을 지닌다고 생각했다. 하지만 그러면서도 결국 욥이 호통치는
하느님에게 굴복했다는 사실에 곤혹스러워했다. 위젤은 처음으로 쓴
소설에서 주인공의 입을 빌려 말했다.

나는 욥을 계속 원망했다. 이 반역자는 절대 굴복하지 말았어야 했
다.[24]

---

22 Elie Wiesel, *Night*, 42. 『흑야』(가톨릭출판사)

23 Elie Wiesel, *Legends of Our Time* (New York, Chicago, San Francisco: Holt, Rinehart and Winston, 1968), 97.

24 Elie Wiesel, *The Town Beyond the Wall*, 52. 『벽 너머 마을』(가톨릭출판사)

사람들은 처음에는 현실을 알고 싶어 하지 않다가 나중에는 현실을 이미 알고 있다고 이야기한다. 그렇게 그들은 현실을 믿지 않거나 현실에 무관심하다. 위젤은 이 현실에서 무슨 일이 일어났는지, 일어나고 있는지 말할 필요성과 그 불가능성 때문에 평생을 씨름했다. 그는 학자, 심리학자, 예술가들이 유대인 학살을 다루게 되면서 오히려 "소음"이 자기 세대의 "비극과 기억을 삼켜 버렸다"고 말했다.[25] 위젤은 끊임없이 욥기를 읽으며 언어와 침묵, 허구와 사실의 한계를 탐색하고 시험했다. 우리 대부분이 살아가는 평범한 일상과 죽음의 수용소라는 뒤집힌 세계를 같은 언어로 묘사할 수 있는지, 언어가 이와 같은 불의한 고통에 대해 제대로 다룰 수 있는지 그는 고민했다.

위젤은 자신의 초기 글들을 모아 놓은 선집 서론에서 홀로코스트 이전부터 자신과 자신의 할아버지를 알고 있던 한 랍비와 나눈 대화를 언급한다. 그가 (홀로코스트와 관련된) 소설을 썼다고 하자 랍비는 분노하며 말했다. "자네는 진실을 써야 하네. 실제로 일어난 일을 써야지." 그리고 위젤은 답했다. "그렇게 단순한 문제가 아닙니다, 선생님. 어떤 일은 일어나지만 참이 아니고 어떤 일은 단 한 번도 일어나지 않았지만 참이니까요."[26]

역사, 그리고 진리와 관련된 이 역설은 위젤이 욥기를 어떻게 대했는지를 잘 보여 준다. 세월이 흐르며 그는 욥기가 참된 허구라고,

25 Elie Wiesel, 'Job', *Peace, In Deed: Essays in Honor of Harry James Cargas* (Atlanta: Scholars Press, 1998), 119~34, 124.

26 Elie Wiesel, *Legends of Our Time*, viii.

진리이지만 허구가 아니라면 우리는 생각조차 할 수 없는 진리를 담고 있다고 생각하게 되었다.

1975년 작 『하느님의 전령들』Messengers of God에서 위젤은 마지막 장을 욥과 욥기에 바친다.[27] 본래 '욥, 혹은 혁명적인 침묵'Job, or revolutionary silence이라는 제목을 지닌 이 글에서 그는 욥의 침묵에 대해 성찰한다. 위젤에 따르면 욥의 침묵은 신앙에 대한 가장 강력한 도전이다. 바바 바트라에 소개된 이론들을 언급하면서 그는 우스에서 왔다는 이 신비로운 남자는 모든 곳에 있으며 동시에 어디에도 있지 않은 인간이라고, 그러나 역사의 전개 과정에서 유대인이 되었다고 말한다. 욥은 "전후 유럽 모든 길에서 볼 수 있었다".[28] 욥이 실제 인물이 아니라고 가르친 바바 바트라의 이름 없는 현자는 마이모니데스가 욥기 전체를 하나의 비유로 읽도록 자극했다. 그리고 위젤은 저 이름 없는 현자의 가르침을 바탕으로 허구의 힘과 한계를 숙고했다.

> 어떤 이들은 욥은 실제로 존재했지만 그의 고통은 순전히 문학적 창작물이라고 주장한다. 또 어떤 이들은 욥은 실제로 존재하지 않았지만 그의 고통은 분명히 있다고 주장한다. (215)

욥 이야기는 순전히 허구로 보인다. 하지만 유대인들은 이를 겪음으

---

27 Elie Wiesel, *Messengers of God: Biblical Portraits and Legends* (New York: Random House, 1996)

28 Elie Wiesel, *Messengers of God*, 213.

로써 욥 이야기가 참임을 드러냈다. 유대인들이 말하려 한 이야기, 전하려 한 이야기는 바로 욥 이야기였다. 위젤은 말했다.

> 우리는 그의 이야기를 전한다. (211~12)

이때까지 위젤은 욥이 부와 가족을 회복한 이후의 삶에 대해서는 성찰하지 않았다. 그는 욥의 고통에 집중했다.

위젤은 욥의 "격정이 넘치는 반역"에 매료되었다. 그가 보기에 이 반역은 하느님의 연설로도 사그라지지 않는다. 하느님의 말씀은 일반론 수준에 머물러 있지만, 욥은 자신의 특정 경험, 특히 그의 고통에 대한 해명을 듣기를 원한다. 위젤이 보기에 이 요구는 정당하며, 바로 이 때문에 위젤은 하느님의 연설에 대한 욥의 굴복에 몹시 당혹스러워했다.

> 하느님이 말하자마자 욥은 뉘우친다. (231)

하느님의 불의에 겁 없이 저항한 "우리의 영웅, 우리의 지도자"는 아무런 잘못도 하지 않았는데 어떻게 "무조건적인 항복"을 할 수 있는지 위젤은 의아해했다(232).

그는 너무나 실망해 "차라리 책의 진짜 결말이 소실되었"기를 바랄 정도였다(233). 위젤은 성서가 욥기를 수록한 대신에 편집자들이 진짜 결말을 삭제했을지도 모른다고, 실제 욥기에서 욥은 결코 참회하지 않고 하느님에게 도전하기를 멈추지 않았을 것이라고 상상했다. 하느님과 합의하기보다는 "타협하지 않는, 비탄에 빠진 온전한 인간"(233)으로 남는 결말 말이다. 이 욥은 자기 자식들을 살해한 존재의 "공범"이 되기보다는 죽을 때까지 격렬하게 저항했을 것이라고, 이 욥은 인간의 물음과 관련해 하느님이 부적절한 답변을 제시할 때 우리도 이 답변을 거부하기를 바랄 것이라고 위젤은 생각했다(234). 욥이 하느님에게 더 많이 요구해야 한다면, 우리도 실망스러운 (정경으로 인정받은) 본문 속 욥에게 더 많이 요구해야 한다고 그는 말했다.

하지만 시간이 흐르며 위젤은 타협을 거부한 욥이 본문 안에 살아 있을지도 모른다고 생각하게 되었다. 역사 비평의 유혹을 뿌리치고 그는 미드라심의 방식으로 본문을 다시 살폈다. 본문 속 무언가가 우리를 곤란하게 한다면 해석은 종결되는 것이 아니라 시작되는 것이라고, 이는 더 깊게 본문을 파고들라는 초대라고 위젤은 생각했다. 꼴사나울 정도로 성급한 욥의 굴복과 그의 발언의 기이한 부조화는 분명 독자가 이를 알아차리고 혼란에 빠지도록 의도된 것이고, 액면 그대로 받아들이면 안 된다. 올바로 이해하면 이는 욥이 "포기하는 척"(234) 하는 것임을 보여 준다.

> 그는 저지르지 않은 죄를 뉘우치고, 일어나지 말았어야 할 일에 슬퍼함으로써 자신의 고백을 믿지 않고 있음을 우리에게 전한다. (235)

위젤은 우리도 욥의 고백을 믿지 말아야 한다고 말했다.

그는 욥기가 전달하는 바를 받아들이기 위해 본문의 진실성에 의심을 품지는 않았다. 대신 위젤은 욥의 말들에, 그리고 말들 사이에 놓인 침묵에 주목함으로써 본문의 부조화를 설명했다. 욥은 우리에게 실망을 안겨 주지 않는다고, 하느님을 향한 비난은 침묵 가운데 계속되며, 이는 사태의 종결이라는 부적절한 요구에 인간이 택할 수 있는 유일한 길이라고 그는 이야기했다. 이렇게 해석하면 이야기의 행복한 결말도 덜 불쾌하게 다가온다. 욥이 두 번째 가족과 누린 기쁨은 첫 번째 가족과 누린 기쁨을 대체하지 않는다. 애도는 이어지며, 첫 번째 가족을 잃게 한 하느님에게 침묵으로 저항하는 것도 계속된다.

이렇게 위젤은 저항과 침묵 사이의 깊은 관계를 발견했다. 이후 노벨상 연설에서 언급한 기억과 희망의 문제는 아직 그의 관심사가 아니었다. 그는 욥이 불의와 비극에서 "넘어가기를" 거부함으로써 의미와 올바름을 향한 여정을 종결짓지 말라고 촉구한다고 생각했다. 우리의 삶은 계속된다. 하지만 삶을 갑자기 마무리한 이들에게 우리는 빚을 지고 있다. 그렇기에 우리는 과거의 불의를 잊지 말고, 불의해 보이는 하느님에게 굴복해서도 안 된다고 그는 믿었다.

또다시 시간이 흐르고 위젤은 욥의 새로운 면모를 발견했다. 위젤은 1986년 노벨상 연설을 통해 저항이 어떻게 신앙의 일부일 수 있는지, 잃어버린 것들에 관한 기억이 어떻게 창조를 긍정하고 미래를 포용할 수 있는지 말했다.

욥을 기억합시다. 그는 모든 것을, 자녀들, 친구들, 재산을 잃었습니다. 심지어 하느님과의 논쟁에서도 졌습니다. 하지만 그는 다시 시작할 힘을, 삶을 재건할 힘을 발견했습니다. 비록 자신이 속한 세계가 불완전할지라도, 욥은 하느님이 그에게 일임한 이 세계를 거부하지 않기로 결단했습니다.[29]

욥이 "하느님과의 논쟁"에서 졌다는 말이 무엇을 뜻하는지는 확실치 않다. 하지만 이제 위젤은 욥과 하느님의 관계가 회복된 것으로 본다. 하느님의 현현을 새롭게 해석한 것이다. 피조 세계는 "불완전"하다. 하느님은 이 불완전한 세계를 인간에게 "일임"했다. 위젤은 계속 욥기를 강의했고 욥기의 새로운 의미를 탐색했다. 1998년 출간한 한 글에서 그는 욥이 하느님을 향해 물음을 계속 던지지 않는다면 우리가 해야 한다고 주장했다. 침묵을 통한 욥의 저항은 '(하느님에게) 반항하는 신앙'이라는 역설을 보여 준다고 위젤은 생각했다. 하느님이 연설하기 전에도 이미 욥은 이런 신앙을 가지고 있었다. 그는 욥기 13장 15절에 "욥기라는 희곡, 욥기라는 비극, 욥이 겪은, 신비로운 고통"이 집약되어 있음을 발견했다. 이 구절은 두 방식으로 해석할 수 있다.

그분께서 나를 죽이려 하신다면 나는 가망이 없네.

---

29 http://www.nobelprize.org/nobel_prizes/peace/laureates/1986/wiesel-lecture.html

그분께서 나를 죽인다 해도 나는 그분을 믿네.

전자는 문자를 그대로 따른 케티브, 후자는 모음 표시를 따른 케레다. 이는 침묵이라는 언어에 대한 위젤의 성찰에서 각별한 의미를 지닌다.[30] 그 이전에 위젤이 13장 15절의 위력과 위험성을 몰랐던 것은 아니다(그림 6 참조). 그가 이 구절을 주목한 이유는 이 구절을 통해 잘 못된 친구들과 벌인 욥의 투쟁이 새로운 중요성을 지니게 된다고 보았기 때문이다.

아우슈비츠에 관한 침묵을 깨기 위해 반세기를 노력한 위젤은 이제 침묵만이 궁극적으로 기억과 희망이라는 역설적 임무에 온전히 부합하는 실천일지도 모른다고 생각하게 되었다. 그리고 욥의 말이 갑자기 멈추었다는 사실을 새롭게 해석했다. 그는 더는 잃어버린 원본이 있다거나 욥이 은밀하게 저항을 이어갔다는 방식으로 이 걸림돌을 설명하지 않았다. 이제 위젤은 이 침묵이 전도서의 지혜와 같은 지혜를 보여 주는 행동이라고 설명했다.

욥은 폭풍 가운데 하느님이 그에게 말하자마자 저항을 멈춘다. 저항하는 시간과 자제하는 시간, 기억하는 시간과 용서하는 시간, 반항하는 시간과 참회의 시간이 있다.[31]

---

30 Elie Wiesel, 'Job', *Peace, In Deed*, 134.
31 Elie Wiesel, 'Job', *Peace, In Deed*, 133.

위젤은 욥의 침묵을 하느님의 잘못에 저항하는 것이 아니라 하느님과의 관계가 더 깊어진 것으로 보았다. 그는 욥에게 던진 하느님의 물음들을 속임수나 허세가 아닌 완전히 다른 무언가라고 해석("선생이 학생에게 말하듯 하느님은 욥에게 말한다")한 미드라시를 떠올렸다.

> 이를 통해 하느님은 욥에게 (그리고 욥을 통해 우리 모두에게) 인간과 하느님의 신비로운 관계에 대한 새로운 이해를 제시한다. 이는 물음에 답변을 제시함으로써 이루어지는 것이 아니라 물음에 또 다른 물음을 제시함으로써 이루어진다.[32]

신앙은 답이 아니라 물음으로 이루어져 있다. 하느님의 이름 엘터은 물음을 뜻하는 말인 '셰엘라'she'elah 안에 머물고 있다.[33] 욥은 "자신이 차갑고 냉소적인 세계(참된 친구가 없는 세계)에서 살고 있음을 배웠다". 하지만 이 세계에서 "하느님은 외로운 인간과 자신을 연결하고자 한다".[34]

위젤은 욥기를 평생 읽었다. 자신을 둘러싼 세계가 변화함에 따라 그가 이 무궁무진한 본문에서 새로운 의미를 발견했다는 사실은 그리 놀라운 일은 아니다. 위젤이 오랜 기간 욥기를 읽으며 길어 올린 의미가 변화했다는 사실을 통해 우리는 이 책이 재앙 한가운데 있는

---

32 Elie Wiesel, 'Job', *Peace, In Deed*, 130.

33 Timothy Beal, *The Rise and Fall of the Bible*, 167.

34 Elie Wiesel, 'Job', *Peace, In Deed*, 134.

사람, 재앙이 막 지나간 상태에 있는 사람, 그리고 재앙의 희생자들을 애도하는 사람에게 다른 말을 건넨다는 점을 배울 수 있다. 재앙을 인정하지 않으려는 세계에서 재앙을 겪은 인간이 다시 그 구성원으로 살아가는 불가능한 과업을 해내려 할 때, 심각한 상실을 잊지 않으면서도 미래를 위한 공동체를 재건하려는 노력을 기울일 때 욥기는 다르게 다가온다. 기쁠 때나 슬플 때나 위젤은 이 거칠고도 풍요로운 책을 찾았고 이 책이 말하는 바를 올바로 전하려 애썼다.

홀로코스트를 마주한 모두가 위젤처럼 허구와 진실, 정의와 기억, 희망을 역설하기 위해 분투한 것은 아니다. 또 다른 신학적 반응도 있었다. 어떤 유대교 사상가들은 홀로코스트를 이해하는 데 별다른 어려움을 겪지 않았다. 성서 시대에도 하느님은 자신이 선택한 민족이 자신에게 등을 돌렸을 때 이를 심판했기 때문이다. 이때 심판의 수준은 배교에 대한 벌에 상응했다. 그러나 성서 시대와 이후 이스라엘 민족의 역사를 보면 하느님은 잘못된 길로 나아가는 자신의 민족을 버리지 않는다. 역사를 이렇게 보았던 유대교 해석자들은 욥기를 읽을 필요가 없었다. 그들은 고집 센 우스 출신 사내의 이야기로는 다른 이들의 죄 때문에 유대인들이 죽음을 맞이한 상황을 설명할 수 없다고 보았다.

어떤 이는 홀로코스트를 (어떤 신이든) 신을 믿는 것이 더는 가능하지 않음을 보여 주는 사건으로 받아들였다. 리처드 루벤스타인Richard Rubenstein은 홀로코스트를 계기로 유대교에 대해 근본적으로 재사유한 이들 중 가장 널리 알려진 사상가다. 그는 선택받았다는 생각이 사라진, 그리고 어쩌면 하느님에 대한 생각도 사라진 유대교에 대해 사유했다. 루벤스타인은 위젤을 두고 그가 재앙 가운데서도 살아남았기 때문에 자신의 신앙이 깊어짐을 알게 되었고 자신과 욥을 본보기로 삼을 수 있었다고 말했다. 하지만 홀로코스트에서 "곧바로 죽음에 이른" 이들은 그럴 수 없다. 그들은 욥보다는 (난데없이 죽음을 맞이한) 욥의 자녀들에 더 가깝다.[35] 이들의 죽음은 성서에 자주 등장하는 영아살해에 가까우며 유대교의 신이 저지른 행동은 묵상을 하기에는 너무 끔찍하다고 루벤스타인은 생각했다. 그리고 이러한 신 앞에서 욥은 본인이 결백할지라도 유죄를 인정하는 편이 차라리 더 나을 수도 있다고 그는 말했다.

거짓을 말하라. 그러지 않으면 신은 악마라는 진리가 드러날 것이다. 신이 존재한다면 말이다.[36]

욥이 경험한 하느님의 침묵, 뒤이은 하느님의 현현, 그리고 인간을 압도하는 하느님의 연설은 아우슈비츠에서 희생당한 이들에게는 어울리지 않는 것처럼 보인다. 고대 해석자들은 욥이 잿더미 위에서 수년을 머물렀을 것이라고 보았다. 하지만 학살당한 사람들은 머물 수가 없다. 앙드레 네르André Néher는 욥의 끈기가 하느님의 침묵을 가로

---

35 Richard Rubenstein, 'Job and Auschwitz', *Strange Fire: Reading the Bible after the Holocaust* (New York: NYU Press, 2000), 233~251, 특히 242.

36 Richard Rubenstein, 'Job and Auschwitz'

질러 반대편에서 욥을 기다리는 하느님을 향해 놓인 현수교와 같다고 말한 바 있다. 하지만 홀로코스트는 그 현수교조차 무너뜨린 것처럼 보인다.[37] 이 같은 고통과 죽음의 골짜기를 건널 수 있는 다리가 있을까? 성서 기록, 특히 욥기는 이 물음에 대한 궁극적인 대답을 내릴 수 없게 만든다. 그러나 한 가지는 분명하다. 질문을 멈춘다면, 우리는 결코 답을 찾을 수 없을 것이다. 어쩌면 하느님은 우리의 저 끈질긴 질문에 머물고 있는지도 모른다.

추방당한 신

지금까지 살펴보았듯 근현대에 이르러 사람들은 종교 공동체의 해석, 매개, 의례 없이 신과 맞선 욥에 대해 성찰했다. 닳아 버린 언약, 분열한 교회보다는 욥이 그들의 종교적 성찰에 더 큰 영향을 미쳤다. 오랜 기간 사람들은 당연히 자연 세계와 인간 세계가 나름의 질서를 지니고 있으며 의미가 있다고 생각했다. 그러한 가운데 종교는 욥처럼, 악과 신비라는 예외적인 경험에 관심을 기울였다. 하지만 어느 시점에 이르러 사람들은 우주와 역사가 무의미하다고 생각하기 시작했다. 홀로코스트라는 참사 이전에도 현대 예술가들과 사상가들은 죽은 신에 대한 기억에 사로잡힌 채 무의미한 노력을 기울이는 인간과 고통스러운 세계를 묘사했다.

하지만 욥은 여전히 서 있었다. 마지막으로 살펴볼 욥기 해석은

---

37 André Néher, *Exile of the Word*

독일 유대인 철학자이자 작가인 마르가레테 주스만Margarete Susman의
『욥과 유대 민족의 운명』Das Buch Hiob und das Schicksal des jüdischen Volkes이다.
그녀는 2차 대전 당시 스위스 망명 중에 이 책을 썼다. 전쟁과 대량
학살이 극에 달하자 주스만은 상상하기 힘든 참사에 대해 숙고할 수
있게 해 주는 책은 욥기뿐임을 깨달았다. 경건하고 순진한 백성이 어
떻게 이토록 미움받고 괴롭힘당할 수 있는가? 주스만은 언약의 역사
와는 동떨어진 욥의 경험을 바탕으로 유대인의 삶을 철저하게 재편
성했다. 그녀가 보기에 욥기는 유대인, 그리고 모든 인류의 운명을
기록한 책이자 예언한 책이었다.[38]

『욥과 유대 민족의 운명』에서 그녀는 욥기 해석자들이 관심을 기
울였던 욥기 구절들을 다시금 검토한다(흥미롭게도 엘리후의 연설은 다루
지 않는다). 주스만이 본 욥은 고결하기 그지없으며 경건한 사람이다.
그는 모든 이에게 친절히 베풀었고 다른 이들은 그에게 의지했다. 하
느님 앞에서 인간은 아무것도 아님을 깨달은 욥은 다른 이들을 위해,
그리고 무심결에 지은 죄, 생각으로 지은 죄에 대해서도 번제를 드렸
다. 하느님은 욥이 이렇게 양심의 가책을 느낀다는 것에 흥미로워했
고 아들 중 한 명(사탄)에게 욥에게서 생명을 제외한 모든 것을 빼앗
아도 좋다고 허락했다. 욥의 고통이 시작되고, 고통의 원천이 하느님
임을 아는 그는 이 고통스럽고 당혹스러운 관계를 애초에 맺지 않았
기를, 애초에 태어나지 않았기를 소망한다. 고통은 너무나 극심해 친

---

38 Margarete Susman, *Das Buch Hiob und das Schicksal des jüdischen Volkes* (Freiburg: Herder, 1968), 217.

구들이 그를 찾아와 그의 모습을 보았을 때 알아보지 못할 정도였다. 하지만 예전에 욥에게 도움을 받았던 그들은 욥을 외면하고 그를 비난한다.

> 그들 중 한 명이라도 "어째서 당신이? 차라리 내가 그 고통을 받아야 하지 않는가?"라고 외쳤더라면, 그들은 심오한 조언 따위는 하지 않았을 것이고, 욥의 고통을 나누어 졌을 것이다. 그러나 그들은 욥과 거리를 둔 채 바깥에서, 객관적으로, 일반적인 이야기를 한다. (63)

이렇게 우정은 실패했다. 하지만 이로써 욥은 자신의 고통의 근원으로 더 가까이 다가가며, 그리하여 자신의 내면에서 구세주를 향한 희망을 발견할 수 있었다. 하느님과 투쟁을 할 때조차 욥은 하느님이 있음을 결코 의심하지 않는다. 다만 하느님이 자신에게 무엇을 원하는지 알게 해달라고 계속 요구할 뿐이다(179).

마침내 창조주 하느님이 욥에게 나타나 자연이 자신의 작품임을 보여 주며 욥은 피조물로서 자신의 역할을 이해하고 받아들인다. 여기서 욥이 새롭게 배운 것은 없다. 지혜 찬가는 하느님만이 지혜롭다는 사실을 욥이 이해했음을 뚜렷하게 보여 준다(188).[39] 하지만 이를

---

39 1948년 출간된 제2판에서 주스만은 이스라엘 국가가 수립된 것이 기적임을 인정하면서도 이 새로운 국가의 군사력에 대해 안타까워했다. 젊은 선구자들을 기리고 지지하는 일은 필요하지만, 나머지 유대인들은 계속해서 영토 민족주의의 유혹과 전쟁을 거부해야 했다.

하느님에게 직접 들음으로써 모든 것이 바뀌었다. 욥은 자신의 삶을 회복시켜 달라고 하느님에게 요구하지 않는다. 모든 피조물이 올바름의 결과라기보다는 기적임을 알게 된 뒤, 자신의 삶이 회복되는 것을 상상만 할 수 있을 뿐이다(199).

욥기를 읽으며 주스만은 홀로코스트라는 전례 없고 비합리적이고 공포스러운 사태가 오히려 하느님이 이스라엘 백성에게 끊임없이 헌신하고 있음을 보여 주는 징표라 생각했다. 그녀가 보기에 욥의 고결함, 거의 강박에 가까운 신실함은 모든 민족을 섬기고 그들을 위해 고통받는 유대인의 종교적 헌신과 일치했다. 주스만은, 율법을 받아들이면 모든 이의 죄에 대한 대가를 치러야 하기 때문에 다른 민족들은 율법을 받아들이지 않았지만, 유대인은 율법을 받아들였다는 미드라시를 떠올렸다. 그녀는 홀로코스트를 하느님의 혜택을 누리던 이들(유대인에게 구원받은 그리스도교인들)이 유대인에게 등을 돌린 사건, 이사야가 묘사한 대로 유대인을 희생양 삼은 사건으로 보았다(213). 주스만이 보기에는 (욥의 친구들이 욥을 이해하지 못했듯) 이스라엘에 우호적인 이들도 이스라엘의 특별한 운명을 이해하지 못한다. 그리고 홀로코스트는 이를 입증했다. 그들은 이스라엘의 무고한 고통이야말로 인간 실존의 진정한 본성을 가리키는 상징임을 인정하지 않았다. 깊은 우정을 나누는 것처럼 보인 관계(독일과 유대인의 통합)가 파괴되었을 때 유대인들은 자신들을 박해하는 이가 궁극적으로 하느님임을 알았다. 동시에 그분이 자신들을 박해함을 받아들일 때만 의미를 얻을 수 있다는 것도 알았다.

이스라엘에 헌신하는 하느님은 다른 민족들이 이스라엘을 파괴하는 것을 허용했다. 이는 끔찍한 깨달음이고 별다른 위로도 되지 않는다. 주스만이 보기에 욥기에서 가장 곤혹스러운 가르침은 사탄이 "하느님의 아들"이라는 것이다. 이는 구원의 이야기가 펼쳐지는 과정에서는 히틀러Adolf Hitler조차 그 이야기에 필수적인 역할을 맡고 있을지 모른다는 점을 암시한다(214). 물론 하느님은 이스라엘이 절멸하게 두지는 않을 것이다. 설령 이스라엘이 이를 바랄지라도 말이다. 주스만은 초기 시온주의자들의 취지에 공감했지만, 다른 '국가'들처럼 유대인들이 '국가'를 이루기를 바라는 것에 대해서는 경고했다. 그녀가 보기에 팔레스타인 땅에 이스라엘 국가를 설립해야 한다는 테오도르 헤르츨Theodor Herzl의 주장은 "사탄의 마지막 함정"(213)이었다. 주스만에게 유대인이 국가를 설립하기를 바라는 소망은 차라리 태어나지 않았기를 바라는 욥의 소망과 다를 바 없었다(188). 그녀는 성전을 짓고자 하는 다윗의 소망을 하느님이 이루어 주지 않았음을 기억하라고 독자들에게 말했다. 그렇게 주스만은 유대인의 운명을 다윗의 언약에서 떼어 내 욥기에 단단히 묶어 놓았다. 운명의 책은 욥기였다. 그녀는 말했다.

유대인은 자신의 생존을 위해 존재하지 않는다. 유대인은 지상의 모든 억압받는 이들, 모욕당하는 이들의 대변자다. 욥처럼 유대인은 인간 실존 자체를 대변한다. 유대인은 모든 인간에게 인간의 궁극적인 물음들을 언제나 새롭게 제기하기 위해 선택되었다. (234)

그리고 이어서 말한다.

> 유대인이 된다는 것은 영광스러운 일이다. 유대인이 된다는 것은 곧
> 인간이 된다는 것을 뜻하기 때문이다. (154)

추방당하고 집을 잃은 이스라엘 백성만이 진정한 인간 실존을 보여 준다. 그들은 자신의 참된 근원이 영토와 세계사 너머에 있음을 알고 있다. 이스라엘은 "순전한 피조물로서 다른 민족들보다 더 활기 있고, 죽음으로부터는 더 멀리, 인간성에는 더 가까이" 있는 상태로 "순수하게 공간과 시간을" 살고 또 살아야만 한다(112). 진정한 인간 실존에 관한 유대인의 증언은 다른 어느 때보다 현대에 더 중요해졌다. 현대에 이르러 사람들은 신은 물론이고 인간이 무엇인지도 "알아볼 수 없게" 되어 버렸기 때문이다(171).

주스만이 보기에 유대인의 존재는 종말에 이루어질 평화와 인류애를 보여 준다. 하지만 종말이 도래하기 전까지 유대인의 역사는 저주로 점철될 것임을 욥 이야기는 예언한다. 다른 민족들은 이스라엘에 감사를 표하기는커녕 이스라엘을 향해 저주를 퍼부을 것이다. 다른 민족들은 자신이 하느님의 피조물이라는 진실을 부정한다. 그들은 스스로 존재하기 위해, 피와 땅이라는 환상에 갇혀 있다. 그렇기에 전쟁이 필연적으로 일어난다. 이사야가 고난받는 종에 대해 묘사했듯, 하느님은 다른 민족들이 자신들 안에 있는 악을 무방비 상태의 이스라엘에 투사하는 것을 허락한다. 이 무고한 고통 가운데 이스라

엘은 인간 실존이 증오, 불행, 전쟁 이상의 무언가라는 메시아적 희망messianic hope을 발견하고 이 세계에 드러낼 수 있다. 그런 점에서 근대 인본주의의 공허함과 메시아적 희망의 필요성을 가장 먼저 감지한 이들이 마르크스Karl Marx, 코헨, 베르그송Henri Bergson, 지멜Georg Simmel, 프로이트Sigmund Freud, 로젠츠바이크Franz Rosenzweig* 등 유대인 사상가들이라는 사실은 그리 놀랍지 않다.

『욥과 유대 민족의 운명』맨 앞과 끝에 주스만은 현대 유대인 작가의 글을 인용했다. 그녀가 보기에 이 작가의 모든 작품은 욥을 전혀 언급하고 있지 않음에도 불구하고 욥기에 대한 주석으로 해석할 수 있다. 이 작가는 바로 프란츠 카프카Franz Kafka다. 주스만에게 카프카는 현대 세계에서 인간의 경험, 그 침묵의 무의미함을 환기하는 작가였다. 그녀는 처음으로 카프카와 욥의 사회적, 지적, 영적 위기를 연결했다. 주스만은 카프카가 1920년 1월 10일에 쓴 일기를 인용하면서, 가장 철저한 파괴에서만 메시아를 향한 희망이 솟아날 수 있다는

---

* 프란츠 로젠츠바이크(1886~1929)는 독일 유대교 신학자이자 철학자다. 괴팅겐 대학교, 뮌헨 대학교, 프라이부르크 대학교 등에서 의학 공부를 했으나 철학에 관심을 갖게 되면서 이후에는 베를린 대학교에서 역사학과 철학으로 전공을 바꾸었고 헤겔에 관한 연구로 박사 학위를 받았다. 1914년 1차 세계대전이 일어나자 군에 자원입대하여 복무했고 전쟁이 끝난 뒤 교수 자격 심사 논문 제출을 포기하고 유대인 교육에 헌신할 것을 결심, 유대인 평생교육원을 설립하여 원장으로 부임했다. 이후 유대인 교육에 힘쓰다 1922년부터 루게릭병을 앓아 건강 상태가 악화되었고 1929년 세상을 떠났다. 반유대주의 정서가 악화되었던 19세기 독일 사회에서 독일 관념론과 대결하며 유대인들의 신앙적 정체성에 대해 규정하기 위해 애쓴 유대교 사상가로 평가받으며 칼 바르트나 폴 틸리히와 같은 당시 그리스도교 신학의 새로운 흐름, 그리고 실존철학에 영향을 미친 사상가로도 평가받는다. 주요 저서로 1차 세계대전 중에 쓴 『구원의 별』Der Stern der Erlösung이 있다.

역설을 강조한다.

> 다음 날에도 유폐 상태가 달라지지 않더라도, 설령 더 심해지더라
> 도, 누군가 이러한 상태가 결코 끝나지 않을 것이라고 말하더라도
> 최종적인 구원에 대한 예감을 반박할 수는 없다. 이 모든 것은 최종
> 적인 구원에 반드시 필요한 전제 조건이 될 수 있기 때문이다. (238)

카프카는 명백한 희망의 사도apostle of hope는 아니다. 하지만 주스만이
카프카를 통해 제시하는 희망 개념 역시 통념적인 의미의 희망은 아
니다. 근대 세계의 탈인간화를 집요하게 상기하는 카프카는 희망과
인간성이 부재한 상황을 제시함으로써 역설적으로 참된 희망과 참된
인간성을 가장 강력하게 설명해 낸다. 잠에서 깨어나 자신이 기괴한
곤충으로 변해 있음을 발견한 남자의 이야기인 『변신』Die Verwandlung은
현대 유대인을 묘사함으로서 현대를 살아가는 모든 인간을 묘사한
다. 주인공 그레고르 잠자는 "인간 공동체에서 완전히 추방당한", 그
리고 자신의 인간성으로부터도 소외되어 "자신의 운명을 신에게 한
탄하며 인간으로 대해 달라고 요구하지도 못"하는 현대판 욥이다
(152).

홀로코스트가 있기 수년 전인 1929년 카프카에 관한 글에서 주스
만은 처음으로 욥과 유대인 사이에 유비가 있음을 이야기했다.[40] 욥

---

40 'Das Hiob-Problem bei Franz Kafka', *Der Morgen* 1 (April 1929): 31~49, http://www.
margaretesusman.com/hiobproblemkafka.htm

처럼 유대인은 진실로 무고하게 고통받는 이들만이 아는 진실을 안다. 신과 인간의 관계라는 차원에서는 개인이 무고하다는 사실이 중요하지 않고, 이 관계에서는 온 인류의 죄가 문제라는 것이다. 주스만이 보기에 현대 유대인들은 삼중으로 고향을 상실했다. 이들은 고향 땅에서, 자연에서 추방되었다. 그리고 그리스도교로 개종하기를 거부함으로써 역사에서 추방되었다. 이후 유대인들은 유럽 문명과 동화되었고 근대에 이르러 탈주술화를 거치면서 참된 신성과 인간성이 무엇인지를 망각했다. 그리스도교인(혹은 그리스도교인이었던 사람)은 여전히 세계와 역사를 가지고 있다. 그가 믿는 신이 한때 세계와 역사에 나타났기 때문이다. 하지만 유대인은 자연과 문명 너머의 초월적 신 이외에는 아무것도 가지고 있지 않다. 그렇기에 유대인은 끊임없이 저 신을 찾고 부를 수밖에 없다. 유대인은 욥이다.

일말의 모호함도 없이 초월적인 신과 만나는 유일한 방법은 자연, 역사, 정의를 거스르는 고통뿐이라고, 그렇기에 고통은 신의 징표라고 주스만은 말한다. 이는 무서운 진실이다. 그녀에 따르면 카프카, 그리고 그의 작품 속 인물들은 모두 이를 추구한다. 카프카는 한탄하지 않는다. 삶을 설명해주고 구원해 줄 법, 인간성을 회복해 줄 법을 끊임없이 찾아 헤맬 뿐이다. 주스만은 말한다.

바로 이 때문에 카프카의 세계는 기이하고, 심오하며, 종교적으로 강렬하다. 그는 신과 소원해진 세계를 그린다. 하지만 이 세계는 세계, 그리고 세계에서의 삶을 기준으로 심판받지 않는다. 이 세계는 신을 기준으로, 신에 견주어, 신에 의해 심판받는다.

카프카의 세계에서는 모든 일이 "판독 불가능하고 기묘한 관계" 안에 있으며, 우리는 "끝없는 사슬에서 어떤 고리를 만지고 있는지 결코 알지 못한다". 비평가들이 카프카의 "지각의 악몽"이라고 묘사한 것은 어쩌면 삶이 지닌 "깊이의 차원"을 식별하기 위한 인간의 시도가 종말을 맞이했음을 암시하는 것일지도 모른다.[41] 하지만, 주스만이 보기에는 그럼에도 메시아적 희망은 있다. 카프카는 "신과 소원해진" 적막한 세계를 묘사하지만, 이 모든 부분을 "최종적인 구원에 반드시 필요한 전제 조건"이라 말하기 때문이다.

주스만은 다윗의 언약보다 욥기가 유대인의 역사와 운명을 올바르게 묘사한다고 주장함으로써 욥을 역사의 변두리에 자리매김했다. 수 세기 동안 그리스도교 역사에서 디아스포라 유대인들의 이야기가 그랬듯 오랜 유대교 역사에서 욥은 지엽적인 인물이었다. 민족, 국가, 자연, 역사라는 우상들이 무너짐으로써 우리는 신과 인간의 운명을 다시 알아볼 수 있게 되었다고 주스만은 생각했다. 물론 그것은 고통과 소외라는 모습을 띠고 있지만 말이다. 현실은 우리에게 받아들이기 어렵고 쓰디쓴 가르침을 전한다. 그러나 욥과 카프카를 예언자로 알아본다면 우리 삶에는 아직 희망이 있다고 그녀는 말했다.

학자들은 서구 역사에서 현대를 '세속 시대'secular age, 순진한 종교적

---

41   Susan E. Schreiner, *Where Shall Wisdom Be Found?*, 189.

신앙이 불가능한 시대라고 평가한다. 가장 헌신적인 신앙인조차 대다수 사람이 신앙을 공유하지 않는다는 사실을 안다.[42] 세속화 이론가들에게는 실망스럽게도 종교 공동체들이 번성하고 있지만, 이제 세계는 신앙인들이 그리는 세계가 아니다(어쩌면, 오히려 그들은 여기서 소외되어 있다). 우리는 모두 '중립적인' 자연법칙이 적용되는 '중립적인' 세계에서 살아간다. 이러한 세계에서 여러 문화와 종교는 이 세계에, 혹은 이 세계 너머에 깨지기 쉬운 의미들을 투영하고 있다. 모든 전통은 이제 부차적인 요소가 되어 버렸다. 욥은 커다란 상실 가운데 길을 찾아 헤매는 모든 현대인의 인도자다. 기도서 이후로 욥은 개인이 절망에 빠졌을 때 이를 어떻게 헤쳐 나가야 하는지 보여 주었다. 공동체의 도움 없이, 어떠한 종교적 약속에 의지하지도 않은 채 오직 개인의 진정성에 기반을 두고 신과 관계 맺는 모습은 종교 제도에 환멸을 느끼지만 종교적 의미를 추구하는 현대인에게 적잖은 울림을 준다. 욥기는 신이 부재한 것처럼 보일 때, 세계가 윤리적으로 불합리해 보일 때, 특히 정의가 실추되고 의미가 부정되어 상실과 고통을 겪을 때 오히려 신의 존재를 가장 예리하게 감지할 수 있다는 기이하고 고통스러운 깨달음을 기록한 책이다. 신은 무고한 고통을 부추긴 존재일 수도 있고, 무고한 이 곁에서 함께 고통받은 존재일 수도 있다. 어쩌면, 둘 다일 수도 있다. 현대인들은 한때 자신의 창조주였던 신을 추방했다. 바로 그들에게 욥기는 '운명의 책'이다.

---

42 Charles Taylor, *A Secular Age*

결론

　지금까지 우리는 역사에서 욥기를 연구하고, 욥기를 바탕으로 기도하고, 욥기를 상연한 면면을 살펴보았다. 사람들은 욥 이야기를 보충하고 그의 말을 바꾸고 때로는 뒤집어 읽었다. 욥은 이방인이었으며 유대인이었다. 욥기는 역사이자 비유였다. 욥은 하느님의 시험을 받았고 심판받았다. 그리고 사람들은 그런 욥의 하느님을 시험하고 심판했다. 이러한 과정을 통해 우리는 인간과 신 양쪽을 좀 더 깊이 이해하게 되었는지도 모른다. 욥은 하느님의 특별한 친구이자 교만한 사람이자 겸손한 사람이자 고결한 사람이었고, 그리하여 욥기는 비인간적 고통을 겪고 있는 모든 사람의 이야기가 되었다. 사람들은 욥의 고난을 통해 신의 정의와 불의, 배움과 망각, 항복과 저항을 숙고했다. 언약 전통 주변부에 있던 욥은 탈중심 세계의 상징이 되었다.

욥 이야기와 욥의 목소리는 사람들이 끊임없이 욥기를 읽도록 자극했고 때로는 욥기를 읽는 것에 저항했다(때로 이는 동시에 이루어졌다). 욥기는 커다란 해석의 틀에 갇히기를 거부하는 책이다. 누군가 욥기의 독법을 제시할 때마다 본문에는 그 틀에 들어맞지 않는 요소들이 있었다. 욥기를 개작한 이야기들에서도 욥기의 갈등과 복잡한 요소들은 자리를 바꾸어 다시 나타났다. 대사와 역할이 바뀌더라도 욥기의 진실성은 유지되었다.

이렇게 욥기가 독자들에게 손쉽게 파악되지 않는 이유는 부분적으로는 저자가 여러 명이기 때문이다. 또한, 욥기라는 문헌의 역사 내내 욥기와 나란히 읽힌 욥의 전설이라는 생생한 대항 전통이 있었기 때문이기도 하다. 하지만 좀 더 근본적으로는 욥기가 삶의 의미와 올바름, 인간의 선과 이해의 한계, 대화와 독백, 침묵 속에서 언어의 한계 등과 관련된 우리의 통념에 이의를 제기하기 때문이다. 가장 고통스러운 경험, 인간 실존과 관련된 가장 어렵고, 가장 깊은 곳을 성찰하기 위해서는 욥기처럼 그 모습과 해석의 틀이 계속해서 달라지는 본문이 필요한지도 모른다.

어떤 경우든 욥기의 독자들과 사용자들은 '자기만의 욥기'를 만들기 위해서, 즉 욥 이야기의 의미를 깨닫기 위해서, 혹은 욥 이야기가 의미를 지닐 수 있는 세계에 관한 책을 만들기 위해서 분투한다. 우리는 "나의 말을 기록"해주기를 바랐던 욥이 애타게 찾던 고엘(구원자, 변호인, 대변인)이 되려는 유혹을 받는다. 우리는 이 세계에 살아 있는 욥들과 망자가 된 욥들을 변호해야 한다. 그러나 근대 이전의 해석자들은 우리가 섣불리 욥의 친구들을 비난하면 안 된다고, 혹은 우리가 그들보다 낫다고 생각하면 안 된다고 말한다. 우리는 욥의 친구들처럼 신의 관점에 서 있는 양하면 안 된다. 우리는 그저 더 좋은 친구가 되기 위해 애써야 한다.

> 너희는 내 친구들이니, 나를 너무 구박하지 말고 불쌍히 여겨다오.
> 하느님이 손으로 나를 치셨는데,
> 어찌하여 너희마저 마치 하느님이라도 된 듯이 나를 핍박하느냐?
> 내 몸이 이 꼴인데도, 아직도 성에 차지 않느냐? (욥기 19:21~22)

친구든 해석자든 욥과 교제를 이어가는 것은 충분히 가치 있는 일이다. 욥이 제기한 물음들, 욥기가 제기한 물음들에 아무런 도전을 받지 않는 이들은 예외지만 말이다. 우리는 욥이 던진 질문, 욥기가 던진 질문을 욥기가 완결하지 않을 뿐 아니라 완결할 수 없음을 안다.[1] 어쩌면 우리가 할 수 있는 일은 오직 (여러 난관에도 불구하고) 욥기를 되풀이해 읽고 우리의 욥기를 계속해서 다시 쓰는 일인지도 모른다. 이를 위해서는 본문의 모든 부분에 관심을 기울여야 한다. 그리고 욥기와 관련된 논쟁에 참여한 과거 모든 진지한 해석자의 시도를 살펴야 한다. 그들에게 배워야 한다. 이미 우리는 엘리후부터 시작된

---

1 Carol A. Newsom, *Book of Job*, 29.

기나긴 해석자들의 행렬에 합류했다. 이 책은 어떻게 그리고 왜 이러한 작업을 수행해야 하는지를 보여 주려 했다.

무고한 고통이 넘치는 세계, 유예된 언약의 세계, 불편한 우정의 세계, 믿을 수 없을 만큼 우리와 우리의 가치에 대해서는 전혀 신경 쓰지 않는 자연 세계에서 정의를 이루려 하는 한, 욥기와 욥기를 둘러싼 진지하고 창조적인 해석들은 언제까지나 소중한 유산으로 남아 있을 것이다. 비탄과 분노가 터지는 세계에서 욥과 욥의 해석자들은 침묵하거나 고함을 지르거나 말을 더듬으며 서 있었고, 또 서 있다. 언젠가 시인 넬리 작스Nelly Sachs는 욥기는 오래된 지도 가장자리에 있는 (본래는 바람의 방향과 세기를 알려 주는) 나침반과 같다고 말한 적이 있다. 이 심상은 어느 장소에도 매이지 않는 욥의 보편성을 잘 보여 준다. 삶이라는 지도에서 욥기는 "고통에 관해 알려 주는 풍배도風配圖, windrose"다.[2]

미래의 독자들이 욥기를 어떻게 대할지, 어떻게 읽을지 예측하는 것은 어리석은 일이다. 적어도 오늘날의 흐름만 본다면 욥기의 역사는 결코 종결되지 않을 것 같다. 다른 성서 본문과는 달리 욥기는 서구 세계에서 별도의 책으로서 위상을 확립했다. 여러 대학교의 고전 읽기 과정에는 욥기가 들어있다. 여기서 욥기는 세속 시대가 추방한 유일신교, 민족의 역사 바깥으로 한걸음 내딛음으로써 보편적 가치를 일군 유일신교를 대표하는 저작이다. 사람들은 욥기, 소포클레스

---

2 Nelly Sachs, 'Hiob', *Spiegelungen: Biblische Texte und modern Lyrik* (Zürich: Pano, 2004), 57.

비극, 니체의 저술들, 바가바드 기타를 읽으며 이를 두고 지적 이야 기를 주고받는다. 대중문화에서도 욥기는 살아 숨 쉬고 있다. 현대인 이 망각한, 하지만 삶에 계속 자리하고 있는 극적 차원에 대한 감각 을 다룬 작품(이를테면 영화《시리어스 맨》A Serious Man)에서, 혹은 우주에 서 무의미할 정도로 미미한 존재인 인간이 선을 향한 노력과 고통을 통해 우주의 심장과 함께 고동칠 수 있음을 암시하는 작품(영화《트리 오브 라이프》The Tree of Life)에서 우리는 욥기의 분명한 영향력을 감지한 다.[3] 과학이 모든 것을 밝히는 세계에 '신성을 머금은 시'라는 바람이 불 때, 우리는 이 세계를 이해하는 또 다른 차원을 알게 되며 위안을 얻는다. 욥기는 전통적인 유대교인, 그리스도교인뿐만 아니라 무신 론자를 향해서도 말을 건넨다. 그리고 고통받는 이들과 구도자들도 욥기에 활력을 불어넣고 있다. 어쩌면 욥은 욥의 신보다도 오래 살지 모른다.

서구 이외의 지역에서 욥의 목소리는 오래된 소리가 아니라 새로 운 소리다. 그리스도교 선교사들은 애니미즘 신봉자들에게 호소력이 있다는 점에서 욥기를 선호한다. 1장 21절에 나오는 욥의 말("주신 분 도 주님이시요, 가져가신 분도 주님이시니, 주님의 이름을 찬양할 뿐입니다")은 욥이 한 말 중 가장 널리 알려졌고, 가장 많이 인용된다. 하지만 사람 들이 이 말을 언제나 같은 의미로 받아들였을 것이라고 가정해서는 안 된다. 콩고 사람들에게 이 말은 커다란 도전을 불러일으켰다. 그

---

3 Ethan and Joel Coen, *A Serious Man*(2009), Terrence Malick, *The Tree of Life*(2011).

들은 때 이른 죽음이 누군가 주술을 걸어서 일어난다고 믿었기 때문이다.[4] '유럽 계몽주의'의 영향을 받은 이들은 천상과 지상의 모습을 번갈아 보여 주는 욥기 도입부에 별다른 감흥을 받지 않지만, 아프리카 복음주의자들은 이를 통해 "우리 주변의 일상 세계에서 일어나는 일들이 영적 세계에서 일어나는 거대한 충돌을 반영"함을 읽어 낸다.[5] 그 외 독자들도 욥기의 여러 부분에서 자신의 언어를 발견한다. 남아프리카 공화국에서 에이즈에 걸려 이런저런 사회적 낙인이 찍힌 이들은 교회가 (자신들을 비난하며) 1장 21절을 내뱉을 때 이에 응답할 말을 욥기 3장에서 찾았다. 그들은 차라리 태어나지 않았기를 바라는 욥의 말에서 위로를 받았고 성서가 자신들을 인정해 준 것이라고 생각했다.[6] 욥기는 에이즈 환자들을 비난하지 않으면서도 에이즈에 대응할 방안을 제시한다.[7] 어떤 학자들은 신에게 욥이 항복한 장면을 두고 이성과 정의에 관한 담론들이 계시의 담론에 도전하기에는 "여전히 무력"함을 알려 준다고 보기도 한다.[8]

어떤 독자는 욥기에서 억압과 관련해 성서 중 가장 감동적인 구절

---

4 André Kabasele Mukenge, 'Une lecture populaire de la figure de Job au Congo', *Bulletin for Old Testament Studies in Africa*, May 16, 2004: 2~6.

5 Tewoldemedhin Habtu, 'Job', *Africa Bible Commentary*, 572.

6 Gerald O. West and Bongi Zengele, 'Reading Job 'Positively' in the Context of HIV/AIDS in South Africa', Job's God (London: SCM Press, 2004), 112~124.

7 Sarojini Nadar, "Barak God and Die!' Women, HIV and a Theology of Suffering', *Grant Me Justice! HIV/AIDS and Gender Readings of the Bible* (Maryknoll, NY: Orbis, 2004), 60~79.

8 Zakia Pathak, 'A Pedagogy for Postcolonial Feminists', *The Postmodern Bible Reader* (Oxford and Malden, MA: Blackwell, 2001), 217~232, 특히 222.

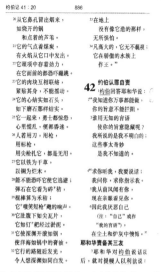

그림 11. 성서를 지금까지 알려진 모든 언어로 번역해야 한다는 그리스도교 운동 덕분에 오늘날 욥기는 수천 가지 언어로 번역되었다. 여기에 실린 2012년 중국어판에서는 42장 2~6절의 욥의 마지막 말들이 별도의 기도로 표시되어 있다. 주석자는 욥이 자기 자신이 아니라 자신의 말만을 "혐오"했을 것이라고 써 놓았다.

들을 발견하기도 했고, 어떤 독자는 욥기에서 가난한 이들을 경멸하는 표현을 찾아내기도 했다. 리마에서 빈곤한 공동체와 함께 욥기를 읽은 페루의 해방신학자 구스타보 구티에레즈Gustavo Gutiérrez는 욥기가 억압과 가난의 한복판에서 하느님에게 말하는 법을 알려 주는 지침서라고 생각했다.[9] 그에게 욥기는 예언적 행동과 하느님의 은총에 대한 관상의 조화를 이루는 신앙으로 가는 길을 보여 주는 책이기도 하다. 어떤 이는 "동방의 가장 위대한 인간"인 욥의 이야기는 부유한 사

9　Gustavo Gutiérrez, *On Job: God-Talk and the Suffering of the Innocent* (Maryknoll, NY: Orbis, 1987) 『욥기』(나눔사)

람이 부유한 사람을 위해 쓴 것이라고 주장하기도 했다. 그에 따르면 사람들이 욥기의 숭고함과 난해함에 찬사를 보내는 것은 이 책이 억압과 불평등의 원인, 의미에 관한 물음들을 정치 영역에서 몰아내려는 이데올로기 저작임을 보여 준다.[10] 멕시코 여성 해방신학자이자 성서학자인 엘사 타메즈Elsa Tamez*는 욥기를 읽고 난 뒤 욥이 자신의

그림 12. 자메이카 화가 애나 루스 헨리케즈Anna Ruth Henriquez는 어머니의 삶과 어머니가 암으로 서서히 죽음에 이르는 과정을 시간순으로 기록하고 삽화를 덧붙여 『메흐틸데기』The Book of Mechtilde라는 책을 펴냈다. 여기서 그녀는 자기 가족 구성원들이 지닌 다양한 종교와 문화를 활용했는데 특히 삽화를 그리면서 욥기 구절들이 삽화의 중심을 둘러싸게 했다. 여기서는 욥이 자신의 결백을 주장하는 내용이 어머니의 죽음을 마주한 딸의 모습을 둘러싸고 있다. Copyright © Anna Ruth Henriques

---

10 D. J. A. Clines, 'Why is there a Book of Job…?'

* 엘사 타메즈(1950~)는 신학자이자 성서학자다. 코스타리카 국립대학교, 라틴아메리카 성서 대학교에서 공부했으며 로잔 대학교에서 신학박사 학위를 받았다. 이후 남미 성서 대학교 성서학 교수가 되어 활동했으며 하버드 대학교 신학부, 밴더빌트 대학교 등의 방문 교수를 지냈다. 그녀의 첫 번째 책인 『억압받는 이들의 성서』La Biblia de los oprimidos는 영어로도 번역되었으며 이후 해방신학과

특권을 되찾은 뒤에 고통받은 이들을 잊지 않을까 염려했다.[11]

사람들은 욥기에 의지하면서 동시에 도전받는다. 위안을 얻으면서 동시에 인간과 신에 관해 더 깊게 생각한다. 현실이 우리를 사유와 언어의 한계까지 몰아갈 때 욥기는 우리를 기다리고 있다. 욥기는 삶의 한가운데서 상실을 겪은 이들, 고통받는 이들, 천민들, 희생양들, 시대의 이단자들이 계속 목소리를 낼 수 있게 해 준다. 욥기는 우리 주변에서 살아가는 욥들에 대해 올바로 말하는 것이 어려움을, 어쩌면 불가능함을 알려 준다. 욥기는 자신의 한계, 그리고 타인에게 관심을 가질 것을 요구한다. 어쩌면 그 관심으로 인해 우리 각자가 가장 철저하게 믿는 바가 흔들린다 할지라도 말이다. 기묘한 다성 음악과 침묵을 통해 욥기는 부서진 이들에게 말을 건네고 부서진 이들을 위해 소리를 낸다. 불굴의 욥은 절망의 구렁텅이에 빠진 이들에게도 희망이 있음을 이야기한다. 욥기는 결코 완결될 수 없다. 다른 무엇보다 우리가 고통받는 이들, 비극을 목격한 이들과 함께하는 법을 익히고 그들을 보살피는 일에 대해 숙고해야 하기 때문이다. 산산조각이 난 삶과 세계에서 살아가기 위해 삶과 세계의 의미를 엮는 작업을 이어가는 한, 우리는 계속 우리의 욥기를 만들어 낼 것이다.

여성신학 관점에서 다양한 저서를 펴냈다.

11 Elsa Tamez, 'Dear Brother Job ⋯ A letter from the dump', *Sojourners* 12/8 (September 1983), 23.

찾아보기(성서)

찾아보기(일반)

욥기와 만나다

- 고통받는 모든 이를 위한 운명의 책

초판 1쇄 | 2021년 11월 15일
2쇄 | 2023년 3월 3일

지은이 | 마크 래리모어
옮긴이 | 강성윤

발행처 | 비아
발행인 | 이길호
편집인 | 이현은
편 집 | 민경찬
검 토 | 정다운
제 작 | 김진식 · 김진현 · 이난영
재 무 | 황인수 · 이남구 · 김규리
마케팅 | 유병준 · 김미성
디자인 | 손승우

출판등록 | 2020년 7월 14일 제2020-000187호
주 소 | 서울시 강남구 봉은사로 442 75th Avenue 빌딩 7층
주문전화 | 02-590-9842
이메일 | viapublisher@gmail.com

ISBN | 979-11-91239-48-5 (93900)
한국어판 저작권 © 2021 ㈜타임교육C&P